基于空间信息技术的土地优化利用与征收管理研究

郭龙　张婷　张延武　陈婷　等／著

中国矿业大学出版社
·徐州·

内 容 提 要

本书以江苏省宿迁市为例，基于空间信息技术探究了土地利用演变、土地征收用途和征收制度演变特征，明确了土地利用优化方向和土地征收利益均衡机制。主要内容包括土地利用演变特征及驱动因素识别，土地利用结构多目标优化，土地利用空间优化模拟，土地征收用途演变分析和土地征收利益均衡管理研究。本书可供土地、规划、生态、经济等方面的自然资源管理及专业技术人员阅读参考，也可作为高等院校相关专业师生的教学参考书。

图书在版编目(CIP)数据

基于空间信息技术的土地优化利用与征收管理研究 / 郭龙等著. —徐州：中国矿业大学出版社，2024. 12.

ISBN 978-7-5646-6216-5

Ⅰ. F301. 2-39

中国国家版本馆 CIP 数据核字第 2024PB5307 号

书　　名　基于空间信息技术的土地优化利用与征收管理研究

著　　者　郭　龙　张　婷　张延武　陈　婷　等

责任编辑　周　红

出版发行　中国矿业大学出版社有限责任公司

（江苏省徐州市解放南路　邮编 221008）

营销热线　(0516)83885370　83884103

出版服务　(0516)83995789　83884920

网　　址　http://www.cumtp.com　**E-mail**:cumtpvip@cumtp.com

印　　刷　苏州市古得堡数码印刷有限公司

开　　本　787 mm×1092 mm　1/16　**印张** 12.5　**字数** 320 千字

版次印次　2024 年 12 月第 1 版　2024 年 12 月第 1 次印刷

定　　价　48.00 元

前　言

随着城市化进程的加速，土地资源的合理利用与有效管理成为亟待解决的重要课题。宿迁市位于长三角北翼、江苏省北部，在快速城镇化进程中，既面临经济发展带来的巨大机遇，也带来土地利用方面的诸多挑战。一方面，城市发展对建设用地的需求持续增长，导致耕地被占用比重高且后备资源不足的问题日益凸显，耕地保护压力日趋增加；另一方面，土地利用空间布局优化不足，征地制度有待深化改革，同时土地利用的水环境约束性强，空间管制要求高。这些都表明开展宿迁市土地优化利用与征收管理研究的必要性。

空间信息技术是20世纪60年代兴起的一门新兴技术，主要包括遥感(RS)、地理信息系统(GIS)和数字地球技术，为区域土地利用变化信息的快速获取提供了更加完整、高效的技术方法，有助于精准识别不同类型用地的要素信息和分析土地征收用途演变特征，有助于动态感知人地发展关系和诊断土地利用问题，有助于深刻揭示土地资源环境与社会经济的内在机制，从而科学配置土地资源和优化土地利用结构及空间布局。

本书正是基于以上要点，在综合国内外学者现有研究成果的基础上，基于空间信息技术对宿迁市土地优化利用与征收管理展开深入研究。在土地优化利用方面(第4～6章)，对宿迁市土地利用演变特征进行了系统分析，揭示了耕地、建设用地等土地利用类型的变化趋势，识别了城镇化、人口密度等关键驱动因素；基于经济发展、生态保护等目标构建了土地利用结构优化模型，在自然发展、生态优先和经济优先等情景下，为土地资源合理配置提供了优化方案；运用PLUS模型对不同情景下土地利用空间进行优化模拟。在土地征收管理方面(第7～8章)，深入剖析了土地征收制度变迁，详细阐述了宿迁市土地征收制度现状，分析了土地征收用途演变及驱动因素，揭示了土地征收过程中的利益主体关系，构建了利益均衡分配机制，提出了完善被征地农民保障制度的建议。在政策层面上，提出了土地优化利用与征收管理的政策建议，为宿迁市土地资源利用的优化和土地征收管理的创新提供科学支撑。为方便阅读，书中部分图稿附了相应彩图，通过二维码扫描可获取。

本书由郭龙(宿迁市征地勘测中心)、张婷(中国矿业大学)、张延武(宿迁市征地勘测中心)、陈婷(宿迁市征地勘测中心)等共同撰著而成。其中郭龙负责总体构思工作，张婷负责统稿工作。各章分工如下：第1、7、8章由郭龙撰著，第2、4、6章由张婷撰著，第5章由张延武撰著，第3章由陈婷撰著，第9章由张孟强(宿迁市征地勘测中心)、蔡维莉(宿迁市征地勘测中心)、徐雨珠(宿迁市征地勘测中心)撰著。

本书在撰写过程中,宿迁市征地勘测中心刘晓慧、张伟、沈威、孙帅等参与了调研和数据核实工作;中国矿业大学土地资源管理专业的滕淦、肖珏、马琳钰等博士生以及朱萱、张晓博、戴津津、高睿伯、王秀莲、吴凯、方晓烽、李欣媛、武誉明等硕士生,做了大量的数据处理和分析工作;同时,该著作得到了江苏省自然资源厅调查监测处二级调研员吴雪梅,宿迁市自然资源和规划局四级调研员吴翔处长、二级主任科员刘万明,宿迁市自然资源和规划局宿城分局许恒嘉副局长、李猛科长和夏玉景,宿迁市水利局姜绪安处长等的帮助,在此一并表示感谢。

本书为宿迁市征地勘测中心和中国矿业大学合作完成的“宿迁市土地利用空间约束性评价与区域协调及征收管理研究”课题的研究成果。

由于著者水平有限,书中难免有不足之处,敬请读者批评指正。

著　者

2024 年 12 月 19 日

目　录

1 绪　论

1.1 研究背景及意义

1.1.1 研究背景

在当今世界，可持续发展已然是一个受全球关注的紧迫问题。土地利用作为人类与自然交互作用最为紧密的环节，反映了人类对土地资源的需求和利用方式。土地利用及其变化通过能量流通、物质交换等过程，对区域气候、土壤、水文、生物多样性等要素产生重大影响，引起生态系统的结构和功能变化，从而对生态环境产生深刻影响[1,2]。对土地资源的不合理开发利用是生态环境恶化的直接人为因素。正因为土地系统的变化对全球环境和人类福祉有重大影响，土地利用变化及其可持续发展始终是全球关注的重点。随着全球土地科学和全球变化研究的深入发展，土地利用变化被认为是全球环境变化的重要起因和表现形式。早在2005年，国际地圈生物圈计划(International Geosphere Biosphere Programme，IGBP)和全球环境变化人文因素计划(International Human Dimensions Programme on Global Environmental Change，IHDP)两大国际全球环境变化研究科学机构就共同组织发起了以量测、模拟和理解人类-环境耦合系统为核心目标的全球土地方案(global land programme，GLP)，该方案的前身是全球变化与陆地生态系统(global change and terrestrial ecosystems，GCTE)和土地利用/覆盖变化(land use and land cover change，LUCC)两个科学计划，现为当前国际全球环境变化四个核心科学研究(水系统、碳、食物和土地)之一，也是国际科学联盟未来地球计划(future earth)框架下的重点研究领域之一。其核心研究目标包括识别陆地上人类-环境耦合系统的各种变化，并量化这些变化对耦合系统的影响；评估人类-环境耦合系统的变化对生态系统服务功能的影响；识别人类-环境耦合系统的脆弱性和持续性与各类干扰因素相互作用的特征及动力学。在该方案的推动以及影响下，相关研究开始明确以提高全球可持续性为目标，关注分析不同尺度下人类福祉和土地利用变化的耦合关系。为了进一步推动实现全球可持续发展目标，联合国于2015年提供了一个共同的框架，提出了一个名为“可持续发展目标”(sustainable development goals，SDGs)的全球性计划。该目标共含十七项，其中，第十一项可持续发展目标旨在“建设具有包容性、安全性、复原力的可持续城市和人类社区”，要求土地利用和土地覆盖、人口统计和其他领域实现协调发展。随着城市用地需求的增长，特别是对于因人口爆炸式增长可能导致城市基础设施不足的发展中国家，制定可持续发展的土地管理策略对实现土地资源利用、社会经济建设、地区人口转移、生态环境保护之间的平衡变得更加重要。

土地利用作为维持人类生活和生产的综合实体，土地利用变化在城市化进程中得到集中体现。土地城镇化作为推动社会经济发展的强大引擎，在取得举世瞩目成就的同时，也经历了许多变革和挑战，最为突出的问题是不合理的土地资源开发与利用导致城市热岛、空气污染等生态问题和人地矛盾愈加凸显[3]。土地利用对生态系统的扰动不断加剧，由此造成的生态系统功能退化、生态服务价值损失等负面问题，严重制约了区域高质量发展和生态环境保护协同推进。改革开放以来我国土地利用空间格局发生了剧烈的变化，具有显著的时空差异特征。然而，国土资源是绿色发展的物质基础、空间载体、能量来源和构成要素，随着可持续发展观的不断深化，我国国土资源利用和管理的价值取向从侧重于经济价值转向经济价值与生态价值并重，土地利用行为也从侧重于开发利用转向开发利用与保护并重，促进土地资源利用的合理规划和可持续发展。

我国城镇化正处于后期增速放缓及质量提升时期，随着人口规模的增长、城市化水平的提高和经济建设高质量发展的增速，对土地资源的需求量仍将继续增加，亟须切实解决土地粗放利用问题和城市建设用地短缺问题的交织困境。资源环境约束增大、粗放的发展方式难以为继，土地节约集约利用才是生态文明建设的根本之策，需要以土地利用方式转变促进经济发展方式转变，推动生态文明建设和新型城镇化。土地资源管理可以通过科学规划和有效管理，实现土地的最佳利用，提高土地的综合效益。我国土地征收是涉及农用地转为建设用地的重要管理制度，土地征收与新型城镇化建设的需求紧密相连，已成为推进经济快速发展的重要支撑。我国土地的社会主义公有制属于全民所有土地（即国有）和农民集体所有土地二元制结构制度，土地征收制度实质上就是两种所有制变更的过程，且法律上只允许农民集体所有向国有单向转变。具体而言，在我国，土地征收是国家为了新建公共设施和推动公益事业建设等社会公共利益的需要，依据法律规定的程序和批准权限，并依法对被征收人、征收关系人给予足额补偿、进行妥善安置后，将农民集体成员所有的土地收归为国家所有的行政行为。必须强调的是，土地征收不仅仅涉及经济利益的调整，更关乎民生福祉与社会稳定，又正因为它在提高宝贵土地资源的合理利用效率方面发挥重要作用，征地改革与完善成为新型城镇化和需求结构转变可行的切入点，是新型城镇化的战略选择，需要政府、社会各界协同发力，增强政策的接受度和执行力，确保土地征收工作真正惠及民众。

空间信息技术用于评估和预测土地资源的变化和利用情况，能够有效揭示土地资源环境和社会经济之间的内在关系和演变规律，动态感知人地发展关系。其是科学编制国土空间规划的基础技术支撑，在引导促进土地资源合理分配和提高管理自动化效率方面扮演重要角色[4]。土地调查监测是土地资源管理的重要组成部分，利用空间信息技术整合空间数据和非空间数据，实现对土地利用空间分布特征与规律性的全面调查与精准刻画，有利于国土资源空间优化利用。加强对信息技术的应用，在土地征收中引入信息化管理平台，不断提升土地征收管理智能化和协同化水平。该技术主要包括地理信息系统(GIS)、遥感(RS)、全球定位系统(GPS)和数字地球技术,是在各种测量仪器、传感器及计算机软硬件系统支持下,对地理空间实体数据,包括空间定位数据、图形数据、遥感图像数据、属性数据等进行快速获取、宏观覆盖、便捷储存、实效管理、快速运算、综合分析和精准描述的技术系统,是开展土地利用问题诊断、趋势预测、态势预警的良好技术依托。随着遥感技术、物联网和信息科学的发展,尤其传感器和通信技术与地理空间信息技术的融合发展,为城市建设用地空间发展等土地利用变化与自然环境要素的矛盾与冲突等社会属性信息的及时抽取、融合表达提供了更加完整、高效、快捷的技术方法,有助于识别不同类型用地,从而实现土地利用优化配置。

宿迁市位于长三角北翼、江苏省北部,是沿东陇海线经济带、沿海经济带和沿长江经济带的重要战略支点。受地理区位的约束、区域发展策略的差异等多重因素综合作用,相较于苏南和苏中地区,苏北地区经济发展水平较低。而宿迁市作为典型的苏北城市,自 1996 年成立地级市以来经济发展迅速,是江苏省最为年轻、发展较快的城市。因此,本研究拟以宿迁市为例,基于空间信息技术,开展土地优化利用与征收管理典型研究,研究成果对宿迁市高效利用有限土地资源、提高资源利用效益、统筹城乡一体化发展,以及全面振兴江苏经济社会高质量发展具有重要作用。目前,宿迁市面临的发展境况主要有以下几点:农业优势明显但土地利用矛盾凸显,农业生产条件优厚,耕地比重高但后备资源有限,建设用地扩张迅速,农用地保护压力日趋增加;农村建设用地存量大,城乡统筹利用潜力高;土地利用水环境约束强,空间管制要求高。作为全国唯一拥有"两湖两河"地理标识的设区市,良好的生态是宿迁最亮丽的发展底色和宝贵资源。立足"江苏生态大公园"等功能定位和独特的水资源禀赋,在区域现代化新征程上推进宿迁市社会经济高质量发展,优化新型城镇化布局,需要加强土地宏观调控和用途管制,优化土地利用,构建更高质量、更有效率、更加公平、更可持续的国土空间开发利用格局,切实解决好现行征地管理所暴露的问题,不断提高土地利用效益,以期提升国土空间现代化治理水平。

1.1.2 研究意义

(1) 持续地开展宿迁市土地利用变化监测及土地优化利用路径研究,对于深刻认识生态环境状况、优化土地资源配置、促进区域社会-经济-生态的可持续发展和蓝图绘制具有重要的科学价值。面对人民日益增长的美好生活需要,经济发展与土地开发利用保护这一矛盾势必无法绕开,那么如何合理利用土地资源以满足经济快速发展和环境可持续发展的和谐统一就成为关注的重点。随着科技快速发展,以空间信息技术为主的土地资源信息化管理技术和效果也得到了显著的提高。结合空间信息技术对 1996—2021 年宿迁市的土地利用演变及其规律特征进行深入分析,识别关键驱动因素对土地利用变化的影响机制,并在多目标约束条件下讨论如何优化土地利用配置,有助于丰富土地利用变化及驱动力分析相关研究,为识别和解决土地利用过程中的冲突与问题提供实证案例。总之,客观认识宿迁市土地利用时空演变规律,识别土地利用变化的关键驱动因素,为理解人地关系、制定合理的土地利用管理政策提供参考借鉴,有助于科学地指导土地宏观调控和用途管制,引导土地利用结构不断优化，推动宿迁市高质量发展。

（2）针对宿迁市面临的耕地比重高但储备少、建设用地扩张迅速挤占农用地等问题，立足基层实践，加强土地征收管理，深化征地制度改革，坚决维护农民权益和社会稳定，更好发挥国土资源对经济社会发展的保障和促进作用，发挥宿迁市在土地征收管理上的示范带头作用。我国土地实行公有制，只有国家土地所有权和农民集体土地所有权两种形式的土地所有权。土地征收是发生在国家和农民集体成员之间的土地所有权转移，将农民集体所有土地转变为国家所有。其对于保证国家建设、节约征地成本起到了积极作用，已成为推进城市化进程和经济快速发展的重要支撑。征地管理一直是国土资源管理的一项重点工作，征地工作关系重大，因涉及面广、政策性强、利益调整层次等缘故深受社会各界关注。稍有不慎由土地征收引发的一系列社会稳定风险也成为不容忽视的问题。因而要求革除原有征地制度中的弊端，建立合力高效的工作机制，进一步规范征地行为，在维护农民权益的同时，为经济社会发展提供了用地保障，即满足宿迁市未来土地利用需求的同时实现人地关系的协调发展，为更好地实现土地的经济价值和社会效用发挥应有作用。

1.2 国内外研究进展

1.2.1 土地利用演变研究

土地利用指人类为了生产和生活而进行的长期性或周期性的经营或经济活动，其功能由多方面因素综合决定。土地利用是受到自然条件、社会经济发展及技术条件综合影响的复杂过程，因而土地利用变化也是一个受多种因素影响的复杂动态过程。土地利用变化能够直接反映人与自然在相处过程中的相互关系和作用机制，是衡量自然和经济过程的关键指标，是全球环境变化的重要表现形式，再现了地表生态过程的时空变化过程，对于揭示土地动态的原因和后果至关重要，已经被广泛应用于揭示人类活动对自然环境改造程度。21世纪初，国际地圈生物圈计划（IGBP）、全球环境变化人文因素计划（IHDP）和世界气候研究计划（WCRP）召开了主题为“变化着的地球的挑战”全球变化开放科学大会，这也标志着IGBP在经过约15年的发展后，进入一个新的阶段——IGBPⅡ，并将土地利用变化研究列为IGBP八大核心研究计划之一。IGBP与IHDP继而在2005年共同推出的全球土地计划中明确提出土地利用、土地覆盖和生态系统三部分构成的土地系统是地球表层系统的基本组成部分，要系统地认识和评估全球土地系统变化的生态环境影响，理解全球土地系统变化的脆弱性和弹性。截至2024年11月，已经连续召开五届全球土地计划开放科学大会，会议主题分别是“土地系统、全球变化与可持续性”（2010年）、“土地变化：全球挑战与地方现实”（2014年）、“土地系统科学：理解科学事实、寻求解决方案”（2016年）、“面向人与自然的土地系统转变”（2019年）、“面向可持续和公正土地系统的途径（2024年）”，进一步推动了土地利用/覆盖变化面向可持续性的研究进程。自20世纪90年代至今，人类活动对自然环境的影响范围与改造能力日益增强，社会经济发展和人口增长通常导致毁林和城市扩张，以满足粮食和住房需求。人类高强度的开发利用活动已经导致土地覆被发生剧烈的变化，这也使得土地利用变化及土地可持续利用一直是国际各方研究的重点与热点，为应对土地变化及全球环境变化问题，各国都积极进行了不同时空尺度的土地监测工作。目前，土地利用演变的研究领域逐渐成熟，围绕土地利用类型判别和动态监测已形成了丰硕成果，关注重点从最剧烈直观的土地覆盖变化转向人类与自然环境相互作用的微妙变化，譬如土地变化的驱动因素和相互作用过程。

（1）土地利用类型判别

土地的可持续管理需要定期获取有关土地使用状况的丰富信息。不同于实地调查勘测，遥感影像分类能够利用影像中各类地物的光谱信息以及空间信息特征，按某种规则进行分析和筛选，将图像中的每个像元划入不同类别，以此来获得各像元的对应实际地物信息，从而实现土地利用分类。卫星遥感技术地球表面成像已有五十年历史，具有多时相特征和快速采集能力，利用遥感影像自动解译技术，更便于对更新频繁的土地利用进行分类和变化监测。传统遥感卫星与低空无人机遥感等可提供区域的土地利用信息。基于空间信息技术对土地利用进行分类统计，从而研究土地利用类型的空间分布和面积数量一直以来是当今土地科学研究的基本问题。

土地利用分类是遥感影像在实际生产中最为典型的应用之一，一般基于 MODIS、Landsat、GF、Sentinel 等系列遥感影像提取的区域土地利用主要分为生产、生活、生态三大功能用地，城市范围土地利用类型通常识别为水域、耕地、草地、林地、建设用地以及未利用地[5]。或考虑实地自然风貌情况与影像空间分辨率等实际情况，进一步增加、细分地类。张来红等[6]结合锡林浩特市露天矿区土地利用现状，采用随机森林算法建立了矿区场景的最优分类模型，利用 Sentinel-2、Landsat 数据划分了耕地、林地、草地、水体、不透水面、裸地、工矿用地 7 种土地利用类型。李月等[7]结合贵州高原典型喀斯特流域地区资源 3 号高分辨率遥感影像、谷歌影像与野外实地调查，在充分考虑南明河流域实际情况的基础上完成土地利用数据修正，采用监督分类方法将其分为水域、耕地、草地、林地以及建设用地。Baghel 等[8]对 Landsat 5 TM/8 OLI 卫星图像进行监督分类，将印度马哈纳迪盆地曼德集水区土地利用地分为 9 类：农业用地、贫瘠地、休耕地、密林地、疏林地、灌木丛、浅水区、深水区和居住区。Hu 和 Wang[9]综合使用激光雷达测高测量数据、航空照片、地块边界数据和土地利用数据，以 61.680%的总体准确率按建筑功能区分了美国得克萨斯州奥斯汀闹市的公办、市政、工业和交通用地类别。以渭北旱塬区为典型区域，张志博等[10]基于不同飞行高度下的无人机可见光影像对建筑用地、道路、草地、乔木、苹果园、麦茬地、玉米地、裸地等多种地物进行分类提取研究。高雨等[11]选取多种算法融合处理 GF-1 卫星影像数据的全色、多光谱影像，Gram-Schmidt 算法下以 84.810%的总体分类精度、0.8004 的 Kappa 系数将研究区域清晰划分为水体、植被、盐田、建筑物以及未利用地，极大地丰富了连云港滨海湿地土地利用分类细节。另外，相关研究统计到 2019—2021 年云南省主要的土地利用类型按面积从高到低分别为林地、耕地、草地、建设用地、水体和雪山[12]。

在复杂背景中对多种地物进行同步分类提取时仍存在诸多问题。而建立高效、准确的分类算法在现有的遥感影像基础上进行高精度的影像分类及其准确性评估成为遥感科学的热点问题[13,14]。Ghayour 等[15]使用来自 Sentinel-2 和 Landsat-8 卫星的影像数据，测试比较了支持向量机、人工神经网络、最大似然分类、最小距离和马氏距离算法生成土地利用地图的性能,分析结果表明对于两个卫星数据,最大似然分类算法在对居民区进行分类时更准确。对于气候类型多、海拔差异大的云南省,随机森林在所有土地分类上的性能均优于支持向量机(分类精度均达 80%以上),特别是在多样性高原山地地貌大尺度下处理建筑用地、水体、林地和草地等地类区分上表现出色[12]。Tan 等[16]比较了随机森林、决策树、支持向量机和人工神经网络算法在中国湖南省三种典型景观(平原、山麓和山地)制图背景下的效果,在人工干预几乎不存在的情况下,随机森林算法在大面积、复杂地貌上生成高精度的土地覆盖图时表现出强大性能。由于不同机器学习算法对于不同气候地形地貌区域土地利用分类研究的验证精度存在差异,应更多地考虑地形和地理特征,并加强对特定土地利用类型的识别[17]。

针对城市扩张或局部收缩、森林退化、湿地萎缩等现象,对于单个土地利用类型提取的研究成果较为丰富。由于全球快速城市化和人口增长,城市土地已经扩大到前所未有的规模,及时获得有关城市收缩、扩张的详细信息对城市规划和城市空间生长模拟等各个领域的研究人员和政策制定者有益[18]。一般通过建筑密度、构建城市综合蔓延度等指标来提取建成区面积,进一步表征城市的蔓延状态。森林资源监测对生物量监测、生物多样性保护和可持续林业等具有深远的影响,提高森林监测能力将为减少森林砍伐和森林退化、国家森林资源清查和评估,以及可持续土地管理提供关键支持。人为砍伐、火灾、边缘效应或组合干扰造成的退化正在影响森林及其提供生态系统服务的能力。Reiner 等[19]在 2019 年使用超高分辨率 Planet Scope 纳米卫星星座的每日图像绘制了覆盖非洲大陆的森林覆盖图,全面、系统核算了森林和非森林树木覆盖率。高峰等[20]基于 GF-2 遥感影像,探索了在内蒙古磴口县荒漠绿洲区域大尺度范围内快速、准确提取带状防护林空间结构的方法。准确及时监测季节性积雪的空间分布格局对区域水文模式和气候变化研究、农业和水资源管理乃至人类活动都具有重要意义。Wang 等[21]基于 MODIS 数据,提出了归一化差异森林积雪指数(NDFSI)、归一化差异植被指数(NDVI)和归一化差异积雪指数(NDSI)特征信息融合的森林积雪检测方法,另以 Landsat-8 OLI 影像为验证数据,提高了我国东北地区森林积雪的监测精度和自动制图效果。湿地约占地球陆地面积的 4%~6%,是介于陆地与水生生态系统之间复杂的自然综合体,土地利用方式不同于陆地地区,识别湿地保护空白区与关键区至关重要[22]。针对吉林省西部地区湿地资源分布广泛但生态系统稳定性较低的霍林河下游区域,张艳红等[23]借助 SPOT-5 和 GF-2 遥感影像初步得到小微湿地分布图。特征信息在湿地类型提取中应用广泛,有关研究已明确 GF-6 WFV 影像的红边波段和红边指数在湿地分类中具有重要作用[24],红边光谱特征有利于区分草本沼泽[25]。陈璐等[26]基于 Max Ent 模型确定碌曲县湿地类型组成为沼泽湿地、河流湿地、湖泊湿地和冰川湿地,呈东南多西北少的趋势分布。也有许多研究针对粮食安全、土地荒漠化问题分别单独讨论了全球或国家尺度下耕地、沙丘专题制图的准确性。

(2) 土地利用动态监测

由于遥感影像具有时空尺度多样性、长时序及定时重访等独特优势,利用不同时相的遥感影像监测土地资源利用情况,已成为当今连续追踪并揭示土地利用动态演变特征最主要和最高效的手段之一。土地利用动态监测的主要内容包括一定时间间隔内的区域土地利用变化的类型、位置和数量等信息。Aslami 和 Ghorbani[27]对伊朗西北部阿尔达比勒省2个县的土地利用变化监测结果显示，1987 年至 2013 年间大部分牧场已转变为旱作农业，此外住宅和其他城市土地用途面积也有所增加。张百婷等[28]使用 1990—2020 年祁连山地区土地利用遥感监测数据集，运用土地利用动态度、土地利用转移矩阵定量揭示该地区土地利用变化规律，主要土地利用类型恒为草地和荒漠，期间面积增加的土地利用类型有耕地、草地和水域，而总面积减少的有林地、湿地和荒漠，过去五年该区土地利用变化最显著的特征是耕地和荒漠向草地的转化。土地利用转型是土地系统科学中的重点研究主题，除了利用土地利用转移矩阵、动态度指数等开展了大量土地利用变化特征分析研究，新兴的地学信息图谱作为一种时空复合分析方法，不同于常规的数量统计分析方法，将“代表空间单元特征的图”与“代表事件发展起点和过程的谱”相结合，进而弥补了非空间属性数据在时序特征与空间位置表达上的缺陷[29]。鉴于中国北方农牧交错带内复杂的社会经济发展路径与生态保护模式，石智宇等[30]利用地理信息（涨落势）图谱分析中国北方农牧交错带过去二十年土地利用时空变化特征，土地利用结构以农牧生产为主，对应主要用地类型为草地和耕地，而土地利用转移图谱变化最为明显的是中南部“耕地→草地”图谱类型，其次为中北部“草地→耕地”图谱类型。

跟踪特定事件发生前后以及过程中的地类变动趋势，有助于适时发现问题故而合理调整政策或精确理解、因地制宜地贯彻有关政策。杨凯等[31]利用多源遥感数据、气象数据和蒸散发数据集，配合窗口搜寻策略探究 2003—2012 年长江流域防护林工程的实施对植树造林面积变化的影响及地表温度的反馈机制，在此期间，6.710％耕地、1.330％草地转变为森林使得森林面积增多，这两种造林方式的降温效应在生长季均强于非生长季，研究为该地区未来生态工程的实施提供科学依据与参考。基于 1985—2020 年逐期 Landsat 影像，帅艳民等[32]利用 C5.0 算法提取土地利用信息，从而监测退耕还林工程实施过程和“逆过程”，探讨了其对辽宁省朝阳市荒山、耕地、林地和草地的影响，为朝阳市土地资源合理规划利用提供科学支撑。为进一步恢复和重建蓄水工程建成前后土地利用变化的历史过程，王军等[33]剖析了内蒙古赤峰市巴林右旗境内查干沐沦河流域蓄水工程建成前后土地利用结构的自适应调节能力和演变方向，近 65％以上面积的林地和建设用地未受水利和城建工程影响，超过 65％以上面积的水体和未利用土地未能保持原貌，转变成了其他类型。位于埃塞俄比亚西南部亚约咖啡森林生物圈保护区目前正经历着野火和咖啡种植园扩张等干扰，Fida 等[34]研究表明 1992—2022 年里随着时间的推移，牧场面积的损失最大，其次是密林区和水体，面积增长从高到低为农业用地、疏林区和建成区。矿区附近地区的土地利用和土地覆盖受到相应采矿活动的显著影响，变化速度比其他地区快，具有特定的土地使用模式，通常伴随着大量酸性矿山排水和固体废弃物堆存等。获取和分析矿区开采过程中形成的长时间序列土地利用结果对于矿区生态恢复重建具有重要意义。Raval 和 Shamsoddini[35]使用匹配滤波（matched filtering，MF）工具，利用两景 Landsat-5 TM 影像快速便捷地绘制了印度卡奇地区矿区 2000 年至 2009 年间的土地利用变化图，结果显示高岭土和植被覆盖分布面积显著增加。煤炭露天开采是澳大利亚、美国、德国和加拿大等采矿大国的主要开采方式，但相较于井工开采，露天开采导致森林砍伐、表土和覆盖层岩石的位移，对周边环境影响更加深远[36]。露天矿场是生产建设项目水土保持信息化监管的重要对象，国内外学者定量分析了山西省平朔矿区、位于河南省禹州市的采矿区、印度的 Raniganj 等露天矿区的土地利用动态变化和生态恢复情况，为绿色矿区建设评价提供精准数据支撑。

土地利用转型是连续存在的，梳理地区土地的多样化混合利用趋势，来提高土地的精确利用程度，培育社会经济发展新动能。目前，对土地利用空间格局未来变化模拟预测的研究主要涉及如何在掌握历史土地利用演变情况的基础上，利用遥感数据、GIS 技术以及模型等进行土地利用变化的预测与评价，自然、社会经济和政策因素的综合分析，以及如何合理规划和管理土地资源，从而实现可持续利用。王宏亮等[37]以鄂尔多斯市为例，基于 PLUS 模型，以十年的时间间隔采用 1990 年至 2020 年四期土地利用数据，选取高程和坡度等自然因素、国内生产总值和行政区划等经济因素，以及高速和铁路等区位因素等共 15 个因子模拟 2040 年研究区土地利用变化，结果显示生态保护和建设开发情景下的土地利用变化呈现出较为明显的人为干预特点。何旭东等[38]采用 2015 年、2019 年两期 Landsat-8 遥感影像、人口/经济数据以及道路数据和社会经济数据，结合 InVEST 模型生境质量模块与基于元胞自动机模型原理的 Dinamica EGO 模型，模拟出雄安新区 2035 年生境质量约束下的土地利用变化情况，探讨了在不同情形下建设用地变化和社会经济发展的影响。王冶和郭祖彬[39]以滦河流域为研究区，结合社会生态系统实际情况，模拟 2030 年不同情景下的土地利用结构，并据此得出生态分区空间变化，按生态发展协调区、生态发展潜力区、生态供需风险区和城镇发展控制区分别提出差异化生态管理对策建议。

1.2.2　土地利用影响因素研究

人与土地是土地利用的两个核心，土地利用变化反映了自然因素和人类活动对土地利用的影响，与土地利用变化有显著相关性的变量称为决定性因素或驱动力，对土地利用变化进行时空分异分析和影响因素的研究具有重要意义，认识地区土地利用变化时空分异规律及影响因素可为其当地可持续环境建设提供参考。土地利用变化是多因素综合作用的结果，首先驱动因素多样，其次因各地自然人文差异较大，不同区域的土地利用变化驱动力也存在较大差异。目前，来自不同自然和社会经济背景、不同空间规模的研究，加深了人们对区域土地利用和土地利用变化的理解和认知。虽然城市化、人口增加、采矿活动、填海工程、农业耕种、气候变化等各种社会、人口、经济、文化、自然因素共同决定了不同地区城市空间的增长和土地利用变化，但是总体而言，土地利用变化受自然驱动力影响相对稳定，多为积累性效应，短时间内影响难以捕捉，而人类对自然界的改造活动带有较强的主动性，人为驱动力作用迅速，相对来说是土地利用变化的主导因素，可以尝试利用在相对较短时间内收集的数据对其进行分析。研究区域土地利用变化的影响因素或驱动力，旨在揭示土地利用变化背后的真正动力机制及其交互机制，从而模拟和预测土地利用的变化过程。在国土资源日益紧张的背景下，揭示土地利用影响因素作用力来促进土地优化利用已成为一个关键课题。

（1）自然驱动力

自然驱动力主要指气候、地貌、土壤和水文条件的变化等，自然环境条件的改变是土地利用变化的基础和前提，是驱动土地利用转型的主要原因，且该因素通常在较长时间段和较大空间中发挥作用。与人为因素对土地利用影响的短期研究相比，长期的自然因素驱动土地利用变化研究较少。为利用遥感和地理信息系统确定自然因子与土地覆盖之间的关系，Bouchagoura 等[40]对君士坦丁高原东部地区 Tamlouka 流域的土地利用与自然地貌进行了分类和组合，不同参数的分类图组表明，坡度是决定该流域土地利用的重要因素。Huang 等[41]运用地理探测器模型探究了中国黄土高原蒲县土地利用变化驱动力因素，发现海拔和坡度是主要驱动因素，并且研究证明自然驱动力在土地利用转型过程中起到加速作用。魏蕾娜等[42]通过对南昌市多时期遥感影像和 DEM 数据进行分析发现，不同土地利用类型主要受地形条件影响，不同高程带内各土地利用类型的转移关系和变化速率存在较大差异。以山区高城镇化率福建省德化县为例，谢臻等[43]定性解析了土地利用变化驱动机理，同样发现不同地类变化在各地形尺度上表现不同，中山地区人为干扰最低，且相比于谷地和低山，土地利用强度下降最为明显。鲍文楷等[44]利用基于空间数据的 Logistic 回归模型深入剖析了 1985—2018 年间京津冀地区土地利用变化，由于坡度条件从根本上制约了各项生产建设活动，坡度成为影响京津冀地区土地变化的最主要因素。

(2) 人为驱动力

人为驱动力包括政治、经济、文化和社会驱动，常随时间和空间而变化，即人类活动影响土地利用变化的主要因子因研究时段不同而有所变化，可以分为直接驱动力和间接驱动力，前者是指对土地产品的需求、对土地的投入、城市化程度、土地利用的集约化程度、土地权属、土地利用政策以及对土地资源的保护态度等，后者主要包括人口变化、技术发展、经济增长、政治与经济政策、富裕程度和价值取向等方面。

经济社会的快速发展、城市化水平的提高促进了对建设用地的需求，一般被认为是土地利用变化的最重要驱动力。雷诚和张永福[45]综合考虑了气候条件、径流变化的自然因素以及人口、经济、政策和工业化的社会经济因素，得出两类因素均是干旱区绿洲土地利用变化重要动力，但社会经济驱动力主导了乌苏市土地利用变化。经济发展、人口增长、城镇化进程和政策制度等因素通过影响土地利用需求和供给，导致了荆州市建设用地扩张，耕地、湿地和水域等资源减少，而科技进步因素通过提高土地利用效率和质量，促进了植被恢复和生态建设[46]。对于环鄱阳湖城市群土地利用功能转型，城镇化水平呈显著的正向驱动作用，且驱动作用持续增强，二、三产业占比的负向影响区域逐渐扩大，人均地区生产总值的正负向驱动作用均呈减弱趋势，而人均固定资产投资的正向驱动作用表现为先增强后减弱的态势[47]。Nathalang[48]利用双因素相关和多元回归分析揭示了曼谷都市圈农田被出售给开发商用于城市建设与地块可达性、农业投资水平、年龄、教育程度和职业状况等变量的显著关系，其中主要的解释变量是靠近社区中心和主要道路，其次是农民的年龄、教育水平和灌溉投资数额。王梓洋等[49]研究发现河西走廊大规模开垦耕地、城市开发建设和水利工程建设，譬如现代化灌溉网络的建设、酒泉和嘉峪关等城市扩张，导致 1990—2020 年未利用地大量转化为耕地、建设用地和水域。Bongasie 等[50]结合使用 Landsat 卫星图像和实地问卷调查数据，评估得到 2005 年至 2021 年间的森林覆盖率先降后升，从 2005 年的 13.6%下降到 2011 年的 11.2%，到 2021 年上升到 15.4%，确定了埃塞俄比亚阿姆哈拉州塞南地区林地变化的主要驱动因素包括农业用地扩大、人口增长、城市化以及以木材作为燃料来源。Bufebo 和 Elias[51]认为农业发展、社会变革、人口压力、耕地短缺等因素是土地利用变化的主要驱动力，而诸如气候变化、生物多样性丧失、森林产品稀缺、生境改变、水质下降以及作物减产等生态环境影响更多的是土地利用变化导致的后果。一项研究表明农业活动和人口密度的增加是乌干达阿尔伯丁地区既定土地利用变化的最重要驱动因素，2020 年大约 40%的土地已经被自给农田、商业农田和建成区所覆盖[52]。

随着休闲产业的崛起，以旅游业主导的土地利用变化最近吸引了一批研究人员，对其中深层演化机理和内在运行逻辑进行了探究。杨淮深等[29]发现人口变化与农业技术发展虽对漓江流域土地利用变化起到显著的推动作用，但经济活动尤其是旅游经济的壮大、旅游设施建设需求的不断增加是导致土地利用变化最为突出的原因。利用地理信息系统软件，Shui 和 Xu[53]探究了海拔、坡度、水系和交通干线等对兴文世界地质公园附近 1995—2010 年的土地利用变化的影响，结果表明土地利用变化的驱动力主要来自人类活动，包括受到旅游建设项目负向作用的影响和地方政府生态修复项目的正向影响，其中旅游业是促进当地土地利用急剧变化的经济动力。而李志飞等[54]的研究表明乡村旅游能够正面影响土地利用变化，比如旅游生态保护用地和旅游交通用地增加令村庄的功能内涵和景观格局朝多层次、多种类方向发展。根据皮尔森相关分析及地理探测器重点分析，对于同样具有特色的海南岛沿海城市而言，旅游用地分布密集程度、用地规划及格局演变与地区生产总值经济因素具有极显著的正相关关系[55]。以 2016 年遥感影像为基底，结合田野调查半结构访谈基础数据，朱正斌等[56]发现贵州西江苗寨在 2008 年大规模旅游介入关键节点前后土地利用景观演化明显，文化景观的演化特征具体呈现聚落规模弹性扩张、农业用地明显缩减、旅游服务用地增长、土地利用结构和功能破碎化。

政策制度作为重要的外生因素，是驱动土地利用转型的重要驱动力。朱国梁等[57]的研究表明雄安新区设立后四年内，耕地面积的变化幅度最大，水体面积的变化幅度最小，不透水面扩张与城市建设对生态环境品质的负面影响正逐步与由白洋淀保护、植树造林等生态建设带来蓝绿空间面积增加所提升的正面影响相互抵消，但随着时间推移，生态建设的正面影响将逐渐占据主导。大理白族自治州地貌复杂，多陡坡且多林地，土地开发利用受地貌限制显著，自然资源的开发利用导致生态空间锐减，但是随着洱海保护攻坚战的开展，生态搬迁、环湖生态修复等措施的实施，流域周边开发建设得到严格控制，经济结构的调整和国家洱海保护政策的实施已经成为大理州土地利用发生变化的主要驱动力因素[58]。一项问卷调查研究中[59]，受访的自然资源专家认为政府制定的法律、经济、监管体系薄弱以及城市发展活动(例如基础设施和工业项目)等管理因素是影响伊朗 Mehran 平原自然生态系统转变为其他用途土地的主要原因，对土地利用的作用力甚至超过社会因素、两伊战争。由于天然林保护工程、公益林工程建设等大型生态建设工程的实施，甘肃省白龙江流域土地利用由简单索取开发型转变为保护与生态建设型的利用方式，从破坏性、粗放式和低利用效率向保护性、集约式和高利用效率发展[60]。黄河滩区开发利用面临着人类居住和经济利用与河道行洪功能的矛盾，又受河槽和两岸大堤的较强制约，经研究发现在围垦湿地等人为因素、脱贫攻坚等政策因素、小浪底水库等大型水利工程建设促成的治黄成效等的影响下，2009 年以来 11 年土地利用类型发生较大变化[61]。

文化在塑造个人土地使用行为和地方土地系统结果方面同样显示重要影响，具有很强的综合性和地域性。Hodel 等[62]通过将文化方面历史背景与土地利用变化轨迹相联系，将研究重点放在弹性、变化、不确定性、可持续性以及脱钩机制，推导出文化-土地系统关系通常经历新兴、持续和衰落三个阶段，因此，提出识别、激活和培养导致更可持续的行为规范和价值观来改变不可持续的土地系统。大运河文化带建设背景下，《大运河文化保护传承利用规划纲要》、大运河土地利用专项规划的先后出台，推动了河北省大运河沿线的土地利用格局变化，土地利用以向景观与生态用地转换的主趋势逐渐明显[63]。武汉市楚河汉街因特有的历史文化积淀，作为典型的景观再造型街区，凸显了可观可游的城市文化特色，结合遥感影像和 ArcGIS 空间分析技术，分析结果得出结论：2011—2016 年土地开发和转化较迅速，道路交通用地对住宅用地吸纳作用增强，有序推动了该区土地利用空间的调整优化，2016 年以来土地开发速度放缓，商服用地的扩展强度和土地利用动态度最大[64]。张梦晗等[65]深入研究了农林复合土地利用模式在中国重要农业文化遗产系统中的重要性。

(3) 混合驱动力

城市的土地利用空间格局受地形地貌、气候、人口变化、社会经济发展和政策等因素的影响，每种土地利用类型都有自己的主导驱动因素，土地利用变化是在自然条件、社会经济多因素交互作用下的复杂过程，在理解土地变化方面，搭建协同的驱动因素网络可能比理解单个驱动因素本身更重要。乔伟峰等[66]认为南京市城郊乡村的土地利用转型由乡村自身被动力与乡村外部主动力共同驱动，地形、气候、水系和矿产等自然资源禀赋首先决定了城郊村的工农业空间布局，而随着乡村发展阶段的推进，城市经济增长、社会发展需求、技术进步等外源驱动逐步加强，成为大都市城郊乡村发展的关键推动力，直接或间接改变乡村土地利用。而对于重庆某农村聚居地，自然环境的差异对土地利用的水平及其空间分异的基本格局起着决定性作用，而在社会经济因素里，常住人口数量和家庭平均收入是关键的影响因素，乡村旅游资源、宅基地政策等因素对土地利用也起到重要影响[67]。西藏边境地区中阿里地区位于青藏高原地势高峻地段，相关研究发现 2020 年后该地区草地面积持续缩减，大量退化成未利用地，与地形气候等自然因素与人为活动影响息息相关，而后因对草业生态保护的日益重视这一现象逐渐得以缓解；另外，人口的增长、粮食需求增加以及区域经济发展致使耕地与建设用地面积数量有明显增长[68]。尽管许多研究表明，与自然条件相比，人为管理活动对黄土高原延河流域土地利用变化的贡献更大，Zhou 等[69]认为社会因素和自然因素共同影响该地区土地利用变化，而退耕还林只是加速土地利用转型的主要驱动因素。刘芃凯和饶良懿[70]采用 Theil-Sen Median 趋势分析、Mann-Kendall 检验和 Hurst 指数等分析探讨了海河流域植被覆盖时空变化特征，西北部植被情况得到显著改善，主要归功于其处于温带大陆性气候条件下山地地形地势较高区域，同时近年来退耕还林还草、封山育林等大规模生态保护工程的实施，给以森林灌木为主的植被生长提供了较好的环境。李雅喆等[71]通过对综合动态度与土地利用程度驱动因素的综合分析，得到洞庭湖流域土地利用变化速度主要受以距公路距离为主导的社会经济因素影响，而土地利用变化方向主要受以高程、坡度地形因素为主导的自然因素影响。黑龙江省土地利用格局变化是自然、人口、经济等多种因素综合交互、共同作用的结果，建设用地的持续增长与耕地面积的增加是土地利用转移的主要方向，地区生产总值、高程、人口是影响黑龙江省土地利用变化的主要驱动因素[72]。受沿岸围海造陆、港口建设等人类活动及入海河流泥沙淤积影响，莱州湾滩涂面积不断变化，沿岸地区生态空间缩小，转化为生产空间，加之当地经济发展带来的农村城市居民建设用地扩张，市区表现为生产空间转化为生活空间，因此导致三生空间布局失衡[73]。对于1959—2012年元上都遗址周边土地利用变化，最基本的驱动因素是气候变化（气候暖干化）与地理因素（北缘沙地蔓延），退耕还林还草制度、经济与技术是主要和关键因素，决定了土地利用方式、程度的变化[74]。

1.2.3 土地优化利用研究

人类在陆地上开展的长期或周期性管理活动对生态系统和土地利用模式产生深远影响。人类对自然的改造程度逐渐增强，这一点在以土地利用为载体的空间上则表现为土地利用强度的不断增长。随着城镇化的加速，建设用地对于其他类型用地的侵占日益加剧，土地扩张的同时土地利用强度发生变化，土地利用强度又侧面反映了人口聚集和人类土地利用活动程度。由于土地本身存在的面积有限、位置固定及质量差异等自然特性，人们对土地的利用存在着诸多问题，使优化土地配置、提高城市发展质量成为可持续发展的重要议题之一。土地配置实质上是一个一整套的土地布局的技巧或活动，是对于特定的土地利用目标的多种土地利用类型的合理选择。土地资源的时空分布具有高度异质性和复杂性，社会经济的快速发展和人类活动的集约化进一步加深了有限的土地资源供给与各种需求之间的矛盾。基于对土地利用变化的监测、模拟、评价及决策，实现土地优化利用并支持环境可持续发展是全球重点关注问题。有关土地优化利用的相关问题，20世纪70年代以前，国际上主要以专家经验作为重要参照，定性地研究如何以合适比例进行土地利用配置；70年代以后，有关空间配置方面探讨的土地优化利用研究在美国、英国、日本等国家相关规划中发挥着越来越重要的作用。80年代以后，随着空间信息技术和智能优化技术的发展，土地利用优化的理论基础和方法体系也在不断更新，在城市土地资源紧张的背景下，亟须对土地利用进行优化以缓解用地矛盾，学者们相继提出了多目标土地空间配置模型、配置区域内土地适宜性指数最大空间配置模型、CLUE-S模型等，为土地优化利用研究提供了坚实的技术基础。

（1）基于不同目标的土地优化利用研究

土地利用在空间上的安排对一个区域内的人类活动和资源流动有重大影响，长期以来，土地利用分配一直是区域科学研究的一个重要领域。在一定的技术经济条件下，土地优化利用的目的主要有两点：一是合理、科学、导向性地开发利用土地，使有限的土地资源达到最大的综合效益，二是在获得既定效益的前提下尽量减少对土地资源的使用。土地资源的开发利用通常以实现经济效益最大化为最主要的目的，而经济、社会、资源和环境的协调发展是长期可持续性的核心，土地优化利用则是为了合理高效持续利用土地，提高土地综合承载能力，在实现经济发展的同时保障社会稳定、生态保护、科学技术的提升。土地利用优化就是通过权衡不同利益需求重新配置各土地利用类型的数量和空间分布,优化资源流动。用地结构的调整为产业发展和产业结构调整提供了场地,能提高土地利用率,根据用地结构数量优化得到的效益最佳方案(效益总值 1 040.140 亿元),2022 年资源型城市晋城转型发展中最适宜的一种用地结构优化方案为耕地 37.600%、林地49.250%、草地7.480%、水体 1.070%、建设用地 4.410%、荒地 0.190%[75]。唐乎媞等[76]通过设置不同发展情景并进行对比分析,结果显示综合发展情景能兼顾生态-经济目标,能在武汉市建设国家中心城市、权衡经济发展与生态保护过程和背景下提升经济-生态效益,为实现土地优化利用提供了科学参考。von Gross 等[77]结合稳健的多目标优化方法与迭代搜索算法,识别当前土地利用所满足的生态和社会经济功能,模拟了反映从当前土地利用构成向规范多功能最优过渡的转变情景。基于土地利用变化对碳储量的影响,刘化等[78]建议未来耕地保护和绿色生态发展情景为河南中原城市群最优选择,要科学提高耕地生产潜力,优化现有用地的空间格局以提高城市用地利用率,增加城市绿化用地等措施降低碳储量。面对溧阳市粮食生产功能区 H 村劳动力老龄化、耕地非粮化破碎化、城乡收入差距大等人、地、产方面现存问题,李晴等[79]以稳定粮食生产与经济效益为目的,从微观层面探讨村庄土地优化利用模式。袁利等[80]基于多目标偏好研究广州市不同的土地利用优化情景,最终结果显示,以生态或经济效益为侧重点主要导致较大的林地、建设用地和水域面积变化幅度,兼顾两者效益情景的土地利用优化方案至少将效益提升了 9.350%。结合了黑龙江省的土地利用类型以林地和耕地为主的特点,谢一茹等[81]以达到一定经济发展预期前提下实现最大化的粮食产量提升与生态效益增加为关键,模拟了 4 种情景下 2035 年土地利用优化配置结果。社会经济因素如交通条件等是影响张掖市土地扩张与区域协调发展的重要原因,林欢和谢晓玲[82]建议在充分发挥交通运输支撑作用的同时协调区域交通基础设施空间布局,要以甘州区为中心,构建多中心发展模式,优化城市空间结构。

(2) 基于不同视角的土地优化利用研究

20 世纪 60 年代,西方国家开始意识到环境恶化与土地不合理利用所带来的危害,并开始了一系列的土地整治与保护工作,对土地的合理配置利用也更加重视。Handayanto 等[83]运用紧凑性、兼容性、依赖性和适宜性这四个可持续城市标准,评价了土地优化利用对提升紧凑型、生态型可持续城市标准得分的效果。Rahman 和 Szabó[84]采用加权法计算了社会效益综合指数,衡量了由城市土地利用优化带来的社会效益。我国对于土地优化利用的研究起步较晚,21 世纪初,随着土地利用总体规划编制工作的推进以及一系列土地可持续利用的政策法规的发布,学者们开始将土地利用优化与土地利用规划、土地节约集约利用结合起来研究。如李秉仁[85]认为城市规划应从城市的整体利益和长远利益出发,确定了城市的功能分区和土地的使用性质;运用价值规律科学确定地价,使每块土地能够按照城市规划要求达到最优利用。卢为民和蒋琦珺[86]以上海市的实践探索为例探讨了合理利用多规合一推进土地利用规模、结构、布局和强度的优化配置,并提出了转变规划理念、创新规划方法与实施机制的实施路径。张珍[87]以宁德市为例,探讨了新时期将土地资源优化配置纳入空间规划体系的必要性,以及以新一轮国土空间规划推进土地资源优化配置的实施路径。随着研究的深入,学者们在研究土地利用结构优化配置与优化原理的基础上,融入了多学科、多目标、多方法。优化模型的研究是土地资源优化配置的研究重点，早期的优化模型主要集中在土地数量结构优化，如线性规划模型、灰色线性规划模型、系统动力学模型等，随着空间信息技术的发展与应用，学者们将数学模型与遥感影像、GIS空间分析技术结合起来研究土地空间布局的优化配置，如元胞自动机、多智能体模型等，使得土地资源优化过程更加完整。为了提高模型的精确度与计算效率，学者们在不断改进优化模型的基础上，探索多种模型相结合，同时耦合遗传、蚁群、粒子群等智能算法的模型，加速了模型的运算。如王海军等[88]通过改进多目标遗传算法并结合CPU并行运算，不仅完善了模型的优化效果，更提高了模型的计算效率。Wang等[89]通过整合元胞自动机模型、蚁群优化算法和生态保护目标，从生态优先的角度提出了未来生态保护土地利用优化模型，并选取2010—2015年长江经济带的土地利用变化数据，验证了该模型的适用性。Luan等[90]用所构建的动态嵌套生态空间约束模型评估并明确了生态空间约束对未来土地扩张的影响，为长春市未来的国土空间规划和土地优化利用提供了更准确的支持。近些年，土地优化利用的相关理论与研究方法愈发成熟，学者们开始将关注点转移到实事政策和社会热点，使得本领域的研究更加与时俱进。例如，唐茂钢等[91]通过研究土地发展权的本质和内在机制论证了土地发展权交易可改进国土资源空间配置效率，并运用半参数DID模型对此进行实证验证，同时提出了一系列政策建议。梁鑫源等[92]以国家战略需求与重点区域发展、面向粮食安全的持续保障问题为立足点，对土地优化利用展开了分析和论证。

（3）土地资源优化配置方法研究

土地资源优化利用是一个包含多层次、多目标，需要持续拟合与决策的复杂系统工程，通常包括两个方面的内容，一是土地数量结构的优化，二是土地空间布局的优化。土地资源优化利用主要基于模型构建的优化配置方法、基于算法的优化配置方法和基于GIS空间分析模块的优化配置方法进行研究。

在模型研究方面，以线性规划方法、马尔可夫链、元胞自动机、CLUE-S模型、多智能体等模型研究最为广泛。王娇娇等[93]首先通过NSGA-Ⅱ算法得到较为科学的土地利用数量结构优化，再利用GeoSOS-FLUS模型中的基于自适应惯性机制的元胞自动机模块进行喀什地区土地利用空间优化模拟。Luan等[94]将非支配排序遗传算法Ⅱ（NSGA-Ⅱ）与斑块生成土地利用模拟（PLUS）模型相结合，基于NSGA-Ⅱ-PLUS综合模型实现多目标土地利用优化，为不同政策重点下重庆两江新区土地资源的平衡和优化提供了重要启示。刘欣等[95]调试由非空间模块（土地需求模块）和空间分析模块两部分组成的CLUE-S模型进行土地利用格局模拟，根据非空间模块的开放性并考虑土地利用的多目标性，在非空间模块嵌入了灰色预测模型和目标优化模型，预测以自然发展和“生态-经济”为目标的2020年土地利用需求。王世东等[96]采用差分演化算法对丹江流域2028年的土地利用结构优化的结果作为数量约束条件嵌入粒子群算法，添加多种约束条件进行粒子更新优化，构建了土地资源优化配置的DE-PSO模型。

智能算法以其强大的学习和计算能力被用于土地优化利用研究，在算法研究方面，目前应用比较广泛的算法有遗传算法、多目标模拟退火算法、蚁群算法、人工免疫算法、人工鱼群算法等，目前关于算法优化和应用研究主要集中在对模型输入端各类型之间的转换规则、相邻类型之间的转换关系等的研究，包括地类栅格空间位置、数量变化、需求满足等方面，然后根据这些限定条件不断循环迭代，最终模拟出满足不同要求的土地利用空间优化配置结果。遗传算法在解决复杂的多目标优化问题方面具有一定的优越性，基于平朔露天煤矿区1986—2020年的土地利用演变数据，Wang等[97]提出一种改进的多目标遗传算法来优化矿区土地利用结构，土地优化利用后为矿区提供了更大的综合效益，尤其是生态效益。Pan等[98]以向量为优化单元，采用功能区内水/植被/城市的蓝-绿-灰成分混合物来描述功能区混合土地利用的内部异质性，开发了一种多目标功能分区优化模型，利于通过功能区的均衡来优化不同土地利用的经济和生态权衡关系。王帝文等[99]基于改进和优化的Pareto最优解的多目标粒子群算法研究常州市的土地利用优化配置，模型采用变异算子和动态拥挤距离等优化策略对粒子群算法过早收敛、易于陷入局部最优的问题算法进行了改进。

在土地利用优化实践应用方面，近年来随着空间信息技术的广泛应用，我国学者在土地利用优化配置领域的研究成果也得到了扩展和丰富。朱磊和刘雅轩[100]以玛纳斯河下游典型绿洲区沙湾县和农八师垦区为研究区，利用遥感影像与GIS方法，在区域土地适宜性和土地利用限制因素分析的基础上，建立CA模型对区域景观进行空间优化，既进一步丰富了绿洲学的研究，也为新疆绿洲可持续发展决策提供一定的科学依据。李娅等[101]采用GIS空间分析和AHP方法，建立农业适宜性评价指标体系，刻画原平市农业产业适宜性指数的空间分布格局，得出适宜性分级图，进一步叠加原平市土地利用数据，进行农业优化布局分析。目前我国学者多以GIS技术为工具，将数量控制和模拟模型、空间优化配置模型、生态过程与生态安全模型等相结合，从不同视角和不同区域进行大量探索性研究，取得了丰硕的成果，为目前正在推进的空间规划和全国一张图奠定了理论基础，积累了可行的技术和方法。

1.2.4 土地征收管理研究

土地征收亦称“征收土地”。简单而言，土地征收就是国家为了特定的公益事业建设，根据法律规定及程序，依法从农村集体经济组织和被征地农民手中取得土地的所有权。在此过程中，国家会给予失地农民合理且公平的补偿，以保证他们在土地资源开发利用方面的合法权益得到保障。虽然土地征收在法律上进行了明确规定，但原有的土地征收办法存在诸多问题，依然避免不了征收过程中政府、集体以及农民个人之间存在较大矛盾。部分失地农民权益受损的情形依旧存在，其稳定经济收入缺乏保障，甚至因失地影响到未来的基本生活，因征地引发的冲突事件不断上升。另外征地成本低廉和对集体土地用途与交易的限制不仅造成建设用地管理使用粗放，还造成了土地资源浪费。造成这种现象的原因是我国农村集体土地征收法律制度仍旧存在缺陷，征收土地补偿方式、补偿范围、补偿标准等不合理。2020年，新《中华人民共和国土地管理法》(下文简称《土地管理法》)明确了公平、合理的补偿标准和原则，补充和完善了土地征收程序，增加了征地预公告制度。比如把征地社会稳定风险评估上升为法律刚性要求，明确开展社会稳定风险评估为土地征收的前置程序，重点从合法性、合理性、可行性、可控性等方面就土地征收后对被征地农民生产、生活的影响以及征地实施是否会引起信访等情况进行综合分析、合理评估，评估结果要作为决定申请征地的重要依据；又如将原来的征地批后公告改为征地批前公告，要求征地报批以前，县级以上地方政府必须与拟征收土地的所有人、使用权人就补偿安置等签订协议，规定征地报批前需履行调查、评估、公告、听证、登记、协议六个程序，同时设定“三公告”流程，改变了原有的“两公告”模式。这些亮点体现了国家以人为本、保障民生的决心，为农民进一步参与到征地程序中提供了合法性依据。新《土地管理法》切实体现了立法对于农民权益的保障，让被征地农民在征地过程中有更多的参与权、监督权和话语权，然而，土地征收的补偿标准仍相对较低，补偿程序也有待在实践中进一步完善。因此，需要从我国土地征收管理的历史经验和现实困境出发，探索一条适合我国国情的土地征收优化路径，从追求数量、疏于管理转变到注重质量、强化管理上来，保障失地农民合法权益，使失地农民更好享有我国改革开放的成果，助推乡村振兴，促进城乡融合发展。

（1）征收管理的基本问题

“公共利益”是一个在法律、政治、经济、文化等多个领域被广泛使用的抽象概念，涵盖科学、教育、文化、卫生等各方面。它是一种特殊的社会福祉，涉及个人的合法权益与社会的共同福祉、社群利益。在土地征收“公共利益”领域，立法模式主要有三种[102]。一是概括式，以美国为例，《宪法》第 5 修正案规定，“没有公正补偿，任何私人财产不得被征收为公共使用。”该法并未对公共利益作出列举性的规定，关于公共利益衡量问题，政府有较大的自由裁量权，将具体要点用法律规定以及相关法律条文进行细致的描述，同时规定了较为完善的事后救济。以英国为例，公共利益门槛较高，进行征地活动的前提是证明能够带来实际利益，同时还必须指出被征地人的利益牺牲是值得的。二是列举式，以日本为典型，在日本《土地征收法》第 3 条中详尽列举了公路、水利、防砂等多达 49 种可以发动土地征收的“公共利益”情形，日本对于公共利益不仅有宪法中的原则性规定，还有相关的司法审查程序规定，这种立法模式与国土面积狭小、人口居住密集的国情有着密切的关系。三是概括＋列举式，以德国为例，清楚地定义了公共利益，又将不同的情况进行详细列举。我国土地征收的三大基本要件包括公共利益、正当程序、公平补偿。早在 1950 年，政务院就颁布了《城市郊区土地改革条例》，第一次用法律文件规范了土地征收及公共利益。1954 年《中华人民共和国宪法》第 13 条也将“公共利益”纳入土地征收制度之中。随后的《中华人民共和国物权法》（现《民法典》物权编）《国有土地上房屋征收与补偿条例》等为维护公共利益和个人合法权益，都重申了土地征收目的的公共利益导向。尽管新《土地管理法》第 45 条采取“概括＋列举”方式首次对土地征收公共利益的范围进行明确界定，具有重要的里程碑意义，拓展了土地征收的可能性，有利于解决土地征收中存在的公共利益原则下的征地范围泛化问题，但对土地征收中“公共利益”的界定依然存在分歧。对于这个理论与实践的难题，我国学者一直在不断探索土地征收中公共利益的认定及争议解决机制。比如段文技和宋熳青[103]认为不同时期背景下人们对公共利益的价值判断标准在不断发展，所以导致难以对公共利益做精确定义，城乡二元土地制度是到最后征地范围过宽的诱因之一。陈涛等[104]认为空间规划与土地征收的公共利益要求能够通用，土地由政府统一规划、征收和开发，可以更好地保障安全与统筹发展，实现兼顾公平与效率。而政府作为公共利益的认定主体，应明确土地征收开发中公共产品供应与地利共享的优先地位和原初目的，确保征收符合公益性需求。

公共利益本身具有实现最大多数人福利、衡平公私利益的价值取向，是我国土地征收的唯一理由，亦是土地征收制度的合法性前提。在土地征收过程中，我国地方政府与被征地农民组成了一对基本矛盾体，多方利益博弈主要围绕着征地权力-农地权利的关系而展开[105]，时常体现出个人利益对集合体的利益让渡，造成了利益博弈过程的复杂性。具体而言，农民作为农地的直接使用者，农地的社会保障功能可以满足其基本家庭生活、提高收入、改善生活质量等利益诉求。征收补偿是政府按公平、合理的原则以一定补偿标准向被征收方支付的费用，一旦农地被征收，失地农民只能寄希望于收到合理标准补偿以维持其基本家庭生活。而地方政府在土地征收管理工作中处于天然的主导地位，由于征地权力与地权博弈天平失衡，长期倾向于地方政府一边，而被征地农民群体存在非理性倾向，与地方政府议价的能力又比较薄弱，使得在土地征收多方利益主体博弈过程中，被征地农民处于相对弱势的地位，导致因公共利益之名造成个人利益受损现象频现。如何利用经济政策手段有效调节利益相关者之间的冲突，克制政府利益的追逐和促进公共利益的真正实现，已成为当前土地征收中利益博弈研究的焦点。程玉龙等[106]构造土地征收中农民与地方政府利益冲突中非对称的演化博弈模型，得出利益博弈的关键在于地方政府如何根据被征地农民争取征地补偿的成本和对补偿的预期来确定合理的征地补偿增量。慕良泽等[107]对地方政府、村委会和被征地农民三个主体在土地征收中的行为逻辑展开分析，为实现法律维度、利益维度与主体维度的深度耦合，认为应明晰土地利益关系，形成利益平衡点，缩小主体博弈空间。孙小雨[108]认为国家征收农地与被征收人的利益并不对立，征收中要兼顾各方利益，实行友好协商、自愿服从的共赢征收模式，适当照顾被征地农民，增加被征地农民个人收入。

（2）土地征收管理优化研究

征用农民集体所有土地，为经济建设和社会发展提供用地，是政府行为。土地征收管理事关经济发展模式的转变，通过土地征收，可以集中土地，优化资源配置，提高土地利用效率。土地征收管理涉及大量、繁杂、保密的数据信息收集、存档、处理、整合、调用等工作，依靠传统的征地工作方法，采用传统文件和报表的形式进行项目进度和资料的管理，过程资料保存与管理不方便，数据查询统计难、信息不一致、重复征地情况时有发生。仅靠工作人员计算征地数据、手工填写有关表单等难以确保工作质效，同时受人为影响造成业务流程不规范和法律漏洞，容易引发行政诉讼。随着信息化快速发展升级，空间信息技术的快速进步正积极影响和改造土地征收管理方式，突破了原有人工工作的局限，有利于规避不当作为。如果要实现土地利用效率提升目标，土地管理机关必须给予土地征收管理工作信息化建设充分的重视，在实际征收管理工作中积极引进新技术，做好土地资源信息数据安全保障，打通信息孤岛，促进信息共享和业务协同，以有效方式将地理信息系统和土地利用空间优化结合起来，为征收管理提供技术保障。必须结合征收管理的实际情况，对于信息技术应用过程中暴露的问题，及时提出有效的解决方案，改进征地管理模式，提高工作效率。

为提高征地工作效率与社会化服务质量，全面掌握征地信息，浙江兰溪市自然资源和规划局在土地征收工作中积极实践，2019 年开发并启用了全省首个征地管理综合信息系统，该征地管理工作的“神器”具有一键计算征地费用、自动统计征地数据、征收地图一目了然、自动生成征地文档、一键公开征地信息、云端部署安全可靠等特点，一经投入使用，不仅规范了征地业务流程，还实现征地管理中产生信息的数据化管理，提高了“互联网＋政务”征地管理工作的效率。基于征地管理规范化、智能化、自动化等方面的考虑，湖南攸县于2023 年上线运行的含有单位概况、工作动态、法律法规政策、项目管理、档案管理五个模块的智慧征拆信息管理系统，配备自动生成、痕迹管理、三级审核等功能，实现数据实时高效准确传递，进一步达到信息公开透明、强化监督管理、落实阳光征收的目的。总而言之，我国各地方充分运用遥感、GIS、数据库等技术的征地信息管理系统，已经在解决传统征地拆迁工作周期长、效率低、流程把控难、数据汇总难以及信息化低等问题上发挥了重要作用。

1.2.5 研究评述

通过梳理国内外文献可知，国内外学者高度重视土地利用演变、土地利用影响因素、土地优化利用等课题，已基于不同尺度、不同视角以及不同方法开展了深入、系统的研究，取得了一定的成果，为本书的研究提供了一定的参考，但在以下层面仍需进一步研究和探索。

（1）从土地利用演变研究来看，国外学者对土地利用/覆被的研究体现了多尺度、多技术手段特征，比起研究的可用性，多侧重于理论层面的研究，如土地利用的时空变化、主要驱动力分析和图像输出等。国内土地利用变化研究对象具有针对性，在研究方法上更注重学科融合以及相关技术的结合使用，需加强空间信息技术与大数据等的结合使用。

（2）从土地利用影响因素研究来看，土地利用的时空变化主要受到自然驱动力和社会经济驱动力的双重影响，地方政策在区域土地利用转型过程中承担重要角色。土地利用驱动力研究方法已经逐渐由定性分析转向定量分析，当前要更强调运用多元化模型对土地利用变化的综合驱动力进行分析。

（3）从土地优化利用研究来看，相关学者基于土地资源优化配置目标对经济效益与生态效益的研究较多，社会效益方面主要侧重于粮食生产方面，对于其他社会需求研究较少。随着学科发展与技术进步，土地优化利用研究已逐步实现从土地利用数量、空间的单项优化方案向数量与空间协同优化、并向结构与功能权衡优化方案过渡。从目前研究趋势来看，将传统的数量约束研究与空间配置研究相结合是土地利用优化研究的重点领域，基于空间信息技术的人工智能计算机仿真和模拟-预测-优化模型，将成为未来土地利用优化的研究热点。

（4）从土地征收管理研究来看，有关土地征收中公共利益的界定的研究较为丰富，如何利用各种手段有效调节征收工作中利益相关者之间的冲突已成为当前研究的焦点。同时在实践中探索、判断并明确未来征收管理的发展方向，积极开发相关的土地管理系统，对土地征收管理的开展有着现实意义。

1.3 研究方案

1.3.1 研究目标

以宿迁市1996—2021年土地利用数据为基础，对宿迁市土地利用的演变特征进行较为全面的分析，并通过定量方法准确识别其关键驱动因素。基于经济发展、生态保护等多元发展目标，设定多种情景假设，构建土地利用结构优化和空间模拟模型，形成可供参考的不同宿迁市土地利用优化模拟方案。基于宿迁市土地征收管理变更历史，详细分析土地征收用途演变与征收利益均衡分配问题。研究结果为宿迁市社会经济高质量发展的土地优化利用和征收管理提供理论依据和方法支撑。

具体目标如下：

(1) 探究宿迁市土地利用演变规律和土地利用驱动机制；

(2) 在多目标条件下实现宿迁市土地利用结构优化模拟；

(3) 在差异化情景下实现宿迁市土地利用空间优化模拟；

(4) 分析土地征收制度和宿迁市土地征收用途演变历程；

(5) 剖析宿迁市土地征收过程利益均衡分配问题和解决路径。

1.3.2 研究内容

按照“提出问题—分析问题—解决问题—归纳总结”的思路展开研究，利用空间信息技术、多情景分析等手段，探究宿迁市近二十五年的土地利用变化规律，识别土地利用变化的关键驱动因素，根据主要驱动因素和多元发展目标设定约束条件，进行土地利用结构空间优化配置，总结土地征收用途演变历程，剖析土地征收过程利益均衡分配问题。主要内容如下：

(1) 土地利用演变特征与驱动因素识别

运用土地利用遥感监测数据、土地利用变更调查、第三次全国国土调查数据等，利用单一土地利用动态度、地学信息图谱分析宿迁市1996—2021年土地利用结构、空间异质性特征，并从自然、社会、经济等多维度选取相关驱动因素，结合主成分分析方法，定量探究宿迁市土地利用变化的关键驱动因素。

(2) 土地利用结构多目标优化

采用多目标遗传算法，选取经济效益和生态效益作为目标函数，设定粮食安全、经济发展以及生态安全的优化发展目标，以土地利用类型作为决策变量，设置模型的约束条件，通过筛选“自然发展优先”“生态优先”和“经济优先”情景下2026年宿迁市的土地利用配置结构，得到优化配置结构。

(3) 土地利用空间优化模拟

综合考量宿迁市土地利用空间布局的复杂性与实际需求，通过PLUS模型的LESA模块与CARS模块的有机结合，预测土地利用变化的未来趋势，构建自然发展、经济优先及生态优先三种差异化情景，模拟各情景下的土地利用空间分布格局。

（4）土地征收用途演变分析

按制度建立、调整、完善与深化节点回顾了我国土地征收制度自20世纪50年代以来的发展历程，在此基础上，结合土地征收依据、程序及案例等探究宿迁市土地征收制度现状，并分析征地规模变化、征地用途结构变化等，解释征地用途演变的主要特征、动态过程以及驱动因素。

（5）土地征收利益均衡管理研究

结合宿迁市土地征收现状和基层工作实际，深入剖析土地征收利益均衡分配机制，探讨自然域、经济域、社会域和政治域对宿迁市征地利益均衡的影响，找出农村集体土地征收补偿制度中有待改善的问题，从征地过程农民参与、被征地农民社会保障、被征地农民技能提升这三方面探索完善被征地农民利益保障制度。

1.3.3 研究方法

（1）文献分析法。查阅有关专著，通过对相关文献和理论进行阅读和梳理，总结已有土地利用驱动因素及优化配置相关理论与模型方法，初步构建土地利用驱动因素研究框架，了解多目标发展内涵，设定多目标具体约束条件，为后期优化土地利用结构配置奠定理论基础。

（2）遥感数据分析法。对宿迁市1996年、2001年、2006年、2011年、2016年和2021年土地利用监测数据进行解译和土地利用重分类，为探究宿迁市土地利用演变特征及驱动因素提供数据支持。

（3）地统计分析法。采用空间自相关分析、空间主成分分析和空间多元回归分析等方法，对土地利用特征的空间异质性、土地利用过程的驱动因素进行定量分析。

（4）多目标优化法。构建多目标线性规划模型，运用Matlab软件编写多目标遗传算法，基于经济发展和生态安全目标及各方面用地约束条件，对宿迁市土地利用结构进行优化。

（5）模型模拟法。将各类用地需求量、回归参数、各种约束因子和农用地转换规则作为参数输入Dyna-CLUE模型中，进而对宿迁市土地利用变化进行情景模拟。

1.3.4 技术路线

本次研究首先系统分析宿迁市1996—2021年土地利用演变，并通过定量方法准确识别其关键驱动因素；然后，运用多目标遗传算法，优化2026年不同发展情景下宿迁市的土地利用结构；针对宿迁市独特的土地利用现状与发展需求，运用PLUS模型模拟其土地利用空间优化配置；分析土地征收制度的变迁、宿迁市土地征收制度的现状以及土地征收用途的变化，再借助博弈模型分析土地征收利益分配情况、存在问题和提升路径。研究的技术路线如图1-1所示。

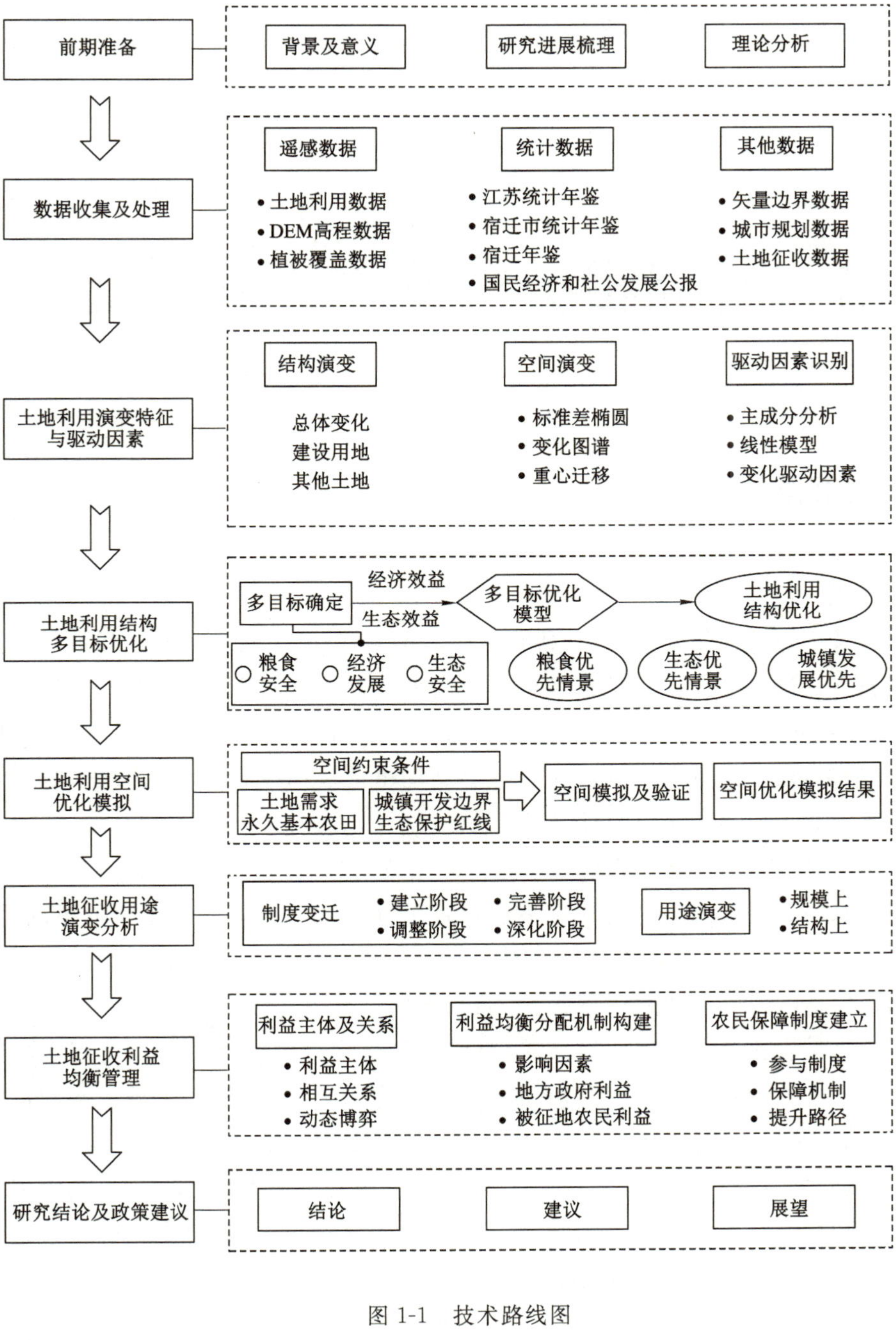

图 1-1 技术路线图

1.4 本章小结

本章主要阐述了土地优化利用和征收管理研究的背景与意义，并在查阅国内外相关文献资料的基础上，分析了土地利用演变、土地利用变化影响因素、土地优化利用和土地征收管理的研究进展、发展趋势和存在不足，明确了研究目标、研究内容、研究方法和技术路线。

2 研究相关概念与理论基础

2.1 相关概念界定

2.1.1 城市化

城市化，又称为城镇化或都市化，其概念是1867年西班牙建筑师塞尔门最早在其著作《城市化的基本理论》中提出的，是指乡村人口向城市聚集的过程，伴随着人口生产方式的转变和特定空间的集聚。这一过程不仅涉及人口从农村向城市的迁移，还包括经济、社会活动的高度集聚，是人类生产生活方式和社会结构由落后向现代转变的过程，是农业人口不断减少、非农业人口不断增长的过程。

从人口学角度看，城市化是农村人口转化为城镇人口的过程，具体来说，就是人口向城市地区集中，农民变成市民。这种迁移不仅导致了城市人口占总人口比重的不断上升，还改变了人口的空间分布。地理学上，城市化被定义为农村地区或者自然区域转变为城市地区的过程，这包括城市向周边地区的扩散、新兴城镇的涌现以及城市规模的扩大。经济学视角下，城市化是农业经济向工业经济转化的过程，是人口经济活动由乡村转向城市的过程。这一过程中，生产要素如劳动力、资本和技术等向城市集聚，推动了城市基础设施和公共服务设施的发展。社会学角度认为，城市化是人类文化教育、价值观念、生活方式、宗教信仰等社会演变的过程。城市文明向农村地区传播，城市生活方式、组织方式、管理方式取代了农村生活方式、组织方式和管理方式。生态学上，城市化过程被视为生态系统的演变过程，人类在寻求最适宜的生态位的同时，对环境产生深远影响。

恩格斯曾在其政治经济著作《英国工人阶级状况》一书中阐明，城市化的根本原因是工业化。城市化是人类社会发展到一定阶段存在的一个复杂现象，为了能够准确地衡量一定区域范围内某一时点的城市化水平，专家、学者提出了不同的衡量指标。① 单一指标法：可以用一个城市中常住人口（半年内无流动的人口）占区域内总人口比重、从事非农业生产活动的人口比重、城市建设用地比重等指标来衡量。② 综合指标法：常使用多项社会、经济指标进行综合衡量。两种衡量方法中，单一指标法适用性更强。

总体而言，城市化是一个复杂的社会经济进程，它不仅涉及人口的地理迁移和生产方式的转变，还伴随着经济结构和社会结构的变化。随着经济活动的集中，城市成为交通、贸易和信息流动的枢纽，并提供高质量的公共服务和基本服务。

2.1.2 粮食安全

1974 年联合国粮农组织（FAO）首次提出粮食安全的概念，粮食安全从根本上指的是人类的一种基本生活权利，即“保证任何人在任何地方都能够获取未来生存和健康所需要的足够食品”。1983 年对粮食安全的定义进行了延伸，提出粮食安全的目标为“确保所有的人在任何时候既能买得到又能买得起所需要的基本食品”。1996 年在第二次世界粮食大会上，粮食安全的定义被再次修改为“所有人在任何时候都能通过物质和经济手段获得充足、安全和富有营养的食物，满足其膳食需要和饮食偏好，过上经济和健康的生活”。这一概念的提出，意味着不仅要保证粮食产量，还要保证粮食质量及营养健康。我国学者顺应国情发展，对我国粮食安全概念进行全面解读与完善。马九杰等学者，从宏观与微观的细腻维度出发，对粮食安全这一概念进行了深刻的剖析，明确指出粮食的生产、消费及流通三大环节之间存在着不可分割的相互关联与动态平衡[109]。这一见解不仅揭示了粮食安全体系的内在逻辑，也强调了各环节间协同运作对于维护国家粮食安全的重要性。罗孝玲等则从经济学的独特视角，为粮食安全赋予了新的诠释：当粮食价格的波动能够稳定地保持在一个合理且可接受的区间内时，则表明我国粮食安全状态较好，反之亦然[110]。这一观点以价格这一经济杠杆为镜，映射出粮食安全背后的复杂经济生态。唐石等学者则创新性地采用复合系统理论框架，从均衡性、适应性、稳定性及流畅性这四个维度，对粮食安全概念进行了全面而系统的界定[111]。他们不仅关注粮食安全系统内部各要素之间的和谐共生，还深入探讨了该系统对外界环境变化的响应与调整能力，以及保持长期稳定运行和高效流通的能力。这一多维度的分析，不仅丰富了粮食安全的理论内涵，也对制定更加科学、全面的粮食安全战略提供了有力支撑。目前，结合国家发展和改革委员会相关文件与学界研究现状，我国现代粮食安全的含义可概括为“在质与量两方面同时满足全社会对粮食日益增长的需求的基础上，改善自然环境，促进生态良性循环，使粮食综合生产能力和农业资源转化效率稳步提升”。

综上，粮食安全的含义主要包括四个方面内涵：① 供应数量充足；② 任何人都可以获得粮食；③ 粮食及其他食品是健康且营养的；④ 粮食供应的稳定和长效。本研究认为，粮食安全是指任何人任何时间都可以获得充足、健康和有营养的食物，且是可持续的，不影响后代人对食物的需求。

2.1.3 生态安全

20 世纪 60 年代，人们开始意识到自然环境的变化逐渐成为影响国家安全的主要因素之一，直到 20 世纪 80 年代，生态环境问题引起国际社会的广泛关注，生态安全理论的研究也逐步进入正轨。1977 年，Lester R. Brown 在其著作《建设一个持续发展的社会》中首次定义了生态安全的概念。他认为，生态安全是指生物物种在其生存和发展过程中与内外环境之间达到的一种平衡状态。这种状态能够最大限度地保障生物物种的生存与发展，并且是稳定的、可持续的。1987 年联合国大会正式提出了“环境安全”的概念，1989 年，国际应用系统分析研究所(IIASA)提出了“生态安全”的概念,并指出生态安全是确保人类生活、健康、安乐的基本权利,保障人类适应环境变化的能力不受威胁,包括自然、经济和社会组成的人工生态系统的安全。程漱兰在1999年《高度重视国家生态安全战略》一文中指出国家生态安全是实现国家生存和发展所处的生态环境,应保持“自然资本”的保值增值、永续利用,避免因自然衰竭、资源生产率下降、环境污染和退化给社会生活和生产造成的短期灾害和长期不利影响。国家生态安全会危及国家军事、政治和经济安全[112]。吴豪等[113]在2001年阐述了生态安全的基本概念,生态安全是指生态系统的健康和完整情况。邹长新等[114]认为生态安全包含两重含义:一是生态系统自身是否安全,即自身结构是否受到破坏;二是生态系统对于人类是否安全,即生态系统所提供的服务是否满足人类的生存需要。欧阳志云等[115]认为,生态安全是生态系统服务能有效支撑经济社会可持续发展,以及保障人类社会发展与人民生活健康不受生态系统脆弱性影响的能力。

综上,生态安全的内涵可以分为两个方面,一方面是从生态系统本身安全角度出发,自然生态系统自身结构功能稳定。另一方面从满足人类生产和发展角度出发,自然生态系统在自身良性循环的情况下,满足人类生存和发展的需求。本研究认为,生态安全是指在一定区域内,社会、经济、自然等要素有序交互、协调共生,生态系统在特定生态过程中维持自身健康状态,进而保障人类生产生活、身体健康、生存发展等权利不受威胁、得到保障,满足人类社会经济活动需求,最终实现人类高质量发展的状态。

2.1.4 经济发展

经济发展通常指一个国家或者地区按人口平均的实际福利增长过程。一般来说,经济发展包括三层含义:一是经济规模或总量的持续增长,即一个国家或地区产品和劳务的增加,其构成了经济发展的物质基础;二是经济结构的改进和优化,即一个国家或地区的产业结构、技术结构、收入分配结构、消费结构以及人口结构等经济结构的变化;三是经济质量的改善和提高,即一个国家和地区经济效益的提高、经济社会的稳定、生活条件的改善、自然生态环境的平衡以及政治、文化和人的现代化进程。经济规模或总量的持续增长是经济发展的基础。这一点在多个证据中得到了体现,例如,长期增长模型中,知识的边际生产力递增特性意味着随着经济规模的扩大,知识积累会进一步加速,从而推动经济持续增长,支持了大国在经济发展上可能比小国更具优势的观点。此外,中国经济快速增长的影响因素分析也指出了工业化和城市化的快速推进为经济长期高速增长提供了充足动力。经济结构的改进和优化是经济发展的重要组成部分。证据表明,经济结构转换对于发展中国家尤为重要,而调整经济结构,解决储蓄与消费失衡等问题,是推进经济转型和发展方式转变的关键。此外,多部门经济增长模型的研究也显示了技术增长率差异引起的经济结构变化对经济增长的影响。第三,经济质量的改善和提高是经济发展的重要目标。《中华人民共和国国民经济和社会发展第十三个五年规划纲要》提出以提高发展质量和效益为中心,这反映了对经济质量提升的重视。同时,加快经济发展方式转变,实现经济可持续发展也是当前的重要任务。经济发展还涉及人文和社会的发展。经济增长与人文、社会发展的三重超越是现代化的具体概括,这强调了经济发展不仅要关注物质财富的增加,还要关注人的全面发展和社会的全面进步。

因此，经济发展包括经济结构不断优化、实际收入持续提高、社会结构持续高级化等多元化内容，是一个从量变到质变的长期过程，需要综合考虑经济规模的增长、经济结构的优化以及经济质量的提升等多个方面。通过不断深化改革，调整经济结构，提高经济质量，以及促进人文和社会的发展，推动经济实现高质量发展。

经济发展的目标是多重性的，强调经济总量与质量统一，它不仅是财富的增加和经济体量的扩张，而且还意味着质量的改善和效益的提高。一是经济增长主要是量的增加，而经济发展则是质的变化。经济发展是经济结构、社会结构的创新和改变，以及社会生活质量和投入产出效益的提高，比经济增长更为广泛、更具有进步意义。二是经济增长不一定带来经济发展，而经济发展必定表现为经济增长。

2.1.5 社会保障

社会保障是指政府依据国家政策和法律法规，通过多种方式为在生活中遇到困难、失去劳动能力或无法维持基本生存的居民提供帮助，以确保其基本生活需求。该概念包含四个基本要素：首先，社会保障的责任主体是国家和政府，国家能够确保社会保障政策的有效实施；其次，社会保障的对象是社会中的弱势群体，社会保障旨在为该群体提供必要的支持以满足其基本生活需求；第三，社会保障的实质是国民收入的再分配，通过社会保障，国家和政府机构将社会财富转移给弱势群体；最后，社会保障是一项法律规定的制度，其制定和实施均有可查可鉴的法律依据。

一般来说，社会保障是指由政府主导，通过转移支付的方式，将国家和政府所拥有的一部分资金和资源，分配给生活困难或基本生活无法保障的个人或群体，以满足其生存和生活需求，具有社会福利的特性。社会保障是一个多维度、多层次的概念，它不仅包括了为生活困难或基本生活无法保障的个人或群体提供物质帮助和服务支持的制度安排，还涉及收入分配调节、社会福利的提供以及对弱势群体的特别关注等多个方面。

首先，社会保障作为调节收入分配的重要工具，其功能体现在收入分配的多个层次中，包括覆盖范围、筹资机制、补偿机制等因素，这些因素不同程度地影响其收入分配调节作用。这表明社会保障不仅仅是简单的资金和资源的转移支付，而是通过一系列复杂的机制来实现其调节收入分配的目的。其次，社会福利与社会保障之间存在密切的关系。从广义上讲，社会福利应包含社会保障，而社会保障是社会福利的子系统，是社会福利的基础和起点。这意味着社会保障在满足社会成员生活需要方面起着基础性的作用，但社会福利的范围更广，不仅包括社会保障的内容，还包括旨在提高全民福利水平的非保障性内容。此外，社会保障的发展特点与态势显示了从劳动保障向全民保障、普遍保障到特殊关注的发展态势，以及从被动保障到主动保障、分割推进到整体规划的发展态势。这些变化反映了社会保障体系在不断完善和发展，旨在更好地满足不同群体的需求。针对弱势群体的社会保障问题也是社会保障体系中的一个重要方面。弱势群体由于创造财富、聚敛财富能力较弱，需要通过建立综合性的城市社会救助系统、推进社会保障制度建设等措施来解决其面临的实际困难。

综上所述，社会保障是一个复杂的社会制度安排，它通过政府主导的转移支付方式，将国家和政府所拥有的一部分资金和资源分配给生活困难或基本生活无法保障的个人或群体，以满足其生存和生活需求。同时，社会保障还涉及收入分配调节、社会福利的提供以及对弱势群体的特别关注等多个方面，体现了其具有社会福利特性的本质。

2.1.6 城乡统筹

城乡统筹的内涵本质在于在坚持人本主义的前提下，通过调整城市与农村之间的割裂式发展模式，实现城乡居民的生活水平同步提升。这一过程不仅要求保障农村居民、进城新市民与原籍市民享有平等的生产生活权利、均等化的公共服务和同等化的生活水平，而且还需要在特定社会发展背景中，促进城镇与乡村之间的互动发展，实现城、乡协同共赢的发展格局。为了达到这一目标，需要从多个方面入手，包括但不限于公共产品供给的均衡机制、城市群发展机制、生产要素的自由流动机制以及以工促农、以城带乡的长效机制的构建和完善。在字面意义上，城乡统筹意味着在特定的社会发展背景下，城镇与乡村能够实现互动与共同发展，形成城乡协同共赢的局面。因此，有必要调整城市与农村之间割裂的发展模式，以最大限度地利用城市的扩散效应来促进农村的发展。同时，通过工业经济对农业的支持与反馈，建立一种长期有效的城乡协同发展模式，从而实现城乡的平衡与进步。

城乡统筹发展的核心目标在于打破长期以来因过度偏向城市、限制农村发展而导致的城乡区域发展严重失衡，消除城乡之间的隔阂，缩小城乡差距，从而有效解决“三农”问题。目前的首要任务之一是建立一种能够实现“工业促进农业、城市带动乡村”的持久且有效的运行机制。而城乡统筹发展的实现形式主要包括了城镇化和新农村建设的协调发展。没有新农村建设，城镇化将失去客观基础；没有城镇化，新农村建设将丧失原动力。这表明，两者之间存在着密切的联系和相互依赖的关系。然而，在其协调发展中存在多方面的问题，如城乡公共产品供给不平衡、城市群发展不充分、生产要素不能自由流动等，这些问题的存在使得城乡统筹发展面临挑战。为了推进城乡统筹发展，需要采取政府促进、市场推动的发展模式，建立城乡资源双向流动机制。这意味着，除了政府的引导和支持外，市场的力量也是推动城乡统筹发展的重要因素。同时，加快县域新型工业化和农村城镇化是关键举措，这有助于缩小城乡差距、突破二元结构、实现城乡居民平等发展。此外，实现公共服务均等化，即为不同利益集团、不同经济成分或不同社会阶层提供一视同仁的公共产品与服务，是实现城乡统筹发展的有效途径。

总体而言，城乡统筹的内涵本质在于通过调整城市与农村之间的关系，实现城乡居民生活水平的同步提升，最终目标是保障农村居民、进城新市民与原籍市民享有平等的生产生活权利、均等化的公共服务和同等化的生活水平。这需要政府和市场的共同努力，通过构建和完善相关的机制和制度，解决存在的问题，促进城乡之间的互动发展，实现城、乡协同共赢的发展格局。

2.1.7 空间信息技术

空间信息技术是涉及地理信息系统(GIS)、遥感(RS)、全球定位系统(GPS)等技术的综合技术，它通过集成和应用这些技术来获取、处理、分析和展示空间数据。RS作为采集地球数据及其变化信息的重要技术手段，在理论上、技术上和实际应用上发生了重大变化，与GIS和GPS的结合，向着更系统化、更定量化的方向发展，使遥感技术的应用更加广泛和深入。GIS的发展，特别是在数据采集、更新、集成、管理、分析、检索、用户界面等方面的功能更加有效和强大，满足了运行化的要求。此外，GIS在地缘领域中的应用与展望也表明了其在地缘研究领域的广泛应用和重要性。

从20世纪60年代开始，随着空间信息技术的逐渐发展，信息获取、分析、管理和应用的技术进入了一个新的阶段，空间信息技术的发展和应用，极大地推动了土地利用配置向定量分析的转变，并通过各种数据指标的支持，实现了土地利用分析的多层次和综合的新突破。土地利用规划中空间信息技术的应用，特别是摄影测量与遥感、全球定位系统和地理信息系统的应用，为土地利用规划提供了重要的技术支持，不仅在土地利用动态监测和现状调查中发挥了重要作用，在土地利用空间结构变化研究中也显示出了其强大的分析能力。

随着科技的不断进步，空间信息技术在土地资源管理中的应用日益深入。科学高效的管理模式能够显著提升土地资源的利用效率，从而保障良好的经济效益和社会效益。同时，空间信息技术在国民经济和社会发展中的重要性也愈发凸显，尤其是在国土空间规划、国土安全、生态建设、防灾减灾以及不动产登记等专项领域发挥着关键作用。空间信息技术的发展与其在土地资源管理中多层次、综合性的应用，不仅提升了土地资源管理的效率和科学性，还通过支持国土规划、智慧城市建设、商业技术创新以及全球可持续发展目标的实现，有力推动了空间经济的发展，为国民经济和社会进步提供了重要的技术支撑。

2.1.8 土地资源

土地的定义有广义和狭义之分。广义的土地主要是指地球陆地表面包括水、气候、土壤、矿物、生物及人类活动的自然综合体。狭义的土地则主要是一种空间上的概念，即自然和人类活动的空间场所。从土地所具有的资源价值角度来讲，资源的本质是“能够产生经济价值”。土地是一种为人类生存活动提供空间、为经济社会发展提供支撑的重要自然资源。

土地资源是指能够被人们直接利用的土地，包括为人类提供生产和生活活动的农业、林业、牧业、渔业土地，也包括为人类提供生态服务的森林、沼泽、草地等土地。国际上对于土地资源的构成部分也存在较大分歧，世界各国广泛应用的宏观经济统计核算体系《国民经济账户2008》(System of National Accounts 2008，SNA)中，将土地和土壤资源视为是一类资产。而在2012年联合国通过的环境经济的核算体系《2012环境经济核算体系中心框架》(System of Environmental-Economic Accounting-Central Framework，SEEA)中，则认为土地和土壤是两种资产，以此来凸显土地在空间方面的作用；土壤作为生物活动的物质来源，在进行核算的时候主要是考虑土壤在生态系统中的贡献作用。在国内，土地主要是指在空间上的概念，并不包含土地地表的覆盖物体，如林木、草等，也不包含地下的矿产和水等具体资源。学界对于土地资源的概念表述也有所不同。刘黎明认为土地资源是指在一定的技术条件和一定时间内可以为人类利用的土地[116]。曾琨认为土地资源是能为人类提供农、林、牧、渔或其他可利用方式的土地，是人类的生产资料和劳动对象，但是在利用土地资源的过程中将采取不同类型及不同程度的生物或工程措施[117]。孔琳认为土地资源既包括现在已经被人类利用的土地，也包括将来预期能够被利用的土地[118]。王恩泽认为土地资源是指已被人类所利用和未来能被人类所利用的土地，且具有经济属性和经济产出功能[119]。

此外，众多研究都对土地资源的定义和重要性进行了强调。土地资源不仅包括能够直接用于农业、林业、牧业和渔业的土地，还包括提供生态服务的森林、沼泽和草地等[120]。这些土地资源对于人类社会的生产和生活活动至关重要，同时也对维持生态平衡和环境稳定发挥着不可或缺的作用。从可持续利用的角度来看，土地资源的合理利用是实现人类社会经济可持续发展的重要基础。这要求我们在开发利用土地资源的同时，保护和改善生态环境，避免因过度开发而导致的土地退化和生态破坏。例如，对云南省的研究表明，通过基于供给生态服务价值的土地资源承载力评估方法，可以更有效地量化和管理土地资源，以支持区域的可持续发展[121]。同时，土地资源的保护和合理利用也涉及制度安排和政策支持。缺乏土地生态价值观和相应的制度安排是导致生态环境恶化的一个重要原因。因此，需要通过制定和实施有效的政策和措施，促进人与土地的和谐共处，保护土地资源的生态功能。

总之，土地资源是指能够被人类所利用且能产生经济、生态和社会价值的土地，是人类长期的生产要素，其合理利用和保护对于维护生态平衡、促进经济社会的可持续发展具有重要意义。“土地资源”是一个动态的概念，有些土地目前无法利用，随着时代科技的发展有可能转变为可以利用的资源。而目前可利用的土地也可能因为利用不当或者自然灾害，在将来变成无法利用的资源。通过科学的评估方法、合理的利用策略和有效的制度安排，可以实现土地资源的可持续利用，为人类社会的长期发展提供支持。

2.1.9 土地优化利用

土地利用是指人类为了达到某种目的或者实现某种意图，通过某种方式主动对土地实施干预的一种复杂动态过程。而土地优化利用则是指人们为了实现一定的最优目标，因地制宜地结合区域土地资源的特性，科学合理安排和布局区域各项用地，从而逐渐提高区域土地利用率，实现区域更好更全面的发展。

土地优化利用实质上是一种由政府根据民众意愿和实际反映而对土地利用管理和控制的过程，它是一个不断修正的目标，可以根据区域实况不断进行调整。土地优化利用是一个复杂而多维的过程，它不仅涉及土地资源的合理配置和高效使用，还关系到新型城镇化的发展、区域经济社会的全面进步以及可持续发展的实现。我们可以从以下几个方面深入探讨土地优化利用的实质和意义。

首先，土地利用规划在新型城镇化发展中占据着特殊的地位和作用。它不仅决定了城镇的增长边界，也影响着城镇化发展的质量。这表明，土地利用规划是推进新型城镇化的关键，需要主动服务于城镇化发展，统筹考虑土地城镇化、人口城镇化和经济社会城镇化的同步发展。同时，土地利用规划还需要面对保护耕地与保障城市发展用地之间的两难挑战。其次,城市土地优化配置的关键在于推行土地配置市场化。这意味着,通过市场机制来引导土地资源的合理流动和高效利用,是实现土地优化配置的重要途径。此外,优化土地资源配置还需要改进土地审批效率、优化用地结构和布局、推进绿色城市发展的理念。第三,土地资源的优化配置与可持续利用对于调整产业布局、促进经济可持续发展具有重要意义。这要求我们在土地利用过程中,不仅要注重经济效益的最大化,还要兼顾社会效益和生态效益,形成有利于统筹这三者平衡的土地利用绩效评估体系。第四,为了适应新型城镇化发展的需要,现有的土地利用管理制度需要进一步改革完善。这包括重新定位土地利用管理的目的,明确相关规划和计划之间的协调措施,改进土地利用许可管理的体制等。

土地利用转型与土地资源管理的加强是提升土地资源利用水平、为社会健康发展奠定坚实基础的关键。这需要我们采取有效措施,如加大土地结构优化力度、完善土地保护制度、大力改造土地资源、引入先进的科技技术等。综上,土地优化利用是一个涉及多个方面的综合过程,它不仅需要政府根据民众意愿和实际反映进行科学合理的管理和控制,还需要市场机制的有效运作和社会各界的共同参与。通过不断修正的目标和区域实况的调整,可以有效推进新型城镇化的发展,促进区域经济社会的更好更全面发展。

2.1.10 土地征收管理

土地征收的实质是农村集体土地征收,是指国家基于公共利益需要按照法定程序取得集体所有的土地,并给予合理补偿的行为。在我国特有的城乡二元结构下,土地所有权被划分为农村集体土地所有权和国有土地所有权,简单来说,农村集体土地征收就是将土地所有权由农村集体所有转变为国有的过程和结果。这一土地所有权转变的过程附带有一定的前提条件,即符合公共利益的需要,具体公共利益的范围在新《土地管理法》做出了明确规定,涵盖了六种情形。

土地征收的主要参与者是政府和被征地者。被征地者包括农村集体土地的所有权人——农村集体经济组织,以及拥有土地承包经营权的个人或单位。在土地征收的过程中,政府主要实施以下行为:发布土地征收预公告,组织开展土地现状调查和社会稳定风险评估,发布征地补偿安置公告,办理征地补偿登记,组织被征地人签订征地补偿安置协议。前期工作完成后,政府需提出土地征收申请,报有批准权的机关批准。征收土地申请经依法批准后,政府负责发布征收土地公告,对个别未达成征地补偿安置协议的,作出征地补偿安置决定,并在征收土地公告之日起六十日内足额支付土地补偿费、安置补助费以及农村村民住宅、其他地上附着物和青苗等的补偿费用,安排被征地农民的社会保障费用。农村集体经济组织应当依法确定参加社会保障对象的名单,报乡镇人民政府、街道办事处审查、公示、确认后,办理社会保障手续。

土地征收管理就是政府及相关管理单位在以上涉及法律、经济、社会等多个层面的征收过程中,基于土地资源的稀缺性和公共性,本着维护所有者土地权益并给予公平补偿和实现公共利益的原则,对具体实施征收行为和过程进行合理调配与安排的管理行为。土地征收不仅是土地资源配置的一种方式,也是满足公共利益需要的重要手段。征收管理的法律框架和原则包括公共利益的目的、比例原则、合理补偿和正当法律程序等基本原则。这些原则旨在平衡国家的公共利益需求与个人财产权的保护。公共利益的界定是土地征收法律制度的核心问题之一，需要明确公共利益的法律定义和分类，限制行政机关的土地征收权力，保障被征收土地农民的权利。

同时，土地征收管理对我国的经济社会发展起着相当重要的作用。它不仅关系到国家建设的顺利进行和社会公共利益的实现，还涉及农村集体经济组织和农村村民的土地权益保护。土地征收过程中存在着一系列亟待破解的问题，如补偿标准不科学、过低，以及征地补偿安置费管理不到位等，导致政府滥用土地征收权力，被征地农民权利被严重损害。因此，为了更好地实现土地征收的目的并保护被征地农民的权益，推动土地征收管理的全程化、全面化十分必要。这包括加强农村土地产权明晰，重建农村土地治理框架，以及完善土地征收审批制度等。同时，建立系统的土地征收救济体系，包括完善行政裁决制度和司法救济，也是保护被征收人土地权益的重要手段。

综上，土地征收管理是一个综合性的概念，它的内涵与意义涵盖了土地征收的法律定义、基本原则、社会经济影响以及改革发展的方向。通过合理规范土地征收行为，确保公平合理的补偿，可以有效地保护被征地农民的权益，同时促进社会公共利益的实现和经济社会的可持续发展。

2.2 理论基础分析

2.2.1 区位论

区位指的是包括经济位置、自然地理位置和交通位置在内的社会经济等活动在空间位置分布的情况，是一种高度概括的概念，具有综合性和复杂性。土地区位的优劣主要受上述三方面因素综合影响而产生，城市土地区位主要包括其所处位置与其周围分布要素相互影响的关系，如靠近公路、地铁等区域具备交通便捷的特性，地势平坦、土壤肥沃或水热条件好的区域具备较好的农业区位优势等，土地的区位特征在很大程度上会影响该地块能否发挥其主要功能。区位论，是研究人类活动，特别是经济活动空间组织优化的学问。它涉及人类活动的空间场所选择及其空间组织优化，是经济学和地理学之间的一系列交叉学科，包括空间（或地理）经济学和经济地理学。区位论的发展经历了从古典区位论到新古典区位论，再到现代区位论的演变过程。

1826 年，德国农业地理学家杜能出版其专著《孤立国同农业和国民经济之关系》，标志着区位论的诞生。农业区位论主要包含以下 4 个重要假设：① 在肥沃的平原上仅存在着一个孤立国，只有单一的农产品交换市场，不存在国际贸易对国内贸易的影响；② 区域内土质条件相同，作物产出质量相同，只存在不同产品的相互交换而无同类产品的竞争关系；③ 孤立国内交通运输主要依靠马车，不存在河流航运；④ 农业企业的经营具有逐利性。杜能在以上假设条件的基础上，根据孤立国内农业生产方式的空间配置与距离城市中心位置，对农地选择的生产方式与对应所得的地租收入的关系进行了研究。

继杜能的农业区位论之后，1909 年，韦伯发表了《工业区位论》，标志着工业区位论的诞生。工业区位论是建立在成本最低基础上的，其主要目的是探索工业生产活动的最优区位，最优区位由区位因子决定，区位因子指的是特定地点比同类的其他地点进行经济活动所获得的优势，主要受运费、劳动力和集聚分散三方面影响。韦伯工业区位论是探寻工业区位移动规律的纯理论，排除了自然条件、社会文化、历史等方面因素的干扰，对不同地区和社会具有一定普适性。1933 年，德国学者克里斯泰勒提出了中心地理论，是市场中心区位研究的重要理论，克里斯泰勒在假设条件下，分析了市场因素、交通因素和行政因素对城市空间形态的影响，并构建了以市场、交通和行政原则为基础的中心地空间系统模型，旨在探寻决定城市的数量、规模以及分布规律的影响因素。

古典区位论主要关注单个厂商的最优区位选择，强调市场机制下人类经济活动的空间分布规律。新古典区位论则在假设条件、研究内容以及分析方法等方面对古典区位论进行了拓展，建立了区位理论的一般均衡分析框架。现代区位论则进一步发展，不仅关注宏观区位布局，还拓展到微观主体区位选择，从单一学科研究拓展到多学科融合，研究方法也从局部均衡发展到一般均衡。在信息时代，区位论的发展出现了新的趋势，包括区位因子软化、选择范围全球化、区位主体现实化、产业区位以信息知识产业为主以及中心地理论虚拟化等方向。这些新趋势反映了信息技术对现代社会生产方式和生活方式的影响，以及对区位论理论和实践的发展推动作用。

总之，区位论是一个不断发展和演变的理论体系，它不仅关注经济活动的空间组织优化，还涉及经济学、地理学等多个学科的交叉融合[122]。随着社会的发展和信息技术的进步，区位论也在不断地适应新的变化和发展趋势，深刻影响着城市内各类土地的结构布局，进而影响土地发挥其主要功能，反映到最终的土地利用结果上。正确运用区位理论可以帮助本研究厘清土地利用中各驱动因素如何影响该过程，并识别主要的影响因素从而提出优化策略。

2.2.2 地租理论

地租理论是马克思经典经济学理论中，对土地利用变化进行科学阐述的重要理论。地租是指土地使用者为取得土地使用权而支付给土地所有者的租金。假设土地市场处于完全竞争状态下，地块使用权一般由价高者获得，此时土地使用者实际支付的地租就等于竞租。地租理论主要包括两部分：一是地租的本质理论，马克思认为地租由土地所有权决定，地租是土地所有权的经济实现形式，当土地所有权和使用权分离时，地租得以实现。二是地租的形式理论，根据地租形成的原因和条件，马克思将地租分为级差地租、绝对地租、垄断地租以及其他非农业地租，其中级差地租和绝对地租是资本主义地租的两种基本形式[123]。马克思的地租理论揭示了资本主义土地所有制关系及其地租的本质，这一理论并非始于马克思，而是继承和发展了前人的理论。

亚当斯密在《国富论》中分析了从分工所引起的商品生产与交换及收入分配问题，提出土地是三大生产要素之一，地租是商品价格不可或缺的一部分，是使用土地的代价，而且是一种垄断价格。而马克思在《资本论》中提出劳动价值论，认为只有劳动产品才有价值，有价值的商品才有价格。土地不是人类劳动的产品，土地价格不外是资本化的，因而是提前支付的地租。可以看出经济学家主要是从土地作为生产要素在生产与交换过程中所表现的经济关系来认识土地价格的。马克思的地租理论在当代仍然具有重要的现实意义和应用价值。例如，它被用来分析和指导我国农村土地流转、城市土地制度创新，以及城市土地利益分配机制等问题。此外，马克思的地租理论还被应用于解释和解决城市化进程中的房价暴涨、空间分化等问题，以及对我国城市建设用地的集约利用和合理布局进行调节。马克思的地租理论不仅在理论上具有科学性、发展性、生命力，而且在实践中也显示出其强大的解释力和应用价值。在现代经济社会背景下及大城市的政治经济综合形态中，马克思的地租理论的哲学性、方法论及解释力仍然不容忽视。因此，结合现代城市和新兴产业形态的时代特征，发展马克思的空间政治经济学思想和地租理论刻不容缓。

2.2.3 系统理论

系统理论为社会-生态系统的综合研究提供了基础，同时为解决社会经济活动等复杂问题提供了分析思路。系统理论倡导从系统性角度分析要素与要素之间、要素与系统之间、系统与系统之间的内在规律、作用关系和影响机制。系统论包括一般系统论、控制论、信息论、耗散结构论、协同论和突变论。其中，一般系统论是系统理论研究的核心和本质，它认为系统是处在一定的环境之中，由系统内要素与要素之间、要素与系统之间、系统与系统之间以及系统与外部环境之间相互组合、有序叠加形成的有机综合体。

系统理论的发展与社会学、生态学等领域的不断深入探索密切相关，20 世纪时期，学者们运用该理论解决城市规划、环境保护等实践问题。随着人们对环境问题的关注度逐渐提高，社会-生态系统理论得到了深入的研究，在探讨社会-生态系统内在结构时，对恢复力、可持续性等属性有了较多认识与探讨，并将其用于社会工作、环境保护与管理实践工作中。随着 2001 年国际组织“千年生态系统评估计划(MEA)”的开展，社会-生态系统内涵、特征与基本属性的研究不断完善，其研究方法逐渐丰富，主要以定量分析为主、定性分析为辅，同时空间信息技术也逐步得到应用。社会-生态系统是人类经济生产或者生活活动、社会发展、资源开发利用和自然环境变化等要素组成的复合系统，该系统可以综合反映区域发展现状、人口现状、环境现状以及资源现状等问题。社会系统和生态系统之间的互馈机制是社会-生态系统研究的核心内容。

不同学科视角下的社会-生态系统理论，其内涵与研究重点也有所不同。社会学视角下的社会-生态系统研究是从人类行为的角度，将人类视为社会-生态系统中受多方影响的微观系统，重点探讨人类行为问题，较少关注生态环境；经济学视角下的社会-生态系统，更关注社会治理与生态资源间的关系，主要应用于资源管理与资源治理的实践；地理学视角下的社会-生态系统，更注重生态环境与社会环境、主体之间的互动关系。从生态学、环境科学、社会学等交叉学科视角出发，复合生态系统理论、人地关系地域系统理论与目前国际上广泛关注的人类与自然系统耦合、人与环境系统耦合、自然与人类系统耦合以及社会-生态系统等理论有一定共同性。本研究将复合生态系统理论与人地关系地域系统理论作为区域土地利用变化驱动力研究的重要理论基础。马世骏院士在1981年最早提出复合生态系统,1984年在此基础上又提出了社会-经济-自然复合生态系统,并明确指出社会、经济和自然是三个不同性质的系统,但其各自的生存和发展又都受到其他系统的结构、功能等制约。赵景柱认为社会-经济-自然复合生态系统是由人类耦合而成的社会子系统、经济子系统与自然子系统的复合系统[124]。王如松院士指出人类社会本身就是一个以人类行为为主导、自然环境为依存、资源流动为命脉、社会文化为经络的社会-经济-自然复合生态系统。以上复合生态系统理论相关思想均强调应将自然生态系统与人类社会经济系统相结合,并将人类作为能动主体纳入整个系统的研究中[125]。同时,复合生态系统理论既体现了一种生态整体逻辑,又凸显了自然资源可持续利用对社会经济效益的重要性。

人地关系地域系统理论,亦称人地系统理论。该理论是在钱学森院士的倡议下,运用系统科学的理论对人类社会与自然界构成的开放复杂巨系统进行综合研究,由吴传钧院士根据多年的地理学理论和实践总结,并将系统论思想引入地理学研究中。吴传钧指出人地关系地域系统是一个复杂的开放系统,其是由地理环境和人类活动两个子系统交互作用形成的。该理论的精髓在于地域功能性、系统结构化、时空变异的有序过程,以及效应的差异性与可调控性。在人地关系地域系统中,人始终占据主导地位,人与地之间关系的协调与矛盾的解决过程,自古以来就是众多学科的重点研究课题,更是地理学研究的核心问题与重要理论基础。

2.2.4 高质量发展理论

"高质量发展"这一表述于《决胜全面建成小康社会 夺取新时代中国特色社会主义的伟大胜利》中被首次提及。习近平总书记在党的十九大报告中指出,中国经济已由高速增长阶段进入高质量发展阶段,并把"更高质量、更有效率、更加公平、更可持续"作为未来经济发展的重要目标。高质量发展不仅是适应社会主要矛盾变化的必然要求和建设现代化经济体系的必由之路,更是适应经济发展新常态的主动选择和贯彻新发展理念的根本体现。

高质量发展理论是中国经济发展战略的重要组成部分,这一理论的核心在于满足人民日益增长的美好生活需要,实现经济发展的质量变革、效率变革和动力变革。对于高质量的研究,较多学者都是从宏观、微观、效率、均衡等方面入手,越来越多的学者进行了研究并形成了丰富的理论成果,但对于高质量发展的内涵尚未达成统一。逄锦聚等从狭义的角度认为经济高质量发展主要指经济发展过程中增长效率和经济活力的提升[126]。张军扩等基于广义视角,除了效率和质量,经济高质量发展更是经济建设、政治建设、文化建设、社会建设、生态文明建设"五位一体"的协调发展。韩雷等认为高质量发展是基于以人为本,集目的、资源配置、战略和社会建设为一体的阶段性发展方针[127]。安淑新认为要想实现高质量发展需要处理好五种关系:供给和需求的关系、投入与产出的关系、政府与市场的关系、公平与效率的关系以及国内与国外的关系[128]。赵剑波提出高质量发展最根本的是以人为本,满足人民日益增长的美好生活需要的发展。尽管不同学者对"高质量发展"内涵的表述存在较大差异,但是也存在诸多共性:第一,高质量发展以满足人民日益增长的美好生活需求为目标;第二,高质量发展的过程及结果均应该是高质量的;第三,高质量发展应该具备可持续性；第四，高质量发展是包括经济发展以外，如社会、政治、文化、生态等多方面的高质量发展。

因此，高质量发展的理论内涵可以简单理解为强调经济发展不仅要追求速度，更要注重质量和效益。这包括经济结构的优化升级、创新驱动发展、资源的高效配置、市场机制的完善、经济增长的稳定性、区域协调发展、产品服务的优质化、基础设施的完善、生态文明建设以及经济成果的普惠性。高质量发展的目标要求和战略路径涉及多个方面。首先，需要构建与高质量发展相适应的体制机制，包括高质量发展的指标体系、政策体系、标准体系、统计体系、绩效评价体系和政绩考核体系。其次，高质量发展强调供给侧结构性改革，通过提高供给体系的质量和效率，促进经济结构的优化升级。此外，高质量发展还要求科技创新和制度创新，以提高经济发展动力的质量。

在实践中，高质量发展面临的挑战包括发展理念转变不到位、经济发展中的环境污染问题突出、科技创新瓶颈突破难度大等。因此，推动高质量发展需要贯彻新发展理念，建设现代化经济体系，加快推动三大变革，提高供给体系的质量，提升企业效率，并发挥质量型政策的作用。

总之，高质量发展理论是中国经济发展战略的重要指导思想，旨在通过质量变革、效率变革和动力变革，实现经济的可持续发展，满足人民日益增长的美好生活需要。这一理论的实施需要政府、企业和个人等多种行为主体共同努力，构建现代化经济体系，推动经济高质量发展。

2.2.5 绿色低碳发展理论

绿色低碳发展理论是一种旨在减少温室气体排放，促进经济、社会和环境可持续发展的经济模式。这一理论的核心在于通过技术创新、政策引导和市场机制的优化，实现经济发展与环境保护的双赢。

低碳经济的发展模式强调了温室气体减排的重要性，认为这是应对全球变暖和气候变化的关键。低碳经济不仅关注减少碳排放，还涉及能源安全和资源环境的可持续利用。发展低碳经济的最终目标是达到经济社会发展生态环境保护共赢的一种经济发展形态，是在可持续发展理念的指导下通过技术创新、制度创新、产业转型、新能源开发等多种手段，尽可能地减少煤炭、石油等化石能源消耗，减少污染物及温室气体排放。通过发展低碳技术和碳中和技术，可以有效减少温室气体排放，同时促进经济结构的优化升级。例如，发展低碳产业和循环经济，不仅可以减少碳排放，还可以创造新的经济增长点。2020年，随着我国碳中和、碳达峰战略目标的提出，以绿色低碳技术为核心的“双碳”思路全面展开。此外，绿色低碳发展理论还强调政策引导和市场机制的作用。通过制定和实施一系列政策措施，如节能优先、化石能源低碳化、设立碳基金等，可以激励企业和个人采取低碳行动。同时，建立碳交易市场，通过市场机制调节碳排放，也是实现低碳经济的重要手段。

同时，绿色低碳发展理论还强调国际合作的重要性。在全球气候变化问题上，没有一个国家可以单独应对。因此，加强国际合作，共同应对气候变化，是实现全球低碳发展的必要条件。从全球绿色低碳的发展进程来看，欧美等国家已经宣布碳中和计划，并出台相应政策支持绿色低碳发展。除了加强绿色低碳技术的投入，各国领导人还应该运用碳税收、碳监控等政策手段，鼓励低碳创新，促进全球绿色低碳转型。

总之，绿色低碳发展理论是一种综合性的理论框架，它涵盖了技术创新、政策引导、市场机制和国际合作等多个方面。通过实施这一理论，不仅可以有效应对全球气候变化的挑战，还可以促进经济社会的可持续发展。绿色低碳发展是经济可持续发展的基础前提，也是建设生态文明的重要任务。

2.2.6 产业集聚理论

产业集聚指各种城市产业和社会经济活动在空间上集聚并且产生更大的经济效果以及吸引经济活动向一定地区靠近的吸引力，是城市最初形成的源动力以及不断发展扩大的驱动力。关于产业集聚的研究可以追溯到19世纪，韦伯从微观企业的区位选择角度对工业企业在一定地区聚集进行了深入研究，并首次提出了聚集经济概念。马歇尔认为，产业集聚主要是一种规模经济和广义外部性，他在分析规模经济时指出，大规模生产的主要利益，是技术的经济、机械的经济和原料的经济，其中原料的经济相比其他两项正在失去其重要性。外部性理论一直是解释产业集聚动因的经典理论，马歇尔针对一个企业大规模生产和多个企业的集中生产分别提出了内部经济和外部经济两个概念，其中外部经济是指多家企业在一定的地理区域上集聚，进行集中生产而降低生产成本的现象。他指出外部规模经济是产业追求集聚的根本原因，并指出具体原因包括劳动力市场规模效应、中间投入产品共享和技术溢出效应三个方面。外部性理论建立在完全竞争市场和不变收益的假设之上，也忽视了运输成本问题和区位问题，但依旧是解释产业集聚成因的经典理论。自马歇尔以来，产业集聚现象及其对经济发展的影响受到了广泛的关注和系统的研究，其理论不断完善和发展。近年来，基于中国278个城市的实证分析表明，产业集聚对经济高质量发展具有显著的正向直接效应和空间溢出效应，特别是在高铁开通引致的时空压缩下，这两种效应的促进作用更大[129]。这说明产业集聚不仅能够直接提升所在区域的经济发展水平，还能通过空间溢出效应带动周边地区的经济增长。

传统产业集聚多只从产业层面进行研究，忽视对空间维度的探讨。新经济地理学的发展进一步将空间因素纳入一般均衡的分析框架中，试图把经济增长和空间集聚放到统一的框架下进行研究，取得了系列成果[130]。新经济地理理论也称为空间经济学，是在传统的区位论基础上发展起来的，揭示了产业空间活动的内在机制。克鲁格曼将空间因素纳入区位选择的分析框架中，在规模报酬递增和不完全竞争假设的基础上，通过建立中心-外围模型对经济活动的区位选择和空间集聚进行了技术性分析，认为产业集聚是在市场的传导机制下，由企业的规模报酬、运输成本和生产要素相互作用而成的。克鲁格曼指出，具有投入产出关联的异质性产业倾向于在空间集聚，从而产生运输成本节约和要素市场共享等正向经济效应。这表明产业集聚与经济增长之间的关系是复杂且动态的，需要从多个角度进行综合考量。

我国产业集聚的形成和发展既有区域效应的作用，也有集聚效应的作用，其对产业集聚的影响都是动态变化的，空间成本的降低也有利于产业的地理集聚。这说明产业集聚是一个多因素共同作用的结果，其中区域效应、集聚效应和空间成本都是不可忽视的因素。此外，产业集聚对于城市经济效率的提升至关重要，能够促进劳动生产率的提高，有效扩大内需[131]。然而，也有研究表明，制造业集聚对城市经济效率可能造成抑制作用，而服务业集聚对城市经济效率的影响不明显[131]。这表明不同类型的产业集聚对城市经济效率的影响存在差异，需要根据具体情况制定相应的政策。

产业集聚是城市最初形成的源动力以及不断发展扩大的驱动力。它通过规模经济和外部性的发挥，促进了城市经济的高质量发展。同时，产业集聚的形成和发展是一个多因素共同作用的结果，包括区域效应、集聚效应和空间成本等。因此，为了充分发挥产业集聚的积极作用，需要从多个角度出发，综合考虑各种因素，制定合理的政策和措施。

2.2.7 区域协调发展理论

区域协调发展的理论基础包括自组织理论、劳动地域分工理论、相互依赖理论、竞争合作理论与可持续发展理论。这些理论为区域协调发展提供了理论支撑，强调了区域内部的协作、调解和和谐，以及区域一体化的重要性。区域协调发展不仅仅是避免内部竞争，而是鼓励有序竞争，通过市场机制的完善和政府的制度创新来推动。

区域协调发展简单来说是指各个区域之间在经济、社会和生态方面的协调发展。这一理论起源于中国，在国外并不常见，但也存在类似的概念，如区域收敛。“协调”本身意味着各方面配合得当，组织内部的各种关系能够被妥善处理，从而实现组织的目标。20 世纪 90 年代初，国家和学术界通过对区域发展问题的梳理，意识到实现社会主义现代化的关键问题在于缩小区域差距，而这一问题也是区域发展面临的重大挑战，因此开始尝试以区域协调发展的思路进行区域规划。学者们的研究也不断丰富着区域协调发展战略的内涵，从关注发展效率到关注发展公平，从单纯的经济增长转向在促进经济增长的同时，关注地区间人均收入的公平性和自然生态环境的保护，具体包括缩小城乡差距、收入差距和区域差距，提高生活水平，以及实现生态环境的全面协调发展。

我国的区域协调发展战略经历了多次重大转变，从中华人民共和国成立后的区域均衡发展战略，到改革开放后的非均衡发展战略，再到 21 世纪以来的西部大开发、东北振兴、中部崛起等三大区域发展战略。在实践中，我国通过实施一系列区域规划和政策文件，如西部大开发、振兴东北、中部崛起、京津冀协同发展、粤港澳大湾区建设、长江经济带发展等，促进了区域间的合作与协调。同时，也面临着区域发展不平衡的问题，需要通过不断进行理论和实践探索而逐步完善。区域协调发展的新内涵与新思路强调了地区间的发展机会趋于均等，发展利益趋于一致的重要性。这要求地方政府间的复杂博弈关系得到优化，以驱动地方政府对高水平均衡形成偏好一致性与行动一致性为目标的政策导向。

总之，区域协调发展是中国特色社会主义市场经济条件下的一项重要战略，它不仅关注经济的高效增长，还强调社会的公平正义和生态的可持续发展。通过不断的理论创新和实践探索，中国正逐步构建起符合自身国情的区域协调发展新机制。

2.3 本章小结

本章主要对城市化、粮食安全、生态安全、经济发展、社会保障、城乡统筹、空间信息技术、土地资源及其优化利用和征收管理等概念进行归纳总结，以区位论、地租理论、系统理论、高质量发展理论、绿色低碳发展理论、产业集聚理论和区域协调发展理论作为本研究的理论基础，通过界定这些概念，分析梳理相关理论，为后期分析土地利用变化及其驱动力提供理论支撑。

3 研究区概况及数据来源

3.1 研究区概况

3.1.1 研究区范围

本研究选取宿迁市作为研究区域，宿迁市位于江苏省北部，于1996年7月设立地级市，介于北纬33°12′—34°24′、东经117°6′—119°12′之间，南与淮安市毗连，东与连云港市接壤，北与徐州市相连，西与安徽省交界，处于徐、淮、连的中心地带，是江苏省重要门户城市和"一带一路"节点城市。宿迁市下辖沭阳县、泗阳县、泗洪县、宿豫区、宿城区共"三县两区"，还包括宿迁经济技术开发区、湖滨新区、苏宿工业园区、洋河新区"四个功能区"，总面积8 524 km²。宿迁市是著名的"名酒之乡"、"花木之乡"和"杨树之乡"，拥有项王故里、中国酒都、水润之城"三张名片"。研究区范围如图3-1所示（扫描右侧二维码，可得相应彩图，下文同）。

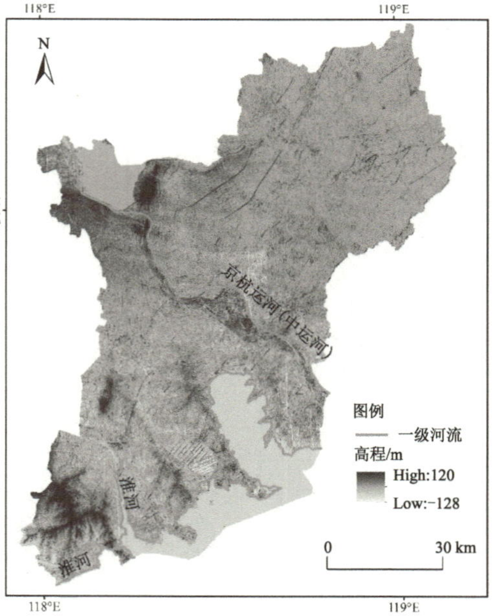

图3-1 研究区范围示意图

3.1.2 自然概况

（1）地形地貌

宿迁市地处鲁北南丘陵与苏北平原过渡带，主要为黄淮沂沭泗冲积平原，境内总体呈现西北高、东南低的格局，主要以低海拔平原与低海拔台地为主（图3-2）。曾有"下草湾人"在此择水而居、繁衍生息，且河网密布，属于暖温带季风气候，光照充足，降水较多。全市地形以废黄河为分界线，以北地区地形西高东低，以南地区地形西北高东南低。全市平原坡地面积2 539 km²，占总面积的29.7%。平原地区东西高差10～15 m。洼地圩区面积2 589.2 km²，占总面积的30.37%。丘陵地区面积为 1 060 km^2，占总面积的 12.4%，主要分布于洪泽湖西部泗洪县境内的西南岗地区、重岗地区、桂岗地区和骆马湖东岸的嶂山高岭地区。

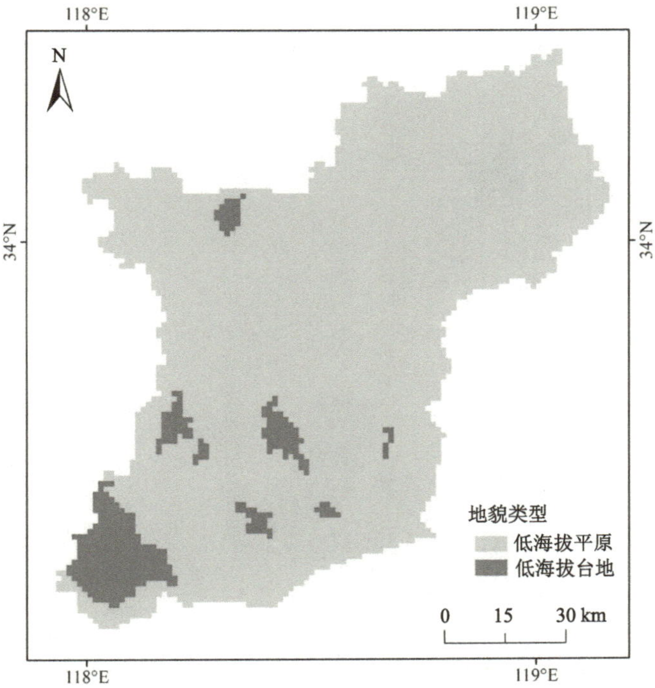

图 3-2 宿迁市地貌类型空间分布图

(2) 水系河湖

宿迁市是一座河湖秀丽、生态宜居的城市，拥有错综复杂的水域网络，地处淮、沂沭泗水系下游，淮河流域包括淮河和沂沭泗两大水系，废黄河处在分水岭地带，以南属于淮河水系，以北属于沂沭泗水系（图 3-3）。

淮河水系面积 18.9 万 km^2，其中宿迁市 4 210.3 km^2，涉及泗阳、泗洪、宿豫、宿城等县区；沂沭泗水系面积 7.8 万 km^2，其中宿迁市 4 313.7 km^2，涉及沭阳、泗阳、宿豫、宿城等县区。宿迁地区汇集了豫、皖、鲁三省及徐州地区约 21 万 km^2 面积的来水，素有“洪水走廊”之称。

宿迁市北托骆马湖，南临洪泽湖，新沂河横贯东西，中运河、淮沭新河纵穿南北，区内地势平坦，淮、沂、沭、泗诸水穿境而过，水系十分发达。宿迁主要水体有洪泽湖、淮河、怀洪新河、新汴河、濉河、徐洪河、废黄河、中运河、淮沭河、骆马湖、六塘河、新沂河等。由于废黄河北西—南东向垅状高漫滩的分布，构成了地表水系的天然分水岭。加之自然因素和水利工程的原因，淮河水系的各河流均汇入洪泽湖；沂沭泗水系除骆马湖承接上游来水外，其他各水体均由洪泽湖或骆马湖补给，洪泽湖、骆马湖水量较枯时通过江水北调补给。洪泽湖位于宿迁市东南部，是我国第四大淡水湖，多年（1950—2018 年）平均入湖水量 312.0 亿 m^3，

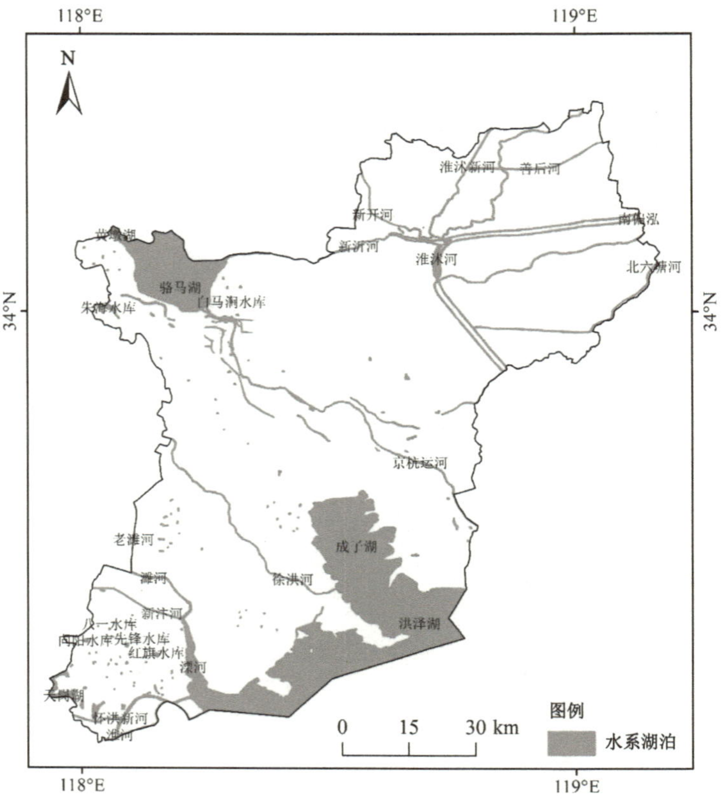

图 3-3　宿迁市河湖水系空间分布图

正常水位 13.000 m，相应蓄水量 41.920 亿 m^3。骆马湖位于宿迁市西北部，多年（1951—2018 年）平均入湖水量 53.240 亿 m^3，正常水位 23.000 m，水域面积 375 km^2，相应蓄水量 9.010 亿 m^3。此外还有广泛的农田水利设施，以及洪泽湖和黄墩湖两个国家级的主要蓄洪区。宿迁市境内共有 73 条骨干河道，其中流域性河道 7 条，区域骨干河道 16 条，重要县域河道 25 条。跨省河道 10 条、跨市县河道 48 条，县内河道 25 条。全市境内湖泊 5 个，分别为洪泽湖、骆马湖、天岗湖、香套湖、镜湖。洪泽湖跨淮安、宿迁两个市，涉及泗阳县、泗洪县和宿城区；骆马湖跨徐州和宿迁两个市，涉及宿豫区；天岗湖跨宿迁市泗洪县和安徽省五河县；香套湖在泗洪县境内西南岗地区；镜湖在宿迁市三台山森林公园内①。宿迁市水域面积占全市面积的 24.000%，是全国唯一具有“两湖两河”特定地理标识的地级市，林木覆盖率为 29.88%，中心城市建成区绿化覆盖率 45.00%，先后获批中国人居环境奖城市、国家生态园林城市等多项国字号荣誉。

宿迁市矿产资源丰富，非金属储量较大，品质优良，有较高的开采价值。城市 116 km^2，占 8.70%；建制镇 326 km^2，占 24.460%；村庄 876 km^2，占 65.71%；采矿用地 1 km^2，占 0.08%；风景名胜及特殊用地 14 km^2，占 1.05%。第三次国土调查显示耕地 4 078 km^2，园

① http://slj.suqian.gov.cn/

地 111 km^2，林地 477 km^2，草地 23 km^2，湿地 16 km^2，城镇村及工矿用地 1 333 km^2，交通运输用地 235 $km^2$①。

(3) 植被类型

宿迁市生态系统复杂，植被类型丰富。该地区植被类型主要以栽培植被为主，还包含了部分沼泽，其中，栽培植被主要包括冬小麦、杂粮、玉米、棉花、水稻等植被。如图 3-4 所示，沼泽区域主要分布在宿迁市西北与东南方向，大致围绕在西北方向的骆马湖与东南方向的洪泽湖与成子湖周围。研究区面积一半以上均为冬小麦与杂粮种植区域，大致分布方向为东北至西南连线分布。水稻、小麦等栽培植被主要分布在宿迁市西北区域骆马湖附近水网密集区域。小麦、玉米、棉花等栽培植被主要分布在宿迁市西南方向少部分区域。

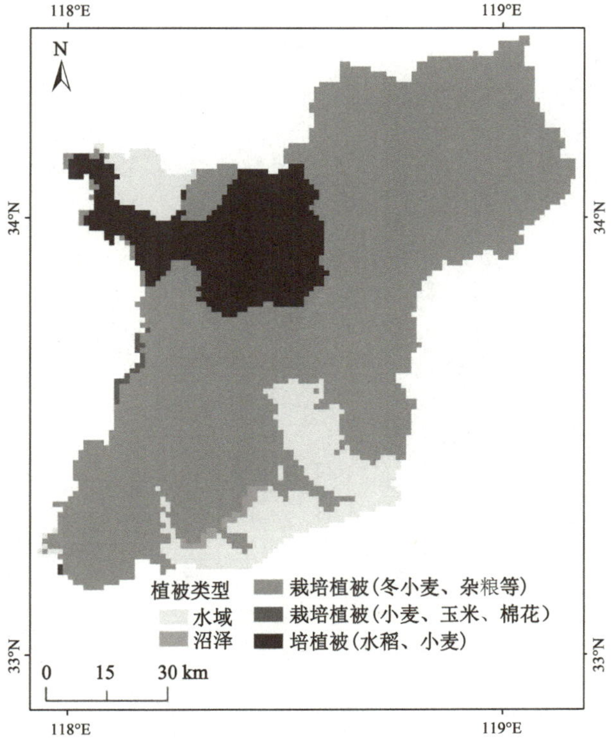

图 3-4 宿迁市植被类型图

宿迁市植被结构特点为打造新时代鱼米之乡奠定了良好的基础，自《宿迁市国民经济和社会发展第十三个五年规划》颁布以来，江苏大粮仓建设扎实推进，粮食年产量稳定在 410 万吨以上，拥有省级特色田园乡村 52 个。

(4) 土壤类型

宿迁市土壤类型受自然条件和人类生产活动影响，有着明显的地域分布特征，如图 3-5 所示，按照土纲来看，包括淋溶土、半淋溶土、初育土、半水成土、人为土。按土亚类来看，包

① http://www.suqian.gov.cn/cnsq/sqyw/202203/be6e63b9b3644bec8545835de3715a86.shtml

括黄褐土、粘盘黄褐土、白浆化黄褐土、白浆化棕壤、潮棕壤、潮褐土、冲积土、粗骨土、酸性粗骨土、砂姜黑土、潮土、脱潮土、碱化潮土、水稻土、淹育水稻土。整体来看，研究区大部分区域土壤类型均为半水成土-潮土，其次为半水成土-砂姜黑土、初育土-冲积土，再次为人为土-水稻土，最后为淋溶土-粘盘黄褐土，其余土壤类型面积占比较小，零星分布在研究区内。

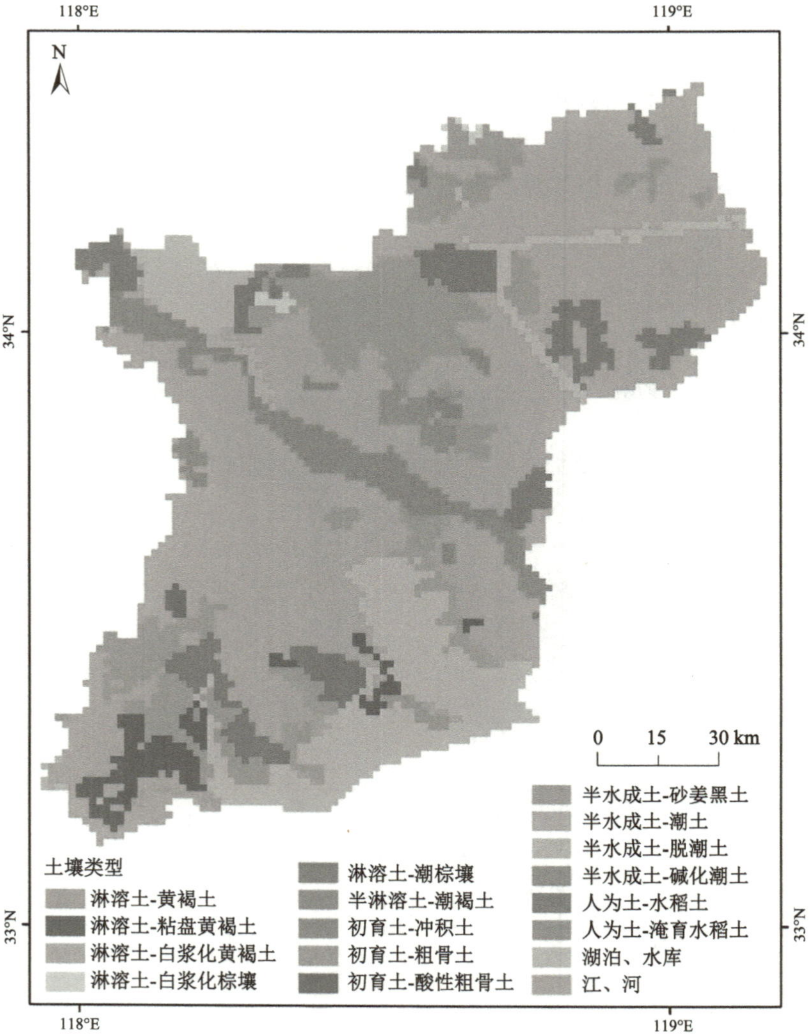

图 3-5 宿迁市土壤类型空间分布

初育土-冲积土类型空间分布特点较为明显，在研究区内呈现西北-东南方向直线状分布，与京杭运河中运河方向基本一致。半水成土-砂姜黑土主要分布在宿迁市西北方向与西南方向，主要是宿豫区北部与泗洪县南部。淋溶土-粘盘黄褐土主要分布在宿迁市南部地区，围绕在泗洪县南部新汴河及八一水库附近。淋溶土-白浆化黄褐土主要分布在宿迁市中南部地区，主要在泗阳县、泗洪县内水域及河流附近分布。淋溶土-潮棕壤分布面积较小，主要分布在宿豫区北部、沭阳县西部。人为土-水稻土主要分布在沭阳县北部、南部地区，宿豫区西部，泗阳县东部，泗洪县中部地区。半水成土-碱化潮土主要分布在宿城区范围内，在宿迁市西北方向。人为土-淹育水稻土主要分布在宿迁市中部区域，大致以宿豫区与泗阳县交界处为主。

(5) 降水情况

如图 3-6 所示，宿迁市 2002 年平均降水量为 707.9 mm，2006 年全市平均降水量达到 858.8 mm，较 2002 年增加了 150.9 mm，增加了 21.32%；2011 年平均降水量增加至 905.9 mm，较 2006 年增加了 47.1 mm，增加率为 5.48%；2016 年全市平均降水量为 985.7 mm，较 2011 年增加了 79.8 mm，增加率为 8.81%；2021 年宿迁市平均降水量为 1 241.1 mm，较 2016 年增加了 255.4 mm，增加率为 25.91%；至 2022 年，全市平均降水量为 717.7 mm，较 2021 年减少了 523.4 mm，降水量减少幅度较大，降低了 42.17%。

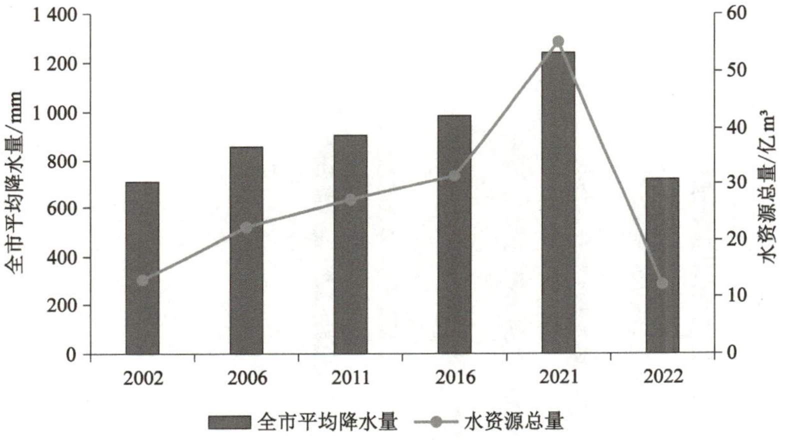

图 3-6 宿迁市平均降水量及水资源总量

2002 年宿迁市水资源总量为 13.058 亿 m³，2006 年全市水资源总量达到 22.224 亿 m³，较 2002年增长了 9.166 亿 m³，增长率为 70.190%；2011 年全市水资源总量为 27.132 亿 m³，较 2006 年增加了 4.908 亿 m³，增加率为 22.084%；2016 年全市水资源总量为31.394 亿 m³，较 2011 年增加了 4.262 亿 m³，增加率为 15.708%；2021 年全市水资源总量为 55.104 亿 m³，较 2016 年增加了 23.710 亿 m³，增加率为 75.524%；2022 年全市水资源总量有大幅下降，由 2021 年的 55.104 亿 m³ 减少至 12.171 亿 m³，减少了 42.933 亿 m³，减少率为 77.913%。

3.1.3 社会经济状况

(1) 人口状况

宿迁市地处长三角经济区、陇海经济带和沿海经济带交叉辐射区，区位优势明显，发展潜力巨大①，是一座历史悠久、底蕴深厚的城市。本节选取总人口数量、全省人口占比来表示宿迁市人口规模变化特征。

① http://zrzy.jiangsu.gov.cn/gtapp/nrglIndex.action? messageID=2c9082b55b04ca92015b0958070d00a4

如图 3-7 所示，1996 年宿迁市总人口为 480.840 万人，占江苏省总人口比重为 6.900%；2001 年宿迁市总人口为 510.840 万人，五年间总人口增长了 30 万，增长率为 6.24%，占江苏省总人口比重仍为 6.900%；2006 年宿迁市总人口为 529.470 万人，五年间人口增长 18.630 万人，增长率为 3.65%，占江苏省总人口比重为 7%，较 2001 年上涨 0.100%；2011 年全市总人口达到 555.050 万人，较 2006 增加了 25.580 万人，增长率为 4.83%，占江苏省总人口比重为 7.400%，较 2006 年增长 0.400%；2016 年宿迁市人口增长至 591.600 万人，五年间增长了 36.550 万人，增长幅度较大，增长率为 6.58%，占江苏省总人口比重为 7.600%，较 2011 年所占比重增加 0.200%；2021 年宿迁市人口开始减少，较 2016 年减少 0.740 万人，为 590.860 万人，占江苏省总人口比重为 7.500%；至 2022 年，宿迁市人口进一步减少至 588.030 万人，较 2016 年减少 3.570 万人，减少率为 0.600%，占江苏省总人口比重仍为 7.500%。

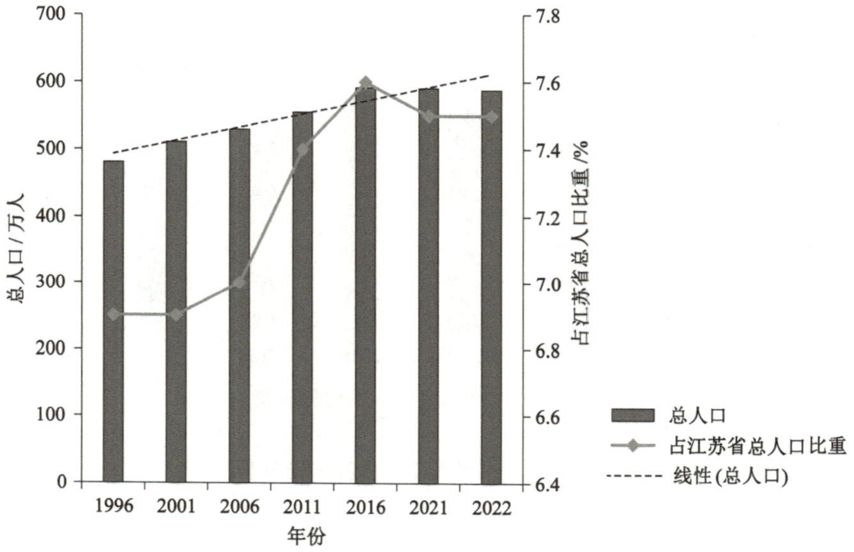

图 3-7　宿迁市总人口及其在全省总人口中的占比

（2）城乡结构状况

选取农业人口、城镇人口以及城镇化率来表示宿迁市城乡人口结构变化特征。如图 3-8所示，1996 年宿迁市农业人口为 432.470 万人，城镇人口为 48.370 万人，城乡人口数量差距较大，农业人口约为城镇人口的 8.940 倍，城镇化处于初始阶段，城镇化率为 12.50%；2001 年宿迁市农业人口为 370.300 万人，较 1996 年减少了 62.170 万人，减少率为 14.38%，城镇人口大幅增加，达到 140.540 万人，五年间增加了 92.170 万人，增加率为 190.55%，由于城镇人口的大幅增长，城镇化率也达到 31.970%，较 1996 年增加了 19.47%；2006 年宿迁市农业人口降低至 306.100 万人，较 2001 年降低了 64.200 万人，减少幅度较大，减少率为 17.34%，城镇人口增加至 223.370 万人，相比于 2001 年增加了 82.830万人，增加率为 58.94%，城镇化率也随之上升到 46.14%，较 2001 年增加了

14.170%；2011 年宿迁市农业人口为 308.760 万人，与 2006 年相差 2.660 万人，数量变化不大，城镇人口有小幅增长，为 246.290 万人，较 2006 年增加了 22.920 万人，增加率为 10.26%，城镇化率为 51.67%，一直处于持续上升态势；2016 年宿迁市农业人口为293.700 万人，相比 2011 年减少了 15.060 万人，减少了 4.88%，城镇人口数量增幅较大，达到 297.900万人，五年间增长了 51.610 万人，增长率为 20.95%，2016 年城镇化率达到 61.05%，较 2011 年增加了 9.38%；2021 年宿迁市农业人口为 271.650 万人，较 2016 年减少 22.050 万人，五年间减少了 7.50%，城镇人口达到 319.210 万人，较 2016 年增加了 21.310万人，增加率为 7.15%，城镇化率增长了 2.80%，为 63.85%。2022 年宿迁市农业人口为 269.390 万人，较 2021 年减少了 2.260 万人，减少了 0.83%，城镇人口开始减少，人口降低至 318.640 万人，比 2021 年减少 0.570 万人，减少了 0.18%，城镇化率达到64.07%，比上一年增加了 0.830%。

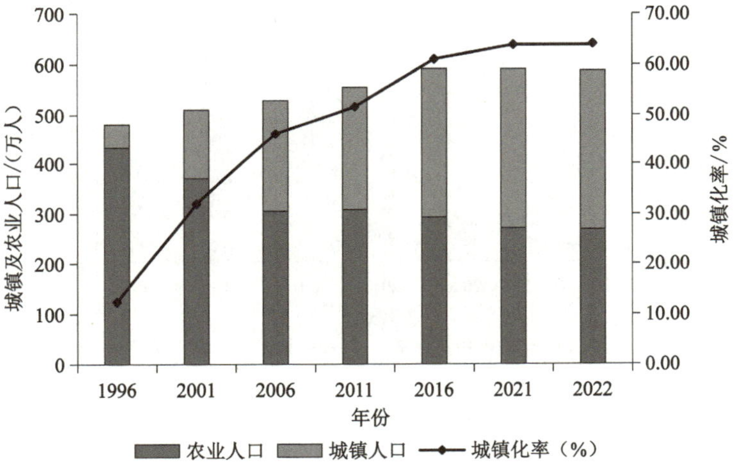

图 3-8 宿迁市城乡人口及城镇化率

（3）经济发展状况

宿迁市是一座产业兴旺、发展蓬勃的城市，至 2023 年，全市地区生产总值达 4 398.070 亿元，“十三五”以来，其全国排名持续攀升 23 个位次，居全国第 68 位。宿迁市在发展策略上坚持工业强市，加快构建“615”产业体系，规模以上工业总产值、工业开票销售收入双双突破 5 000 亿元，新能源产业突破千亿产值。

本节选取地区生产总值及人均地区生产总值衡量宿迁市经济发展状况，如图 3-9 所示，1996 年宿迁市地区生产总值为 124.880 亿元，人均地区生产总值为 2 608 元，经济发展情况尚处于初级阶段，总量小、人均少是这一阶段的主要特征；2001 年，宿迁市地区生产总值为 223.160 亿元，比 1996 年增加了 98.280 亿元，增加了 78.70%，人均地区生产总值达到 4 377元，较 1996 年上涨了 1 769 元，增长率为67.83%，增速较快；2006 年宿迁市地区生产总值为 454.200 亿元，较 2001 年上涨了 231.040 亿元，增长率为 103.53%，人均地区生产总值为 9 233 元，较 2001 年上涨了 4 856 元，增长率为 110.94%；2011 年宿迁市地区生产总值为 1 320.830 亿元，增长幅度较大，较 2006 年增加了 866.630 亿元，增加率为 190.80%，人均地区生产总值有显著增长，为 27 501 元，较 2006 年增加 18 268 元，增加率为197.86%；2016 年宿迁市地区生产总值为 2 351.120 亿元，较 2011 年增长 1 030.290 亿元，增加率为 78.00%，人均地区生产总值达到 48 309，较 2011 年上涨 20 808 元，增加率为75.66%；2021 年宿迁市地区生产总值达到 3 719.010 亿元，较 2016 年增加 1 367.890 亿元，增加率为 58.18%，人均地区生产总值达到 74 476 元，比 2016 年增加 26 167 元，增加率为 54.17%；2022 年宿迁市地区生产总值为 4 111.980 亿元，较上一年增长 392.970 亿元，增长率为 10.57%，人均地区生产总值达到 82 452 元，较上一年增长了 7 976 元，增加率为 10.71%。

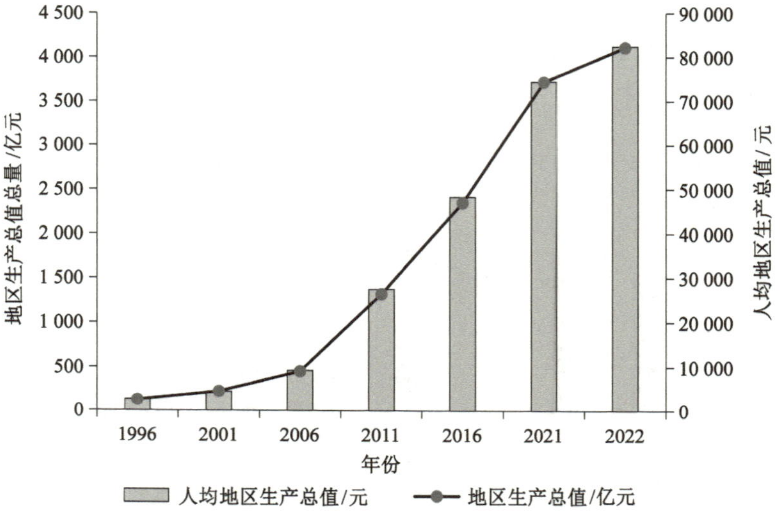

图 3-9　宿迁市地区生产总值及人均地区生产总值

（4）经济发展占全省比重

如图 3-10 所示，选取宿迁市地区生产总值占江苏省地区生产总值比重表示宿迁市经济发展在省内的贡献程度。1996 年宿迁市地区生产总值占江苏省地区生产总值的 2.100%；2001 年市地区生产总值有小幅上升，占江苏省地区生产总值比重为 2.300%；2006 年宿迁市地区生产总值较 2001 年有小幅下降，占江苏省地区生产总值比重为 2.100%；至 2011 年，宿迁市地区生产总值较 2006 年有较大提升，占全省地区生产总值比重达到2.700%，上涨了 0.600%；2016 年，宿迁市地区生产总值占江苏省地区生产总值比重为3.100%，较 2011 年上升了 0.400%；2021—2022 年，宿迁市地区生产总值呈现稳步上升态势，2021 年宿迁市地区生产总值占江苏省地区生产总值比重为 3.200%，比 2016 年上涨0.100%，2022 年宿迁市地区生产总值占江苏省地区生产总值比重为 3.300%，较上一年提升 0.100%。

（5）产业占比

图 3-11 表示了 1996—2023 年宿迁市三产占比及江苏省三产占比的变化。如图 3-11 所示，1996 年宿迁市第一产业比重为 47.700%，第二产业比重为 30.800%，第三产业比重为 21.400%，第一产业占据主导地位，与省内情况不同。1996 年江苏省第一产业比重为 16.110%，第二产业比重为 51.110%，第三产业比重为 32.180%，第二产业是主导产业。

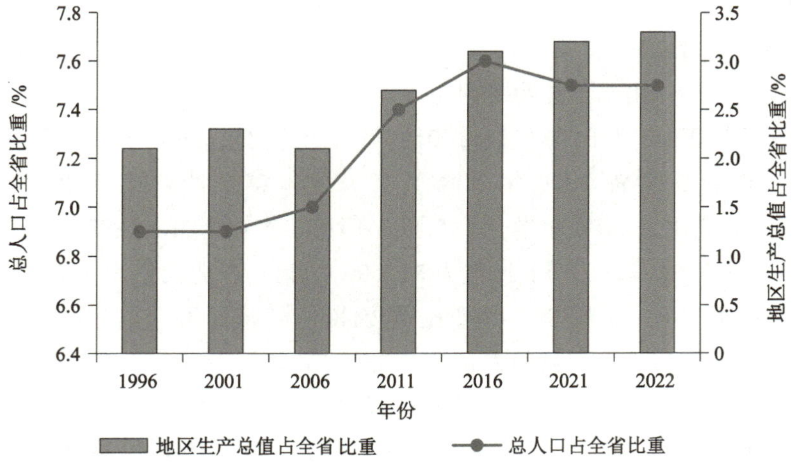

图 3-10 宿迁市地区生产总值及总人口占全省比重

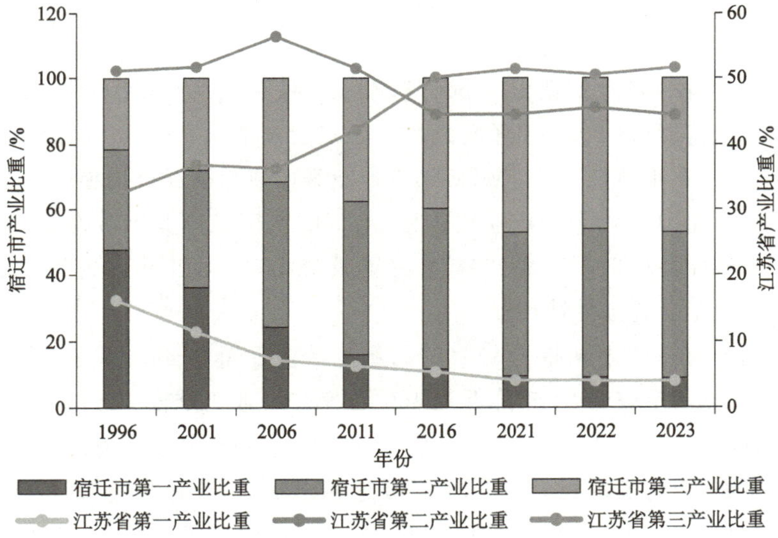

图 3-11 宿迁市及全省产业结构

2001 年宿迁市第一产业比重为 36.100%，第二产业比重为 36.000%，第三产业比重为 27.900%，第一产业比重较 1996 年下降 11.600%，第二产业比重较 1996 年上涨 5.200%，第三产业比重上涨 6.500%，总体来看，第一产业仍然是主导产业。2001 年江苏省第一产业比重为 11.400%，第二产业比重为 51.700%，第三产业比重为 36.900%，第一产业比重比 1996 年下降 4.710%，第二产业比重比 1996 年上升 0.590%，第三产业比重上升 4.720%，第二产业仍是主导产业。

2006 年宿迁市第一产业比重为 24.200%，第二产业比重为 44.200%，第三产业比重为 31.600%，第一产业比重较 2001 年下降了 11.900%，第二产业比重较 2001 年上升了 8.200%，第三产业比重较 2001 年上升了 3.700%，第二产业占据主导地位。2006 年江苏省第一产业比重为 7.200%，第二产业比重为 56.5%，第三产业比重为 36.300%，第一产业占比较 2001 年降低了 4.200%，第二产业占比较 2001 年增长了 4.800%，第三产业占比较 2001 年降低了 0.600%，第二产业为省内主导产业。

2011 年宿迁市第一产业比重为 16.100%，第二产业比重为 46.300%，第三产业比重为 37.600%，第一产业比重较 2006 年下降了 8.100%，第二产业比重较 2006 年上升了 2.100%，第三产业比重较 2006 年增长了 6.000%，第二产业仍为支柱产业。2011 年江苏省第一产业比重为 6.300%，第二产业比重为 51.500%，第三产业比重为 42.200%，第一产业比重较 2006 年降低了 0.900%，第二产业比重较 2006 年降低了 5.000%，第三产业比重较 2006 年增加了 5.900%，第二产业仍为省内支柱产业。

2016 年宿迁市第一产业比重为 11.700%，第二产业比重为 48.500%，第三产业比重为 39.800%，第一产业比重较 2011 年降低了 4.400%，第二产业比重较 2011 年增加了 2.200%，第三产业比重较 2011 年增加了 2.200%，第二产业仍保持支柱地位。江苏省第一产业比重为 5.400%，第二产业比重为 44.500%，第三产业比重为 50.100%，第一产业比重较 2011 年降低了 0.900%，第二产业比重较 2011 年降低了 7.000%，第三产业比重较 2011 年增加了 7.900%，第三产业变为省内主导产业。

2021 年宿迁市第一产业比重为 9.500%，第二产业比重为 43.400%，第三产业比重为 47.100%，第一产业比重较 2016 年降低 2.200%，第二产业比重较 2016 年降低了 5.100%，第三产业比重较 2016 年增长了 7.300%，第三产业开始成为宿迁市主导产业。2021 年江苏省第一产业比重为 4.100%，第二产业比重为 44.500%，第三产业比重为 51.400%，第一产业比重较 2016 年降低 1.300%，第二产业比重较 2016 年无变化，第三产业比重提升了 1.300%，第三产业是全省主导性产业。

2022 年宿迁市第一产业比重为 9.100%，第二产业比重为 44.900%，第三产业比重为 46.000%，第一产业比重较 2021 年降低 0.400%，第二产业比重较 2021 年提升了 1.500%，第三产业比重较 2021 年降低了 1.100%，第三产业仍为全市主导产业。第一产业方面，农林牧渔业稳步发展，粮食实现稳产丰收，农业质态稳步提升，聚焦“三群四链”集聚提升。第二产业方面，企业生产稳中有进：全市规模以上工业产值比上年增长 13.900%；规模以上工业增加值比上年增长 8.400%；工业产业链培育达效：全市 19 条工业产业链产值比上年增长 14.700%；13 条产业链产值超百亿元，4 条产业链产值超 400 亿元。第三产业方面，2022 年，全市实现社会消费品零售总额 1 465.890 亿元，比上年增长 0.400%，高于全省 0.3 个百分点。居民生活持续改善。全体居民人均可支配收入 30 796 元，比上年增长 5.700%。社会保障体系更加完善，医疗保险覆盖率保持在 98%以上①。2022 年江苏省第一产业比重为 4.000%，第二产业比重为 45.500%，第三产业比重为 50.500%，第一产业比重较 2021 年降低了 0.100%，第二产业比重较 2021 提升了 1.000%，第三产业比重较 2021 年降低了 0.900%。

2023 年宿迁市第一产业比重为 8.900%，第二产业比重为 44.100%，第三产业比重为

① http://suqian.gov.cn/cnsq/sjdt/202303/0acb6fda432b439b9137080a0c7eeb81.shtml

47.000%，第一产业比重较 2022 年降低了 0.200%，第二产业比重较 2022 年降低了 0.800%，第三产业比重较 2022 年提升了 1.000%。江苏省第一产业比重为 4.000%，第二产业比重为 44.400%，第三产业比重为 51.600%，第一产业比重较 2022 年无变化，第二产业比重较 2022 年下降 1.100%，第三产业比重较 2022 年上升 1.100%。

(6) 用水状况

如图 3-12 所示，2002 年宿迁市农田灌溉亩均用水量达到 415 m^3，至 2006 年全市农田灌溉亩均用水量为 421.5 m^3，较 2002 年增加了 6.5 m^3，增加率为 1.57%；2011 年全市农田灌溉亩均用水量 496.9 m^3，较 2006 年增加了 75.4 m^3，增加率为 17.89%；2016 年全市农田灌溉用水减少幅度较大，农田灌溉亩均用水量降低至 348 m^3，较 2011 年减少了 148.9 m^3，减少率为 29.97%；至 2021 年全市农田灌溉亩均用水量进一步降低为 313.3 m^3，较 2016 年降低了 34.7 m^3，减少率为 9.97%；2022 年宿迁市农田灌溉亩均用水量增加至 490 m^3，较 2021 年有大幅提升，增加了 176.7 m^3，增加率为 56.40%。

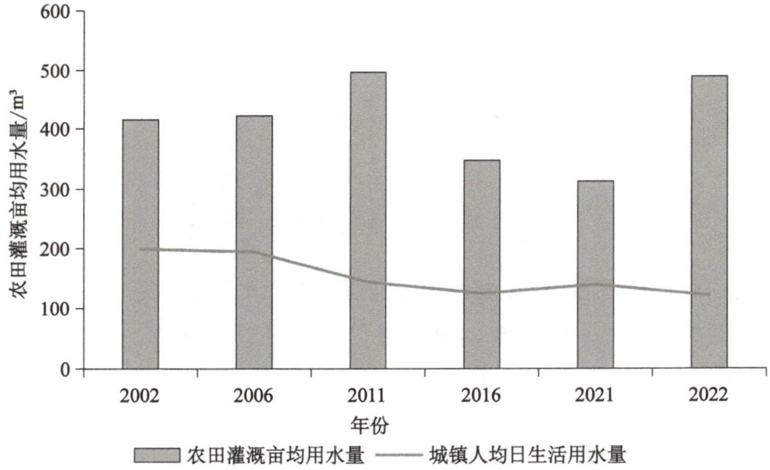

图 3-12　宿迁市农田灌溉用水及城镇人均用水量

2002 年宿迁市城镇人均日生活用水量为 199 L，至 2006 年全市城镇人均日生活用水量降低为 194.5 L，较 2002 年减少了 4.5 L，减少率为 2.26%；2011 年全市城镇人均日用水量为 144.2 L，较 2006 年降低了 50.3 L，减少率为 25.86%；2016 年全市城镇人均日用水量为 125 L，较 2011 年降低了 19.2 L，减少率为 13.31%；2021 年宿迁市城镇人均日用水量为 139.7 L，较 2016 年增加了 14.7 L，增加率为 11.76%；2022 年全市城镇人均日用水量为 121.7 L，较 2021 年降低了 18 L，减少率为 12.88%。

(7) 交通状况

宿迁市拥有良好的交通网络，如图 3-13 所示，包括徐盐、新长、宿淮等主要铁路线，以及规划建设中的合宿和潍宿高铁。徐宿淮盐高铁横穿东西，潍坊—宿迁高铁开工建设，京沪、宿扬高速纵贯南北，运河宿迁港建成开港，初步构建了“南通北联”的高铁网、“内畅外联”的公路网、“干支衔接”的水运网。

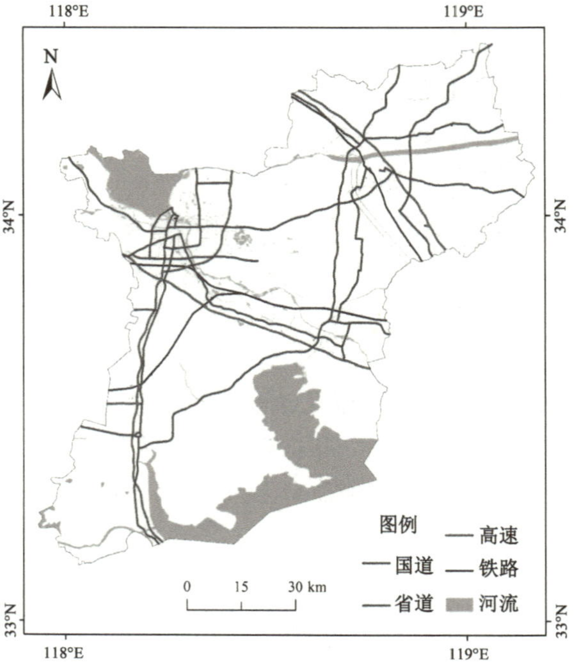

图 3-13 宿迁市交通道路概况

在高速公路方面，京沪、淮徐、新杨等高速公路贯穿研究区。距离白塔埠机场和观音国际机场的距离分别约为 100 km、60 km，具有显著的航空交通优势。通过连接连云港这一国际著名的海港，可实现与 100 多个国家的直接航运连接。京杭大运河、淮沭河、古黄河等八条河穿境而过，其中，京杭大运河宿迁段全长 112 km，全市内河通航里程达到 897 km。

3.2 研究数据来源

根据研究需求，本研究收集的数据类型主要包括土地利用数据、地形地貌数据、植被覆盖数据、社会经济数据、历年土地征收数据以及其他类型数据。不同研究用途的数据来源详细说明如表 3-1 所示。

表 3-1 研究采用基础数据

类别	数据名称	数据来源	数据说明
土地利用数据	耕地、林地、草地、水域、建设用地、其他用地	中国科学院生态科学数据中心(http://www.nesdc.org.cn)/土地利用变更调查数据、第三次全国国土调查数据(矢量)	栅格数据分辨率为 30 m
DEM 数据	高程数据	地理空间数据云平台(http://www.gscloud.cn)	

表 3-1(续)

类别	数据名称	数据来源	数据说明
植被覆盖数据	植被类型空间分布数据	中国科学院资源环境科学数据平台(http://www.resdc.cn)	栅格数据分辨率为 1 km
交通路网、河网水系数据	铁路、高速公路、城市一级道路、水系	Open Street Map	
矢量边界数据	城镇开发边界、生态保护红线、永久基本农田红线	宿迁市自然资源和规划局	矢量数据
社会经济数据	总人口	《宿迁市统计年鉴》 《宿迁市国民经济和社会发展统计公报》 《宿迁市水资源公报》 《宿迁市第三次水资源调查评价》 《宿迁年鉴》 《江苏统计年鉴》	城市数据
	总户数		
	人口密度		
	农业人口		
	城镇人口		
	城镇化率		
	总人口全省占比		
	固定资产投资		
	财政总收入		
	财政总支出		
	地区生产总值		
	人均地区生产总值		
	地区生产总值全省占比		
	全市产业结构占比		
	全省产业结构占比		
	农田灌溉亩均用水量		
	城镇人均每日用水量		
规划数据	宿迁市土地利用总体规划(2006—2020)	宿迁市自然资源和规划局	城市数据
	宿迁市国土空间总体规划(2021—2035)		
	宿迁市国民经济和社会发展“十四五”规划		
模拟数据	土壤 pH	国家青藏高原科学数据中心(https://data.tpdc.ac.cn)	
	土壤容重		
	平均降雨量	国家统计局	
	平均气温		
	行政村点位		
	建制镇点位		
	人口密度	worldpop 官网 https://www.worldpop.org/	

表 3-1(续)

类别	数据名称	数据来源	数据说明
模拟数据	地区生产总值	FIGSHARE 官网 https://doi.org/10.60084/m9.figshare.17004523.v1	
	坡度	根据 DEM 数据分析	
土地征收数据	征地涉及地上附着物和青苗补偿标准	宿迁市自然资源和规划局	
	征地片区综合地价执行标准		
	宿迁市宿城区土地征收利用方向数据(2009—2023)	宿迁市自然资源和规划局	

3.2.1 土地利用数据

参照已有土地利用研究,本研究使用的土地利用数据源自国家科技基础条件平台——中国科学院生态科学数据中心(http://www.nesdc.org.cn)下载的中国土地覆被数据集(China land cover dataset,CLCD),以及宿迁市征地勘测中心提供的宿迁市土地利用变更调查数据及第三次全国国土调查数据。其中,宿迁市土地利用变更调查数据及第三次全国国土调查数据主要用于第 4 章土地利用演变特征分析,中国土地覆被数据集主要用于第 5 章土地利用结构多目标优化和第 6 章土地利用空间优化模拟。

中国土地覆被数据集空间分辨率为 30 m,将其进一步重分类为耕地、林地、草地、水域、其他土地、建设用地 6 大地类,运用 ArcGIS10.8 软件经过掩膜、裁剪后得到宿迁市土地利用数据(图 3-14)。

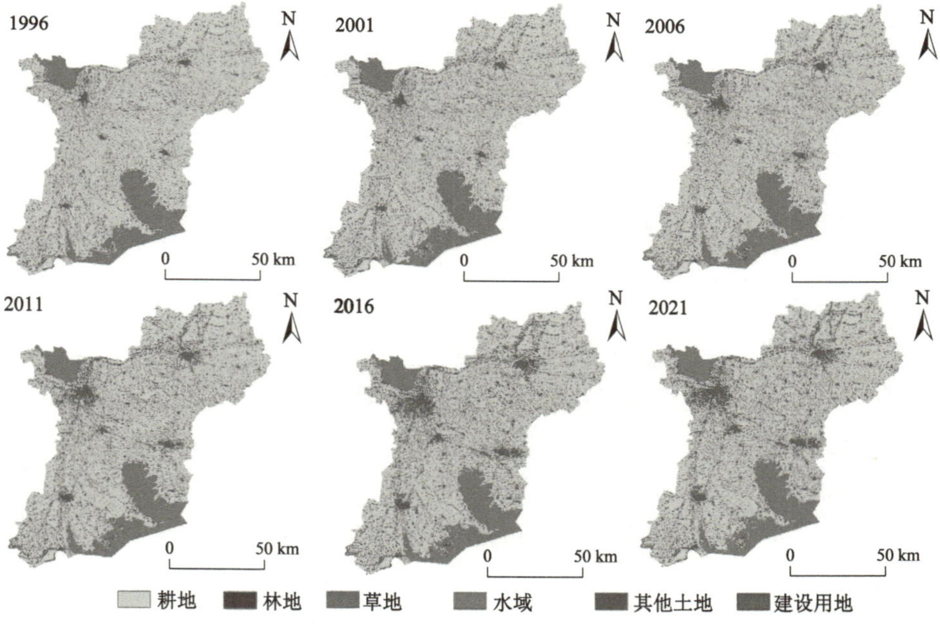

图 3-14 宿迁市土地利用变化(1996—2021 年)

3.2.2 社会经济数据

社会经济指标等相关统计数据来源于1996—2022年《江苏统计年鉴》《宿迁市统计年鉴》《宿迁市水资源公报》《宿迁年鉴》，以及《宿迁市国民经济和社会发展统计公报》。总人口、非农人口、人口密度、地区生产总值、固定资产投资、财政支出与收入、三产总产值来自《宿迁市统计年鉴》《宿迁年鉴》及《宿迁市国民经济和社会发展统计公报》。部分缺失数据通过插值法补充或通过临近年份的数据代替。

3.2.3 其他数据

(1) DEM数据。来源于地理空间数据云平台(http://www.gscloud.cn)所提供的ASTERGDEMV2数据产品，该数据的空间分辨率为30 m，生产日期为2009年，通过镶嵌、裁剪等处理过程，最终得到宿迁市的DEM数据。

(2) 矢量边界数据。矢量边界数据来源于中国科学院资源环境科学数据平台(http://www.resdc.cn)，是从中国行政边界数据中提取的行政矢量边界，主要包括市级矢量数据。

(3) 土地利用变更调查数据。来源于宿迁市各县(区)土地调查数据。

(4) 植被覆盖数据。中国100万植被类型空间分布数据来源于中国科学院资源环境科学数据平台(http://www.resdc.cn)，通过ArcGIS10.8进行裁剪得到宿迁市植被类型空间分布数据。

(5) 土壤类型和植被类型空间分布数据。土壤类型和植被类型空间分布数据来源于中国科学院资源环境科学数据平台(http://www.resdc.cn)，通过ArcGIS10.8进行裁剪得到宿迁市土壤类型和植被类型空间分布数据。

3.3 本章小结

本章从研究区范围、自然概况(地形地貌、水系河湖、土壤类型、植被类型、降水情况)以及社会经济状况(人口状况、城乡结构状况、经济发展状况、经济发展占全省比重、产业占比、用水状况、交通状况)三个角度对宿迁市基本情况进行了介绍，详细说明了研究中采用的数据来源及预处理方式，为后续研究提供了基础数据。具体如下：

(1) 宿迁市位于江苏省北部，处于苏、鲁、豫、皖四省交界中心地带，是江苏省重要门户城市和“一带一路”城市。宿迁市主要以低海拔平原与低海拔台地为主，总体呈现西北高、东南低的地势格局；拥有错综复杂的水系网络，地处淮、沂沭泗两大水系；其生态系统复杂，植被类型多样，区域内植被以栽培植被为主；其土壤类型深受自然条件与人为生产活动影响，有着明显的地域分布特征；全市多年雨水丰沛，平均降水量维持在600 mm以上。宿迁市区位优势明显，交通网络良好，人口与经济总量总体呈现稳步上升，产业结构逐步实现第三产业代替第一产业成为主要产业，发展潜力巨大。

土地利用具有以下特点：① 耕地比重高，后备资源有限。② 建设空间扩展迅速，农用地保护压力趋大。③ 农村建设用地存量大，城乡统筹利用潜力高。④ 土地利用的水环境约束强，空间管制要求高。

(2) 对土地利用数据、植被类型数据、土壤类型数据、水系交通数据、社会经济数据及矢量边界和 DEM 等其他数据的来源进行了说明，为土地利用变化驱动力及土地利用结构优化分析提供了基础数据。

4 土地利用演变特征与驱动因素识别

土地利用变化是受自然环境、经济发展、人为活动等多方面综合影响的复合过程，其结果直接影响自然资源的可持续利用、地表物质能量循环及人类社会的和谐发展，研究土地利用变化、缓解人地矛盾成为学术界的研究热点。近年来，伴随着我国经济高速发展与城镇化持续推进，土地利用结构不合理、生态环境恶化、空间布局混乱等各种问题日益凸显，各类国土空间协同/权衡关系愈演愈烈，严重阻碍了土地资源利用向高质量可持续方向发展的进程，影响着社会经济平稳健康发展。土地利用变化研究不限于揭示土地利用格局的变化趋势，还涉及分析这些变化背后的驱动因素。通过理解这些驱动因素，可以更好地预测未来的土地利用变化趋势，并制定相应的政策措施，以确保土地资源的合理配置和有效利用，从而实现区域经济社会的协调发展。因此，研究土地利用变化，探索分析土地利用演变特征，识别其具体驱动因素，对于应对全球环境变化、提升资源利用效率和推动可持续发展具有重要的理论和现实意义。

目前，学者们主要基于卫星遥感影像的动态监测数据定量分析土地的演变规律，进一步从社会经济因素、自然因素等方面探究土地变化的相关驱动机制，研究方法分为定性研究、定量分析、定性与定量相结合，如邢佳丽等采用土地利用变化幅度及速率、土地利用类型转移矩阵等定量和定性方法对中国典型城市群的土地利用格局变化和驱动力进行了比较分析[132]；杨珺等计算了汾河流域的土地利用程度指数、动态度、转移矩阵及景观格局指数，探讨了土地利用面积变化特征及景观格局的变化趋势，并利用主成分分析方法分析出社会经济因素、产业结构因素和自然因素是研究区土地利用面积变化最主要的驱动因素[133]。这些研究为理解土地利用变化的复杂性和多样性提供了重要的参考。

宿迁市作为江苏省年轻的地级市，同时也是长三角地区发展速度最快的地级市之一，研究其土地利用变化规律及驱动因素具有重要的现实意义。近年来，快速的城市化进程为宿迁市带来土地利用格局的显著变化，尤其是在城市建设用地扩张、农业用地减少、生态用地保护等方面，出现了诸多亟待解决的问题。城市的快速发展导致了土地资源利用中的不均衡现象，这不仅加剧了人地矛盾，还影响了区域的可持续发展。探索其土地利用演变规律与驱动因素，对于解决宿迁市发展不均衡、人地矛盾突出问题具有重要意义，可进一步为宿迁制定相关针对性差异化政策提供科学参考。

为此，本研究选取了1996—2021年宿迁市的六期数据，时间间隔为五年，通过计算单一土地利用动态度、综合土地利用动态度和土地利用变化图谱，系统分析了宿迁市土地利用演变的时空分异特征。研究发现，宿迁市的土地利用变化在空间上表现出显著的分异特征，不同区域的土地利用方式和变化速率存在显著差异。同时，研究通过主成分分析法，探讨了宿迁市土地利用变化的主要驱动因素。结果表明，社会经济发展、产业结构调整和自然环境变化是宿迁市土地利用变化的关键驱动因素。这些因素在推动土地利用格局变化的同时，也对区域的可持续发展产生了深远影响。

本研究旨在通过深入分析宿迁市的土地利用变化规律，为城市土地利用结构和布局的优化提供实际参考。这不仅有助于缓解宿迁市的发展不均衡问题，还为实现区域经济社会的高质量发展提供了科学依据。同时，本研究的成果也可为其他快速发展的城市在土地利用规划和管理方面提供借鉴。

4.1 土地资源类型及分类

4.1.1 土地资源类型

根据自然资源部核定后的2023年度国土变更调查成果①，宿迁市耕地4 156.760 km^2。其中，水田2 957.780 km^2，占71.16%；水浇地441.900 km^2，占10.63%；旱地757.080 km^2，占18.21%。

园地106.350 km^2。其中，果园64.220 km^2，占60.38%；茶园0.020 km^2，占0.02%；其他园地42.110 km^2，占39.60%。

林地469.730 km^2。其中，乔木林地177.960 km^2，占37.88%；竹林地0.880 km^2，占0.19%；灌木林地0.230 km^2，占0.05%；其他林地290.660 km^2，占61.88%。

草地27.420 km^2。其中，其他草地27.420 km^2，占100.00%。

湿地17.500 km^2。其中，内陆滩涂17.500 km^2，占100.00%。

城镇村及工矿用地1 237.720 km^2。其中，城市118.590 km^2，占9.58%；建制镇335.040 km^2，占27.07%；村庄768.250 km^2，占62.07%；采矿用地0.800 km^2，占0.06%；风景名胜及特殊用地15.040 km^2，占1.22%。

交通运输用地259.200 km^2。其中，铁路用地6.480 km^2，占2.50%；公路用地128.940 km^2，占49.74%；农村道路121.270 km^2，占46.79%；机场用地0.020 km^2，占0.01%；港口码头用地、管道运输用地2.490 km^2，占0.96%。

水域及水利设施用地2 199.050 km^2。其中，河流水面202.530 km^2，占9.21%；湖泊水面893.340 km^2，占40.62%；水库水面4.510 km^2，占0.21%；坑塘水面525.970 km^2，占23.92%；沟渠410.030 km^2，占18.64%；水工建筑用地162.670 km^2，占7.40%。

4.1.2 土地利用分类

宿迁市自然资源和规划局发布的宿迁市第三次国土调查主要数据显示，全市农用地约

① http://zrzy.jiangsu.gov.cn/gtapp/nrglIndex.action?type=2&messageID=2c9082b5930b5a100193236db1940b43

5 776.180 km²,占比约 68.00%;建设用地约 1 616.740 km²,占比约 19.00%;未利用地约 1 131.400 km²,占比约 13.00%[134]。

土地利用类型的划分应考虑典型性、科学性及全面性。为满足遗传算法需求及情景模拟分析需要,参考《土地利用现状分类》(GB/T 21010—2017),将地类分为 6 个一级类,包括耕地、林地、草地、水域、建设用地及其他土地。研究区土地利用分类如表 4-1 所示。

表 4-1 研究区土地利用分类表

一级分类	含义
耕地	指种植农作物的土地,包括熟地,新开发、复垦、整理地、休闲地(含轮歇地、休耕地);以种植农作物(含蔬菜)为主,间有零星果树、桑树或其他树木;平均每年能保证收获一季的已垦滩地和海涂
林地	指生长乔木、竹类、灌木的土地,及沿海生长红树林的土地,包括迹地,不包括城镇、村庄范围内的绿化林木用地,铁路、公路征地范围内的林木,以及河流、沟渠的护堤林
草地	指生长草本植物为主的土地
水域	指陆地水域,滩涂、沟渠、沼泽、水工建设等用地,不包括滞洪区和已垦滩涂中的耕地、园地、林地、城镇、村庄、道路等用地
建设用地	指建造建筑物、构筑物的土地,不以取得生物产品为主要目的,包括商服用地、工矿仓储用地、住宅用地、公共管理与公共服务用地、特殊用地和交通运输用地
其他土地	指上述地类以外的其他类型土地

在土地利用分类过程中,借助宿迁市第三次国土调查数据及历年土地利用变更调查数据,验证了本研究土地利用分类的科学性。进一步查阅已有研究文献[135],发现本研究土地利用分类方法具有典型性,可以代表宿迁市土地利用特征,并为后期土地利用变化分析提供分类基础。

4.2 土地利用结构演变特征

4.2.1 土地利用结构变化

从表 4-2 土地利用结构来看,耕地是宿迁的主要类型,1996 年、2001 年、2006 年、2011 年、2016 年和 2021 年,占总面积的比例分别为 52.97%、52.94%、53.21%、50.54%、50.59%和 48.19%。1996—2021 年间,耕地减少趋势明显,从 4 515.009 km² 到 4 108.049 km²,净减少量为 406.960 km²,减少率为 9.01%。建设用地扩张明显,从 1 118.429 km² 扩张至1 594.604 km²,净增加 476.175 km²,增长率为 42.58%。耕地减少量是建设用地增加量的 85.47%,建设用地的扩张很大程度上会导致耕地数量的减少。除耕地与建设用地之外,林地从 1996 年的 180.189 km² 到 2021 年的 467.401 km²,增加了 287.212 km²,增长率为159.40%,具有显著变化;草地面积由 2.345 km² 变化至 24.034 km²,净增加量为21.689 km²,增长率为 924.90%,同样具有显著变化;水域面积由 1 588.880 km² 增加至 1 637.898 km²,增加了

49.018 km²，增长率为 3.09%；其他用地从 1 119.440 km² 减少至 692.300 km²，净减少量为 427.140 km²，减少率为 38.16%。整体看来，耕地和其他用地的面积是减少的，而林地、草地、水域和建设用地的面积是增加的，建设用地面积的净增加量最多，为 476.175 km²，25 年间，建设用地面积变化量分别为 25.811 km²、39.109 km²、154.983 km²、57.720 km² 和 198.552 km²，整体变化规模呈现递增趋势。

表 4-2　1996—2021 年土地利用结构特征

年份	统计类型	耕地	林地	草地	水域	建设用地	其他用地
1996	面积/km²	4 515.009	180.189	2.345	1 588.880	1 118.429	1 119.440
	比重/%	52.97	2.11	0.03	18.64	13.12	13.13
2001	面积/km²	4 512.524	182.776	1.348	1 614.846	1 144.240	1 068.550
	比重/%	52.94	2.14	0.02	18.94	13.42	12.54
2006	面积/km²	4 535.449	181.989	0.552	1 587.250	1 183.349	1 035.700
	比重/%	53.21	2.13	0.01	18.62	13.88	12.15
2011	面积/km²	4 307.963	193.657	1.283	1 651.566	1 338.332	1 031.495
	比重/%	50.54	2.27	0.02	19.37	15.70	12.10
2016	面积/km²	4 312.447	186.120	1.186	1 610.476	1 396.052	1 018.013
	比重/%	50.59	2.18	0.01	18.89	16.38	11.94
2021	面积/km²	4 108.049	467.401	24.034	1 637.898	1 594.604	692.300
	比重/%	48.19	5.48	0.28	19.21	18.71	8.12
1996—2021	净变量/km²	−406.960	287.212	21.689	49.018	476.175	−427.140
	变化率/%	−9.01	159.40	924.78	3.09	42.58	−38.16

从表 4-2 可以看出，各土地利用类型的面积变化量由大到小依次为建设用地、其他用地、耕地、林地、水域、草地。25 年间宿迁市建设用地面积整体呈现明显上升趋势，林地、草地、水域面积有轻微上升，其他用地面积下降最为明显，其次为耕地。

表 4-3 显示 1996—2021 年宿迁市各土地利用类型的单一土地利用动态度、综合土地利用动态度等情况。土地利用动态度是反映不同阶段某地区土地利用类型变化状况的指标，常用来表征区域内土地利用类型变化结构特征及变化速度，指标包括综合土地利用动态度和单一土地利用动态度。土地利用动态度着重反映了某个时间段内土地利用类型的转化过程，计算土地利用动态度能反映区域内土地利用变化的剧烈程度。土地利用动态度计算结果为正值说明这种土地类型在研究期间是增长趋势，为负值则为下降趋势，该值绝对值越大，代表动态度越大。

从单一土地利用动态度来看，在 1996—2021 年间，耕地的单一土地利用动态度值正负反复，绝对值呈现"先增后降"趋势，在 2006—2011 年达最大值 −1.00%，表现为持续活跃。林地的土地利用动态度正负值交替，平均值 6.38%，研究期内变动较为剧烈。值得注意的是，草地的土地利用动态度值前四期虽然正负反复，但绝对值较小，而在第五期相较于第一个时期绝对值扩大较多，表明草地在 2016 年后变动尤为活跃。同时，建设用地土地利用动态度始终表现出正值，反映建设用地面积净增加，并且第五个时期时动态度值相较于第一个时期扩大约5倍，反映了建设用地处于活跃的数量增长状态。与之相反，在整个研究时段，其他用地土地利用动态度出现了净流失，呈现为负值，绝对值则呈现“先降后增”趋势，2016—2021年绝对值激增至6.40%，表明近年波动较为剧烈。

从综合土地利用动态度来看，1996—2021年间综合土地利用动态度整体呈递增趋势，表明宿迁市土地利用变化波动性逐步增强，人类对土地利用变化的影响程度越来越大，也反映了近10年宿迁市经济高速发展引起的区域土地利用方式快速更替和转变。其中2016—2021年的综合土地利用动态度绝对值最大，为1.24%，代表这一阶段宿迁市土地利用变化最为强烈，整个研究期的均值为0.23%，表明宿迁市土地利用整体波动不大，稳定活跃。

表4-3 1996—2021年土地利用动态度变化

土地利用类型	土地利用动态度变化/%					
	1996—2001	2001—2006	2006—2011	2011—2016	2016—2021	1996—2021
耕地	−0.01	0.10	−1.00	0.02	−0.95	−0.36
林地	0.29	−0.09	1.28	−0.78	30.23	6.38
草地	−8.50	−11.81	26.43	−1.51	385.33	36.99
水域	0.33	−0.34	0.81	−0.50	0.34	0.12
建设用地	0.46	0.68	2.62	0.86	2.84	1.70
其他土地	−0.91	−0.61	−0.08	−0.26	−6.40	−1.53
综合土地利用动态度	0.13	0.15	0.54	0.15	1.24	0.23

4.2.2 建设用地扩展强度和速度

采用单一土地利用动态度 K 分析建设用地扩展强度和速度。K 值越大，表示建设用地在研究时段内变化越快[136]。计算公式如下：

$$K=\frac{U_b-U_a}{U_a}\times\frac{1}{T}\times 100\% \tag{4-1}$$

式中，K 为单一土地利用动态度；U_a 和 U_b 分别为研究初期和末期某一土地利用类型面积；T 为研究时长。

从单一土地利用动态度来看，建设用地面积持续增加。1996—2001年，宿迁市建设用地面积增加25.811 km²，动态度为0.46%；2001—2006年，建设用地扩展和增长速度缓慢提升，面积增加39.109 km²，动态度为0.68%；2006—2011年，建设用地扩展和增长速度快速提高，面积增加154.983 km²，动态度达到2.62%；2011—2016年，建设用地扩展强度和速度有所放缓，面积增加57.720 km²，动态度达到0.86%；2016—2021年，建设用地扩展强度和速度再次增大，面积增加198.552 km²，动态度为2.84%。建设用地扩展强度和速度整体呈现一种上升—下降—上升的趋势。1996—2021年土地利用动态度为1.70%，建设用地扩展强度和速度整体水平较高。

4.3 土地利用空间演变特征

4.3.1 土地利用空间分布

通过 GIS 软件处理，生成宿迁市土地利用空间分布图(图 4-1)，可以清晰地看到宿迁市 2011—2021 年间的土地利用空间变化特征。

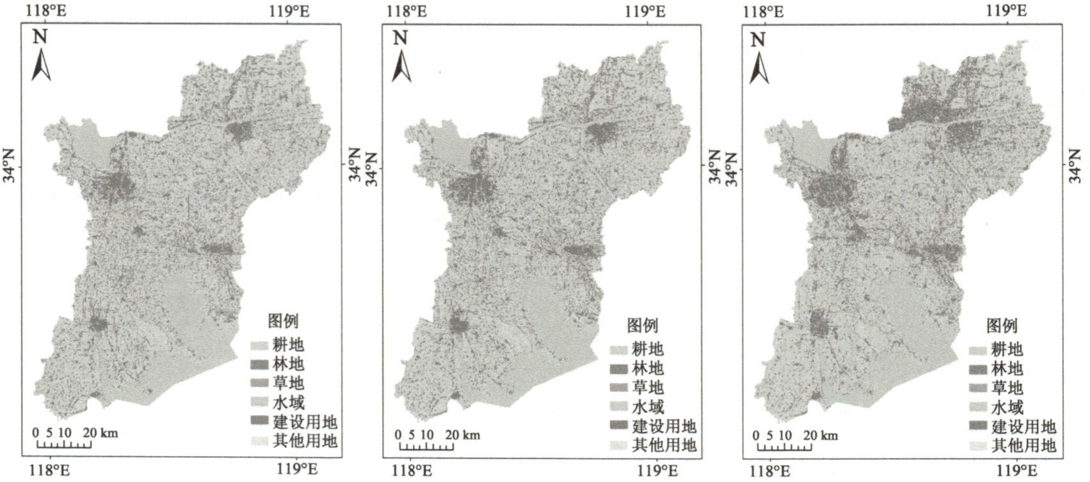

(a) 2011年　(b) 2016年　(c) 2021年

图 4-1 宿迁市 2011—2021 年土地利用空间分布图

2011—2016 年，耕地一直是宿迁市最主要的土地利用类型，在空间分布上占据主体，整体空间位置变动不大，面积局部出现增长，如西南部泗洪县中部，有部分未利用地和部分建设用地转化为耕地，其他县也有零星转入，整体数量有所增加，空间上趋于分散。建设用地在多中心上整体呈扩张态势，局部呈现破碎化态势。林地空间位置变动不大，局部有所缩减，主要转化为耕地。总的来说，宿迁市 2011—2016 年间土地利用的空间结构相对稳定，这一时期虽然林地、水域等生态空间有所缩减，但整体占比均衡。

2016—2021 年，耕地出现明显缩减，大量城镇周边的耕地转型为建设用地，分布趋于连片，且多个区域都有所扩张，如中部市区、泗阳县、北部沭阳县、西南泗洪县的城镇区边缘，都有大块耕地向城镇空间转化。建设用地持续增加，如南部泗洪县的城镇空间向北部出现明显扩张，中部泗阳县沿原始城镇边界向西部扩张，北部沭阳县的城镇建设用地则向南部扩张。同时，北部沭阳县西侧、新沂河以北出现大量分散耕地转化为林地的现象，南部县城周边也有部分耕地转化为林地，而与之相反，新沂河流域的水域大量转化为耕地，但整体来看沭阳县全县的耕地面积仍然大幅减少，建设用地、林地等土地利用类型在整体中的比重有所上升。

2011—2021 年，宿迁市建设用地整体在多中心上呈持续扩张态势，耕地面积先少量增加后大幅减少，空间分布更加趋于分散，林地、草地、水域等生态空间局部有减少而总量增加。宿迁市土地利用空间分布保持相对稳定，无剧烈变化。

4.3.2 建设用地空间变化

如图 4-2 所示，2011—2021 年间宿迁市建设用地呈现逐步扩张趋势。宿迁市的建设用地主要集中在四个核心区域，这些区域分别是市内各区县的中心地带。具体而言，这些区域包括位于宿迁市东部的宿城区和宿豫区，北部的沭阳县，东部的泗阳县，以及南部的泗洪县。此外，在宿迁市东部偏南方向，存在一个中型规模的建设用地集中区，即以酿酒业为主导的洋河新区，该地区成为轻工业建设用地的显著集聚点。除了这些区县中心之外，宿迁市境内还散布着众多小规模的建设用地。

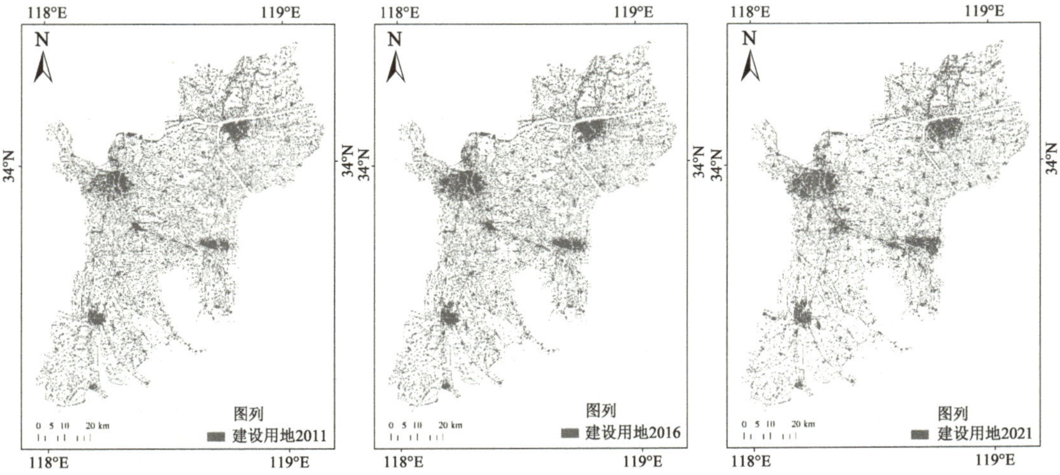

(a) 2011年　　(b) 2016年　　(c) 2021年

图 4-2 宿迁市 2011—2021 年建设用地空间变化

随着时间的推移，城市建设用地从区县中心向周边地区逐步扩张。从 2011 年到 2021 年，各个集中建设区域的建设密度和建设强度均呈现增长趋势，建设用地的空间分布趋向于连片发展。与此同时，其他地区的建设用地规模亦在不断扩大。因此，可以得出结论，宿迁市的建设用地利用随着时间的推移呈现出持续增长的趋势。具体看来：

2011—2016 年，宿迁市中心的建设用地明显增加，五年间城市核心区域的建筑密集度提高。同时，外围地区的建设用地也有所扩展，尤其是在南部和西部地区出现了新的建设用地斑块。

2016—2021 年，宿迁市的城市化进程进一步加快，中心城区的建设用地继续增长，变得更加密集。此外，外围地区的发展更加显著，北部、西部和东南部都有大量的新建设用地出现，表明城市的扩张速度加快。

总体来看，2011—2021 年间，宿迁市经历了快速的城市化和土地开发过程，城市建设用地面积不断扩大，特别是在城市边缘地带的增长尤为明显。这种变化反映了宿迁市经济的快速发展以及人口增长的态势。

4.3.3 建设用地重心转移

城市重心与人口迁移同方向发生，是城市发展和扩张的参考[137]。通过对不同时期的城市重心进行比较，可以分析城市扩张的方向和趋势。因此在本研究中，通过空间重心的位移来表示宿迁市建设用地的扩张方向。同时为获得宿迁市建设用地的分布特征，采用标准差椭圆方法量化建设用地的地理分布特征。

如图 4-3 所示，椭圆的长半轴表示宿迁市建设用地在空间上的分布方向，椭圆的短轴表示建设用地的分布范围，总体上宿迁市建设用地的地理分布呈东北—西南走向。且随着时间发展，长短半轴之间的差值逐渐拉大，标准差椭圆的扁率也逐渐增大，这表明 1996—2021 年宿迁市建设用地在南北方向上的增幅明显高于东西方向，建设用地向西北方向扩张的趋势较为明显。

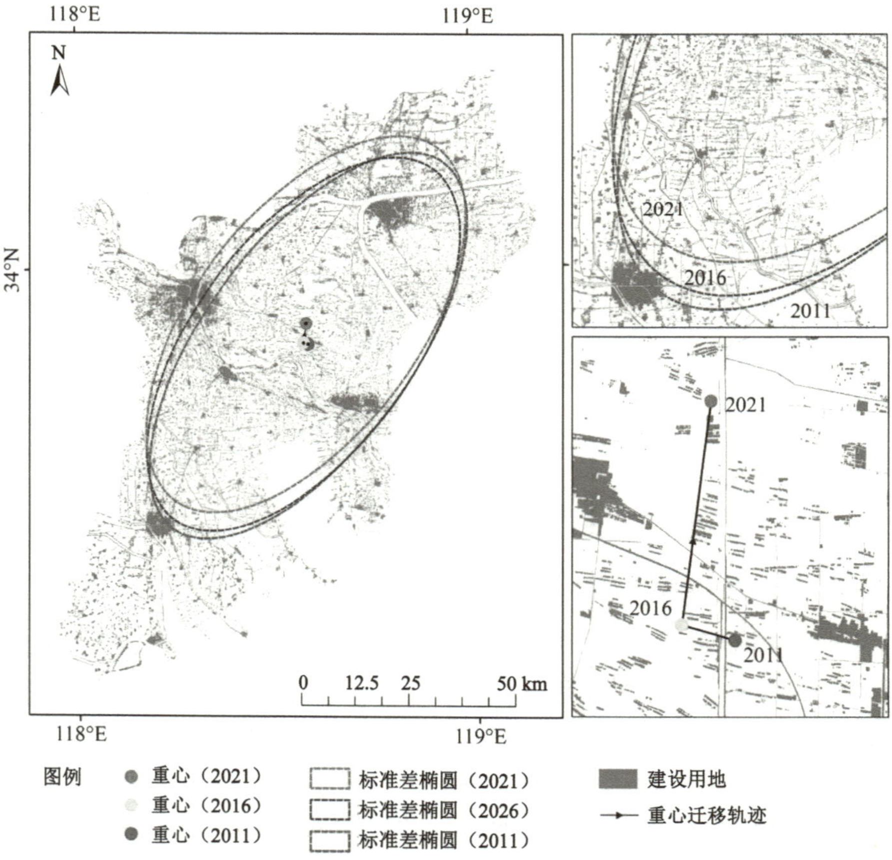

图 4-3 宿迁市建设用地标准差椭圆

从表 4-4 可知，2011 年宿迁市建设用地重心坐标为 118.580°E，33.840°N，2016 年宿迁市建设用地重心坐标为 118.570°E，33.840°N，2021 年宿迁市建设用地重心坐标为

118.571°E,33.880°N,根据重心迁移距离公式计算得到不同年份重心移动距离。

表 4-4 宿迁市 2011—2021 年建设用地重心坐标

年份	X	Y
2011	118.580	33.840
2016	118.570	33.840
2021	118.571	33.880

宿迁市 2011—2016 年重心移动距离约为 1.371 km,重心方位向西部略微向北迁移;宿迁市 2016—2021 年的重心移动距离约为 4.691 km,重心迁移方位为北部,略微向东部迁移;宿迁市 2011—2021 年重心移动距离约为 4.990 km,重心向西北方向迁移。整体看来,宿迁市建设用地的重心总体呈向西北方向移动的趋势,平均每年移动 0.491 km。建设用地重心的移动与社会经济的发展有着密切的联系,它同时也反映着经济重心的迁移。

4.4 土地利用变化驱动因素识别

主成分分析即 principal component analysis(简称 PCA),是由卡尔(Karl)和皮尔逊(Pearson)最早在 1901 年提出的,只不过当时是应用于非随机变量。1933 年霍蒂林(Hotelling)将这个概念推广到随机向量[138]。该方法是利用降维的思想将多个指标转化为主成分,每个主成分都能较好地反映原始变量的绝大部分信息,并且不重复。该方法通过引入多个变量,将复杂因素简化为多个主成分,从而简化了问题,得到了更为科学、更为有效的一些数据信息。在实践研究中,为了使得问题的分析更为全面,必须考虑许多影响因素。这些因素在多元统计分析中通常被称为指标和变量。由于问题的某些信息都被不同程度地反映,因此,各个指标之间存在一定的关系,一些统计数据代表的相关信息具有重叠性。主成分分析(PCA)是一种多元统计分析方法,它尽量减少原始数据信息的丢失、促使数据结构简单化,防止主观性因素对其产生影响,促使一些高维空间中的维数从一定程度上减少,并将原始多元变量替换为少量的综合变量。土地利用变化受到人类活动影响的广度和深度均较为显著,对影响土地利用变化的人文社会驱动力进行定量分析,不但有助于进一步搞清土地利用变化与人文社会驱动力之间的关系,而且有利于把握土地利用变化过程中各因素所起的作用,从而有针对性地实施土地保护的对策。由于影响土地利用变化的因素比较多,且错综复杂,在分析土地利用变化的人文社会驱动力时,选择的因素要细致全面,但指标过多会增加分析问题的难度和复杂性。本节运用主成分分析方法来探讨宿迁市土地利用变化与社会驱动力之间的相互关系。

4.4.1 驱动因子分类选取

土地利用的动态变化主要是驱动力系统运动带来的结果,而驱动力主要包括自然因素和人为因素。其中自然因素有地质地貌、气候水文、植被和土壤等因素,是主导土地状况和变化的先决条件；而人为因素则包括了研究区的总人口及人口结构、经济政策和产业结构等，这些人为因素在某种程度上控制着土地利用类型的分布。本研究选取主成分分析识别宿迁市土地利用变化驱动因素，在综合考虑数据可获取性、科学性的基础上，选取年限为2002—2021年，选择城镇化率(X_1)、年末户籍总人口(X_2)、总户数(X_3)、城镇人口(X_4)、人口密度(X_5)、地区生产总值(X_6)、人均地区生产总值(X_7)、固定资产投资(X_8)、财政总收入(X_9)、财政总支出(X_{10})、第一产业产值(X_{11})、第二产业产值(X_{12})、第三产业产值(X_{13})、年均降水量(X_{14})，共计14个指标，分析步骤如下：

(1) 指标数据标准化

为消除不同量纲对结果的影响，先对各评价指标进行标准化处理，以减少随机因素的干扰。运用SPSS软件实现Z-score标准化，Z表示随机变量经过列维-林德伯格中心极限定理的变形后，服从标准正态分布$\Phi(0,1)$，并且Z为该标准正态分布下的新变量。

计算公式为：

$$Z=\frac{x-\mu}{\sigma} \tag{4-2}$$

式中，x指某一具体分值，μ表示样本平均数，σ是标准差。Z值的量代表着原始分数和母体平均值之间的距离，是以标准差为单位计算的。在原始分数低于平均值时Z则为负数，反之则为正数。

(2) 计算相关系数矩阵

由宿迁市土地利用变化的各变量的相关系数矩阵表(表4-5)可知，变量与变量间存在显著相关性，其中相关性在0.9以上的变量有城镇化率(X_1)与年末户籍总人口(X_2)、城镇人口(X_4)、人口密度(X_5)、地区生产总值(X_6)、人均地区生产总值(X_7)、固定资产投资(X_8)、财政总收入(X_9)、财政总支出(X_{10})、第一产业产值(X_{11})、第二产业产值(X_{12})、第三产业产值(X_{13})，年末户籍总人口(X_2)与城镇人口(X_4)、人口密度(X_5)、地区生产总值(X_6)、人均地区生产总值(X_7)、固定资产投资(X_8)、财政总收入(X_9)、财政总支出(X_{10})、第一产业产值(X_{11})、第二产业产值(X_{12})、第三产业产值(X_{13})等。这说明各指标间存在着信息交叉，需要通过主成分分析，去除指标之间自相关性，把原来许多有联系的指标，归结为几个互相独立的综合指标，即土地利用变化的综合驱动因素。

表4-5　相关系数矩阵

	X_1	X_2	X_3	X_4	X_5	X_6	X_7	X_8	X_9	X_{10}	X_{11}	X_{12}	X_{13}	X_{14}
X_1	1.000	0.979	0.866	0.927	0.978	0.957	0.963	0.901	0.946	0.946	0.986	0.970	0.927	0.037
X_2	0.979	1.000	0.837	0.944	1.000	0.954	0.960	0.952	0.926	0.935	0.974	0.974	0.917	0.006
X_3	0.866	0.837	1.000	0.894	0.833	0.871	0.875	0.716	0.873	0.867	0.883	0.861	0.863	0.142
X_4	0.927	0.944	0.894	1.000	0.941	0.895	0.903	0.886	0.878	0.880	0.928	0.910	0.858	0.020
X_5	0.978	1.000	0.833	0.941	1.000	0.954	0.960	0.952	0.926	0.935	0.973	0.974	0.918	0.007
X_6	0.957	0.954	0.871	0.895	0.954	1.000	1.000	0.858	0.985	0.991	0.987	0.995	0.993	0.094

表 4-5(续)

	X_1	X_2	X_3	X_4	X_5	X_6	X_7	X_8	X_9	X_{10}	X_{11}	X_{12}	X_{13}	X_{14}
X_7	0.963	0.96	0.875	0.903	0.960	1.000	1.000	0.868	0.985	0.991	0.991	0.997	0.991	0.088
X_8	0.901	0.952	0.716	0.886	0.952	0.858	0.868	1.000	0.818	0.829	0.887	0.899	0.806	0.029
X_9	0.946	0.926	0.873	0.878	0.926	0.985	0.985	0.818	1.000	0.989	0.976	0.977	0.984	0.120
X_{10}	0.946	0.935	0.867	0.880	0.935	0.991	0.991	0.829	0.989	1.000	0.981	0.981	0.993	0.111
X_{11}	0.986	0.974	0.883	0.928	0.973	0.987	0.991	0.887	0.976	0.981	1.000	0.991	0.971	0.039
X_{12}	0.970	0.974	0.861	0.910	0.974	0.995	0.997	0.899	0.977	0.981	0.991	1.000	0.979	0.072
X_{13}	0.927	0.917	0.863	0.858	0.918	0.993	0.991	0.806	0.984	0.993	0.971	0.979	1.000	0.118
X_{14}	0.037	0.006	0.142	0.020	0.007	0.094	0.088	0.029	0.120	0.111	0.039	0.072	0.118	1.000

本书对主成分分析的数据进行巴特利特(Barlett)球形检验与KMO检验,结果如表4-6所示:KMO值为0.741,大于0.700,同时显著性水平小于0.050,说明该组数据符合主成分分析的要求。

表 4-6 KMO和巴特利检验结果

KMO取样适切性量数	0.741	
巴特利特球形检验	近似卡方	890.990
	自由度	91.000
	显著性	0.000

(3) 主成分提取

表4-7对于主成分提取和信息情况进行了分析,根据特征值大于1的原则[139],本研究提取出2个主成分,方差解释率分别是86.94%和7.64%,累计方差解释率达94.58%,说明在对样本数据进行分析时,取得了较好效果,符合分析要求。因此,只需选取这两个主成分来探讨分析宿迁市土地利用变化的主要驱动因素。

表 4-7 总方差解释

成分	初始特征值			提取载荷平方和			旋转载荷平方和		
	总计	方差百分比	累积/%	总计	方差百分比	累积/%	总计	方差百分比	累积/%
1	12.190	87.070	87.070	12.190	87.070	87.070	12.170	86.940	86.940
2	1.050	7.510	94.581	1.050	7.510	94.581	1.070	7.640	94.581
3	0.341	2.491	97.080						
4	0.261	1.900	98.981						
5	0.050	0.361	99.350						
6	0.041	0.330	99.680						
7	0.020	0.150	99.831						

表 4-7(续)

成分	初始特征值			提取载荷平方和			旋转载荷平方和		
	总计	方差百分比	累积/%	总计	方差百分比	累积/%	总计	方差百分比	累积/%
8	0.010	0.071	99.910						
9	0.010	0.070	99.980						
10	0.000	0.010	99.990						
11	0.000	0.000	99.991						
12	0.000	0.000	100.000						
13	8.140E−06	5.820E−05	100.000						
14	2.100E−06	1.500E−05	100.000						

(4) 主成分载荷

主成分载荷矩阵表示各个变量在所有变量中的载荷,变量的载荷值的绝对值越大,表明该成分可以更好地解释这些变量。由于主成分分析得到的原始成分矩阵不能较为明显地表达变量的含义,因此,为更好地解释主成分与变量之间的相关性,本研究采用 Kaiser 标准化的正交旋转法,对原始变量进行因子旋转,旋转在 6 次迭代后收敛,最终得到原始主成分载荷和旋转后主成分载荷矩阵,如表 4-8 所示。

表 4-8 旋转后的主成分载荷矩阵

指标	主成分 1	主成分 2
X_1	0.980	−0.001
X_2	0.981	−0.060
X_3	0.881	0.141
X_4	0.940	−0.021
X_5	0.980	−0.060
X_6	0.981	0.080
X_7	0.990	0.070
X_8	0.901	−0.111
X_9	0.970	0.111
X_{10}	0.971	0.101
X_{11}	0.991	0.011
X_{12}	0.990	0.041
X_{13}	0.961	0.111
X_{14}	0.021	0.981

通过旋转后的主成分载荷表可以看出,第一产业产值(X_{11})、第二产业产值(X_{12})、地区生产总值(X_6)、人均地区生产总值(X_7)、城镇化率(X_1)、年末户籍总人口(X_2)及人口密度

(X_5)与第一主成分呈明显正相关，第二主成分中，年均降水量(X_{14})所占比重载荷值为0.981，是影响第二主成分的重要驱动因素。由此可知，宿迁市社会经济的发展、城镇化水平的提升、人口规模的增加、产业结构的调整以及降水量的变化是2002—2021年宿迁市土地利用变化的主要驱动力。

(5) 计算各主成分得分

基于回归算法计算出每个成分的得分系数(见表4-9)，进而计算各主成分得分，计算公式如下：

$$F_1 = 0.281 \times X_1 + 0.282 \times X_2 + 0.254 \times X_3 + 0.270 \times X_4 + 0.282 \times X_5 + 0.283 \times X_6 + 0.284 \times X_7 + 0.260 \times X_8 + 0.278 \times X_9 + 0.280 \times X_{10} + 0.285 \times X_{11} + 0.285 \times X_{12} + 0.277 \times X_{13} + 0.102 \times X_{14} \tag{4-3}$$

$$F_2 = -0.002 \times X_1 - 0.058 \times X_2 + 0.145 \times X_3 - 0.026 \times X_4 - 0.059 \times X_5 + 0.078 \times X_6 + 0.069 \times X_7 - 0.113 \times X_8 + 0.114 \times X_9 + 0.102 \times X_{10} + 0.016 \times X_{11} + 0.044 \times X_{12} + 0.116 \times X_{13} + 0.962 \times X_{14} \tag{4-4}$$

表4-9 综合评价线性组合系数

指标	成分	
	1	2
X_1	0.281	−0.002
X_2	0.282	−0.058
X_3	0.254	0.145
X_4	0.270	−0.026
X_5	0.282	−0.059
X_6	0.283	0.078
X_7	0.284	0.069
X_8	0.260	−0.113
X_9	0.278	0.114
X_{10}	0.280	0.102
X_{11}	0.285	0.016
X_{12}	0.285	0.044
X_{13}	0.277	0.116
X_{14}	0.102	0.962

(6) 计算综合得分

根据两个主成分在每一年的得分，结合它们的主成分贡献率，可以得出宿迁市2002年到2021年20年间每一年土地利用变化驱动因素的综合得分(图4-4)，计算公式如下：

$$F = 0.870 \times F_1 + 0.074 \times F_2 \tag{4-5}$$

根据图4-4可知，2002—2021年，影响宿迁市土地利用变化的驱动因素的综合得分呈现出不断增长的趋势，说明驱动因素对宿迁市土地利用变化的作用越来越显著。

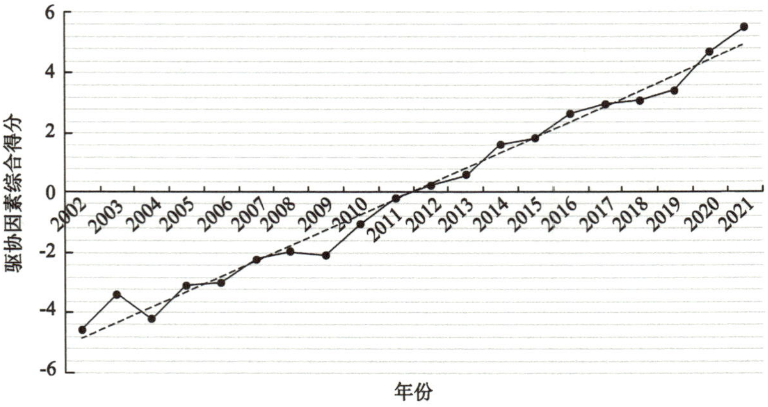

图 4-4　2002—2021 年宿迁市土地利用变化驱动因素综合得分

4.4.2　线性模型构建与检验

土地利用变化是多种因素共同作用的结果，形成机制复杂，其主要驱动因素涉及自然因素、社会经济因素和政策因素等方面（本书旨在探究社会经济因素对土地利用变化的影响，因此不作自然因素驱动作用的探讨）。为进一步验证各用地类型的变化驱动因素，采用多元线性回归分析方法，其相较于一元线性回归，具有更高的预测和解释能力，可以准确捕捉各因素对输出的复杂影响。

多元线性回归模型是指含有多个解释变量的线性回归模型，用于分析多个预测变量和一个最终变量关系的线性模型，能够反映两个变量之间的相关性[140]。具体计算公式如下：

$$Y = \beta_0 + \beta_1 x_1 + \beta_2 x_2 + \cdots + \beta_n x_n + \varepsilon \tag{4-6}$$

式中，Y 表示因变量；$x_1, x_2, \cdots, x_n$ 表示自变量；$\beta_0, \beta_1, \beta_2, \cdots, \beta_n$ 表示回归系数；ε 表示残差。

考虑到因子量化和可获取性，本研究在综合考虑数据可获取性、科学性的基础上，选取年限为 2002—2021 年，选择总户数（X_1）、乡村人口（X_2）、城镇人口（X_3）、人口密度（X_4）、农业总产值（X_5）、农村用电量（X_6）、地区生产总值（X_7）、固定资产投资（X_8）、财政总收入（X_9）、财政总支出（X_{10}）、第一产业产值（X_{11}）、第二产业产值（X_{12}）、第三产业产值（X_{13}），在 SPSS 软件中分别建立了 2002—2021 年宿迁市农用地和建设用地的多元线性回归模型（表 4-10）。

表 4-10　多元线性回归分析指标体系

指标	指标含义
X_1	总户数（户）
X_2	乡村人口（万人）
X_3	城镇人口（非农业人口）（万人）
X_4	人口密度（人/km^2）
X_5	农业总产值（亿元）
X_6	农村用电量（亿 kW·h）

表 4-10(续)

指标	指标含义
X_7	地区生产总值(亿元)
X_8	固定资产投资(亿元)
X_9	财政总收入(亿元)
X_{10}	财政总支出(亿元)
X_{11}	第一产业产值(亿元)
X_{12}	第二产业产值(亿元)
X_{13}	第三产业产值(亿元)

4.4.3 农用地变化驱动因素

由表 4-11 的回归结果可知，耕地面积变化主要受到人口和社会经济的影响。其中农村用电量(X_6)、第二产业产值(X_{12})和财政总支出(X_{10})与耕地面积呈极显著正相关；乡村人口(X_2)、第三产业产值(X_{13})和总户数(X_1)与耕地面积呈显著正相关；人口密度(X_4)、地区生产总值(X_7)和财政总收入(X_9)与耕地面积呈极显著负相关；农业总产值(X_5)、第一产业产值(X_{11})和固定资产投资(X_8)与耕地面积呈显著负相关。

表 4-11 耕地驱动因素回归分析结果

耕地模型	未标准化系数	t	显著性
(常量)	11 309.652	35.885	0.000
X_1	0.000**	−4.583	0.004
X_2	5.286**	4.835	0.003
X_3	0.030	0.337	0.747
X_4	−8.814***	−11.593	0.000
X_5	−0.919*	−3.493	0.013
X_6	9.425***	6.360	0.001
X_7	−0.394***	−6.783	0.001
X_8	−0.050*	−3.584	0.012
X_9	−0.284***	−6.475	0.001
X_{10}	0.413***	5.554	0.001
X_{11}	−0.841*	−2.731	0.034
X_{12}	0.871***	7.891	0.000
X_{13}	0.267**	5.365	0.002
R^2	0.874		
德宾-沃森	2.305		

注：***代表极显著；**代表显著；*代表边缘显著。

4.4.4 建设用地变化驱动因素

由表 4-12 的回归结果可知，建设用地面积变化主要受到人口和社会经济的影响。其中人口密度(X_4)与建设用地面积呈极显著正相关；第二产业产值(X_{12})与建设用地面积呈极显著负相关；第一产业产值(X_{11})、地区生产总值(X_7)与建设用地面积呈显著正相关；乡村人口(X_2)、第三产业产值(X_{13})与建设用地面积呈显著负相关；财政总收入(X_9)与建设用地面积呈边缘显著正相关；财政总支出(X_{10})与建设用地面积呈边缘显著负相关。

表 4-12 建设用地驱动因素回归分析结果

建设用地模型	未标准化系数	t	显著性
(常量)	−689.341	−1.499	0.184
X_1	6.797*E*−05	0.609	0.565
X_2	−7.035**	−4.411	0.005
X_3	−0.259	−2.022	0.090
X_4	7.832***	7.060	0.000
X_5	0.248	0.645	0.543
X_6	−3.280	−1.517	0.180
X_7	0.368**	4.344	0.005
X_8	0.041	2.036	0.088
X_9	0.182*	2.847	0.029
X_{10}	−0.325*	−2.997	0.024
X_{11}	1.776**	3.951	0.008
X_{12}	−0.891***	−5.533	0.001
X_{13}	−0.334**	−4.602	0.004
R^2	0.856		
德宾-沃森	2.105		

注：*** 代表极显著；** 代表显著；* 代表边缘显著。

4.4.5 多元回归模型分析

根据回归结果分析可知，耕地和建设用地的变化均受到人口和社会经济因素的显著影响，但其影响方向和程度有所不同。

人口因素对耕地和建设用地具有双重影响，人口密度对耕地面积和建设用地面积的影响截然相反。人口密度增加与建设用地面积呈极显著正相关，而与耕地面积呈极显著负相关。这说明随着人口密度的增加，城市化进程加快，更多的耕地被转化为建设用地，反映出城市扩张和基础设施需求的加大，这是典型的“以地换地”现象，耕地减少、建设用地增加。乡村人口与耕地面积呈显著正相关，而与建设用地面积呈显著负相关。乡村人口的增加意味着农业需求的增加，从而维持了耕地面积的增长；而乡村人口减少则可能伴随着城市化进程，更多乡村人口迁往城市，减少了乡村对建设用地的需求。

产业结构对耕地和建设用地具有不同影响。第二产业产值与耕地面积呈极显著正相关,但与建设用地面积呈极显著负相关。这表明,工业生产的扩展虽然需要更多的耕地,但在建设用地方面,通过工业集约化发展,可能提高了土地使用效率,减少了对新增建设用地的需求。第一产业产值与耕地面积呈边缘显著负相关,而与建设用地面积呈显著正相关。这可能表明,农业的集约化生产和技术进步减少了对大量耕地的需求,但为了支持农业生产的基础设施建设,导致了建设用地的扩展。第三产业产值与耕地面积呈显著正相关,但与建设用地呈显著负相关。第三产业的发展可能通过增加农业或农村经济的收入,间接支持了耕地的保持,而对城市新增建设用地的需求相对较小,尤其是在现代服务业的发展中,许多经济活动可以在现有的城市空间内进行。

财政因素对耕地和建设用地具有不同影响。财政总支出与耕地面积呈极显著正相关,与建设用地面积呈边缘显著负相关。这表明政府支出的增加,特别是用于农业和农村基础设施,有助于维持耕地面积,但对于建设用地的扩展影响较小,建设用地可能更多集中在提高现有土地的使用效率上。财政收入的增加与耕地面积呈极显著负相关,而与建设用地面积呈边缘显著正相关。这可能意味着,随着地方财政收入的增长,城市扩张和基础设施建设加速,导致耕地面积减少,建设用地面积增加。

综上所述,城市化进程显著推动了建设用地的扩张,同时导致耕地面积的减少。第二产业发展在促进耕地面积增长的同时,提高了工业土地的使用效率,减少了对新增建设用地的需求。第一产业和第三产业分别对耕地和建设用地产生了相反的影响,前者推动了建设用地扩展,而后者通过农村经济的提升支持了耕地的维持。财政收入和支出对耕地和建设用地的影响取决于政府支出的方向和收入的来源,财政收入的增加往往伴随着建设用地的扩展,而支出的增加则更多用于支持农业和农村基础设施建设。

因此,在平衡经济发展和土地利用时,需要特别关注城市化进程和产业结构调整对耕地与建设用地的不同影响,制定相应的政策以确保耕地资源的可持续利用和建设用地的合理扩展。这也强调了需要在城市化和工业发展过程中平衡经济增长与土地资源的可持续管理,以确保农业用地的合理保护和城市建设的可持续性。

4.5 本章小结

本章在土地利用分类的基础上,运用数理统计、主成分分析、多元回归分析和空间自相关等方法,对研究区土地利用结构变化、土地利用程度变化以及驱动力进行了分析,解释土地利用变化的主要特征、动态过程以及外部驱动的主要影响因子和驱动机制。主要结论如下:

(1) 耕地是研究区的主要土地利用类型,其面积在逐年减少,且减少趋势较为明显;建设用地扩张趋势较为明显,建设用地扩张与耕地面积减少密切相关。

(2) 建设用地重心的移动与社会经济的发展有着密切的联系,重心位置总体呈现向西北方向偏移的趋势,移动距离为 4.990 km。

(3) 从主成分分析和多元线性回归结果来看,宿迁市土地利用变化受社会经济因素和自然因素的影响日益明显，社会经济发展、城镇化水平、人口规模、产业结构及年均降水量对研究区土地利用变化起到支配作用。耕地和建设用地的变化趋势反映了快速城市化和经济发展的不同影响。土地资源的高效利用和合理分配在快速发展地区显得尤为重要，需要平衡经济发展与耕地保护之间的矛盾，确保可持续发展。

通过研究可以发现，宿迁市的耕地面积明显缩减，建设用地面积显著扩张，耕地转移频繁，稳定性欠佳，充分反映了宿迁市在土地利用中专注于拓展城镇边界而部分忽视了耕地保护的问题，在近年来日益严峻的耕地保护政策与生态文明背景下，宿迁市在协调好城镇空间和农业空间二者权衡关系、经济发展与生态保护二者关系方面仍然任重而道远，必须在未来采取有效的措施，兼顾好全市的耕地保护、生态安全、经济发展。综合而言，本研究的结果可为进一步明确宿迁市土地利用格局、塑造区域高质量可持续的土地利用与保护格局、后续制定更为合理的国土开发政策提供相关依据。

5 土地利用结构多目标优化

5.1 多目标依据与确定

土地利用优化的核心在于特定区域内依据既定的约束框架，调整并优化土地使用的结构布局、空间分布及具体数量，以期实现一种理想化的配置状态[141]。此状态通过构建目标函数进行量化界定，优化过程旨在求解该函数的最优值，这要求全面审视并综合考量影响土地利用优化布局的所有维度与因素。此类问题，即在同一框架下平衡多个目标、融合多种因素以求解目标函数最优解的规划任务，被学术界广泛定义为多目标规划问题。明确土地利用目标和土地利用系统结构是进行土地利用结构优化的前提。通过分析土地利用系统的结构特征来认识土地利用的多目标性。在明确土地利用系统构成及运作规律的基础上，结合宿迁市当前土地利用过程中存在的主要问题，归纳土地利用目标并构建层次清晰的土地利用结构优化多目标体系，为后面土地利用结构多目标优化模型的构建奠定基础。

土地利用的多目标性可以从系统理论、可持续发展理论以及生态经济理论三个理论层面加以阐述[142]。

(1) 系统理论。在土地利用系统中，人类作为土地利用的主导者，其活动影响着土地的社会经济系统和自然生态环境系统。土地利用系统的整体效能依赖于各子系统间的协同作用，各子系统在充分发挥自身功能的同时，通过物质、能量与信息的交互流通，共同促进了一个稳定且综合的土地利用体系的形成。这一系统并非自行其是，而是受人类政策制定与技术革新等反馈机制的精细调控，旨在确保系统的稳定运行，以支撑人类的生存空间拓展与多维度发展目标——经济增长、社会稳定与生态健康，三者相辅相成，构成了一个复杂而多向的关联网络。土地利用系统作为一个既主动又可控的体系，其运作蕴含了多目标导向的特质。然而，当人类过度聚焦于某一单一目标时，如仅追求经济最大化，可能会不经意间损害系统的整体平衡与可持续性，导致社会子系统与生态子系统陷入非经济状态，表现为社会和谐受损、生态环境退化。反之，若过度强调社会或生态的单一稳定，亦可能对系统整体产生不利影响。尽管在当前社会高速发展的背景下，人类普遍倾向于优先追求经济目标，但不可忽视的是，社会与生态目标在经济发展中的约束作用与战略价值日益凸显。因此，为确保土地利用系统能够实现长期、稳定的可持续发展，必须摒弃那些有损系统整体稳定性的传统发展模式。这要求我们在规划与管理土地利用时，采取更加全面、均衡的策略，充分考虑并平衡经济、社会与生态三方面的需求与利益。

（2）可持续发展理论。土地的可持续利用是维系人类社会长期存续于地球生态系统中的基石。为实现这一目标，需持续优化和调整土地利用策略，以科学合理的目标导向引领土地利用实践。当前，学术界普遍认同的可持续土地利用路径，是追求生态和谐与社会福祉的同时，不牺牲经济发展的潜力，将经济、社会与生态目标视为一个不可分割的整体来综合考量。可持续发展理念的核心在于，既要满足当代人的发展需求，又不能以牺牲后代人的需求为代价。同样地，可持续的土地利用也应建立在正确的目标框架之上，旨在满足当代社会对土地资源的合理需求，同时为后代保留足够的利用空间与潜力。在此过程中，必须强调的是，当代人的范畴应广泛涵盖所有公民，特别是那些处于弱势地位的贫困群体，而非仅限于少数利益集团。反观那些典型的非可持续土地利用模式，如片面追求经济增长而忽视综合效益，具体表现为部分地方政府为达成地区生产总值增长目标，盲目推进城镇化进程，导致农民土地权益受损、生态环境遭受破坏，进而引发一系列严重的社会与环境问题。此类做法明显违背了可持续发展的基本原则，既损害了当代人的长远利益，也威胁到了后代人的土地利用权益。因此，依据可持续发展理论，土地利用的实践必须全面兼顾经济、社会和生态三大目标，确保在追求经济效益的同时，不忽视社会的公平与公正，以及生态环境的保护与恢复，从而实现土地利用的代际公平与可持续发展。

（3）生态经济理论。生态经济理论深刻凸显了土地利用中生态目标的价值，这一价值已不再是往昔被人类所忽视或低估的范畴，而是被赋予了与经济价值相平衡的地位，甚至能够通过货币单位进行量化评估。土地利用的目标导向演变过程可大致划分为三个阶段：第一阶段，以经济目标为主导。这一阶段的形成根植于工业革命的历史背景之中，随着工业化浪潮的兴起，人类社会迈入了一个以前所未有的速度创造财富、推动经济发展的时代。在这一过程中，土地作为核心资源之一，其利用自然而然地以经济效益最大化为主要导向。第二阶段，社会与生态目标初现端倪但重视不足。随着以经济目标为导向的土地利用模式暴露出严重的社会与生态问题，学者、专家及政策制定者开始意识到，必须将这些非经济因素纳入土地利用的考量范围之内。然而，尽管有所进步，但对于土地所承载的社会价值与生态价值的认识仍显不足，未能给予充分的重视。第三阶段，社会与生态目标与经济目标并重。当前，社会意识已普遍认识到土地的社会价值与生态价值应当与经济价值相提并论，不仅要在理论上承认其重要性，更要在实践中以货币形式量化这些价值，确保土地利用决策的全面性与科学性。尽管这一理念在意识形态层面已得到广泛接受，但在实际操作中仍面临诸多挑战，需要持续以生态经济理论为指导，不断深化对三方面目标的综合考量，特别是要正视并强化生态目标的核心地位。这不仅是土地利用领域的发展趋势，也是推动人类社会乃至全球可持续发展的关键所在。

土地利用的核心目标旨在促进土地利用结构的优化，而这一优化的终极追求是实现土地资源的可持续利用。实现土地资源的可持续利用，并非单一目标的达成，而是需要综合考量并平衡多个土地利用目标。在确立了明确的土地利用目标之后，我们需要进一步将这些多元化的目标细化为总目标、子目标和具体目标，从而构建一个层次分明、逻辑清晰的土地利用结构优化目标体系。为了达成这一多目标导向的土地利用结构优化，需借助可持续发展理论和系统观念等理论框架，在对土地利用系统结构深刻理解和土地利用目标多元化认识的基础上，对土地利用结构优化目标进行深入的结构化剖析。这一过程将帮助我们构建起一个全面的土地利用多目标体系结构，不仅有助于我们更清晰地认识土地利用结构优化的全貌，也为构建科学合理的土地利用结构优化目标体系奠定了坚实的基础。

结合上述内容，在综合考虑宿迁市自然生态与社会经济分异规律及实际情况的基础上，根据《宿迁市土地利用总体规划（2006—2021 年）》、《宿迁市国土空间总体规划（2021—2035 年）》、《宿迁市国民经济和社会发展第十四个五年规划和 2035 年远景目标纲要》等规划文件，本章将主要围绕"经济质量效益显著增强"、"生态文明建设显著进步"两方面设定粮食安全、经济发展以及生态安全三个优化发展目标。

在土地利用优化的复杂过程中，需全面审视土地利用类型、自然环境变迁、人类经济活动影响、生态环境保护需求以及各级政府的土地政策导向等多方面因素。为实现这一目标函数的精准构建，通常遵循两大核心原则：一是"精简高效"，即在确保优化效果与效率并重的前提下，通过筛选与整合，剔除冗余属性与目标，将多个相似或相关目标合并成少数几个关键指标，以此实现目标数量的精简与计算效率的提升；二是"主次分明"，即在构建目标函数时，首先聚焦于主要目标，即那些对土地利用优化具有决定性影响的关键因素，对于无法满足或次要性较高的目标进行适当取舍或合并，确保主要目标得到优先满足，同时考虑将次要目标整合为一个综合指标，以全面反映土地利用的多维优化需求。这一过程不仅体现了科学决策的精髓，也确保了土地利用优化方案既具有可操作性，又能有效应对各种复杂多变的现实情况。同时由于社会效益涉及面广，主要是指社会各部门对土地的需求程度，体现在宏观政策文件对于各种地类的要求，很难用数学函数形式进行量化表示，故将其转化为约束条件来表示[143]。因此选取经济效益和生态效益作为目标函数，六种不同的土地利用类型作为决策变量，并综合考虑宿迁市土地利用的时空变化特征、土地利用规划文件以及社会效益，设置模型的约束条件，然后利用多目标遗传算法求解出以 2021 年为基期，在"自然发展"、"生态优先"和"经济优先"三种不同情景下 2026 年的土地利用结构优化结果。

5.1.1 城市化目标

宿迁市的总体城市化发展目标可以概括为构建"富有时代特征、独具宿迁特色、成为江苏典范、领先全国水平"的中等城市治理现代化"宿迁模式"，全面彰显"更有品质、更有内涵、更有温度、更有韧性、更有特色、更有活力"的可爱宿迁形象。这一目标不仅关注城市的物理建设，更强调城市的文化内涵、社会治理、生态环境等多方面的综合提升。

首先，在土地利用结构优化方面，宿迁市将坚持最严格的耕地保护制度，确保耕地红线不被突破，同时推进节约集约用地，通过科学划定"三区三线"、合理调整土地利用结构、构建集约高效的城镇空间等措施，提高土地利用效率和综合承载能力。其次，城市品质和内涵的提升是宿迁市城镇化发展的重要目标。通过实施"十大行动"和"五类"示范单元建设，宿迁市将致力于改善城市环境卫生、容貌、基础设施和生态环境，打造宜居、宜业、宜游的城市环境。同时，注重城市文化内涵的挖掘和传承，提升城市的文化软实力和吸引力。同时在推动新型城镇化进程方面，宿迁市将加快龙河、来龙、贤官等小城镇的发展，实现城乡融合发展。通过推动城乡基础设施同规同网、建设新型农村社区、提升乡村治理能力和公共服务水平等措施，促进城乡要素自由流动和公共资源在城乡间均衡配置，缩小城乡差距，实现城乡共同繁荣。此外，宿迁市还将注重生态保护和绿色发展。严守生态保护红线，创新生态保护与经济发展相协调的用地模式，推进国土绿化和湿地保护修复等生态工程，构建绿色生态屏障。同时，积极发展生态经济，培育绿色产业，推动经济转型升级和可持续发展。

5.1.2 粮食安全目标

在《宿迁市粮食单产提升三年行动方案(2024—2026年)》的指引下，宿迁市明确了至2026年的粮食安全目标，这些举措紧密围绕土地利用结构的优化展开，旨在全方位提升粮食生产的综合能力和可持续性。

首先，宿迁市将聚焦于提升粮食单产，这不仅是保障粮食安全的核心任务，也是实现农业现代化的关键一环。通过精心选育高产优质多抗的农作物新品种，并广泛推广应用先进的农业技术，如精准施肥、智能灌溉和病虫害绿色防控等，宿迁市将显著提升粮食作物的单产水平。同时，整建制推动粮食生产模式的创新，加强上下联动和协同合作，确保各项增产措施的有效落地，为粮食总产量的稳步增长奠定坚实基础。其次，在种植结构方面，宿迁市将根据区域资源禀赋和市场需求，科学合理地调整和优化粮食作物的种植布局。通过引导农民种植适宜本地生长且市场需求旺盛的粮食品种，形成区域化、规模化的生产格局，提高粮食生产的集约化和专业化水平。

宿迁市还将积极推广轮作休耕制度，改善土壤结构，提高土壤肥力，为粮食生产的可持续发展提供有力保障。此外，为了确保粮食生产的可持续性，宿迁市将坚定不移地加强耕地保护和水资源管理。通过实施严格的耕地保护政策和高标准农田建设，宿迁市将确保粮食生产的稳定面积和良好基础条件。同时，加强水资源管理和节水灌溉技术的推广应用，提高水资源利用效率，确保粮食生产的水资源需求得到满足。同时在生态环境保护方面，宿迁市将坚持绿色发展理念，注重农业面源污染的防治和农田生态环境的保护。通过推广有机肥替代化肥、生物防治替代化学农药等绿色生产方式，减少农业生产对环境的负面影响。同时，加强农业废弃物的资源化利用和无害化处理，推动农业循环经济的发展。综上所述，到2026年，宿迁市将通过优化土地利用结构、提升粮食单产、优化种植结构、加强耕地保护和水资源管理以及注重生态环境保护等多方面的努力，实现粮食安全的总体目标。

5.1.3 经济发展目标

土地利用为经济发展提供载体，经济发展为土地利用提供动力。在过去的“十三五”期间，宿迁市地区生产总值跃上3 000亿元台阶、五年增加近千亿，人均地区生产总值突破6万元，地区生产总值、一般公共预算收入在全国地级市百强排名稳步提升，2018年和2019年分别荣获全省高质量发展综合考核设区市第二、第一等次。根据《宿迁市国民经济和社会发展第十四个五年规划和二〇三五年远景目标纲要》，下一个五年先进制造业和现代服务业将成为宿迁市现代产业体系支撑，三次产业结构更加合理优化、总产值达万亿元；产业基础高级化、产业链现代化水平明显提高，工业主导产业基本定型、产值实现翻一番。因此，推动经济发展仍是宿迁市的第一要务，而土地作为不可或缺的生产要素，发挥着关键作用，统筹区域城乡土地利用，优化土地利用结构，形成国土开发新格局，引导人口、产业和生产要素合理流动，能有效促进城乡统筹和区域协调发展，从而实现宿迁市经济结构优化、更好更快发展的目标。本节利用《宿迁市统计年鉴》计算 2021 年宿迁市各类土地利用的单位面积经济效益，并最终计算出宿迁市土地利用经济总效益。

5.1.4 生态安全目标

宿迁市在土地利用结构优化的战略框架下，将致力于构建一个集生态保护、资源高效利用与经济社会可持续发展于一体的综合生态安全体系。该体系以严守生态保护红线为前提，确保核心生态区域得到绝对保护，防止开发活动对其造成不可逆损害。同时，通过精细化管理与规划，实现土地的节约集约利用，提升单位面积土地的经济效益与环境效益，减少不必要的扩张对生态环境的压力。

在应对气候变化方面，宿迁市将采取积极措施，推动能源结构转型，大力发展清洁能源与可再生能源，减少温室气体排放，增强城市对气候变化的韧性。在水环境保护领域，将加强对水源地的严格保护，优化农业用地布局，推广生态种植与节水灌溉技术，有效减少农业污染，并加强城市污水收集与处理系统的建设，确保水体质量持续改善。针对大气环境质量，宿迁市将合理规划工业与居住用地，实施严格的工业排放标准，减少污染物排放。同时，加大城市绿化力度，增加绿地面积，提升城市生态系统对空气污染的净化能力，为居民提供更加清新的生活环境。在土壤环境保护方面，将强化土壤污染源头防控，对工业用地实施严格的污染风险评估与修复制度，保障农业生产用地安全。同时，推广科学施肥与病虫害绿色防控技术，减少化肥农药使用量，保护土壤生态系统健康。

此外，宿迁市还将加强生态系统保护与修复工作，通过实施生态修复项目，恢复受损生态系统的功能与结构，提升生物多样性水平，为城市提供持续的生态服务。这一系列措施将形成一个闭环的生态安全体系，确保宿迁市在快速发展的同时，保持生态环境的稳定与健康，实现经济社会与自然的和谐共生。加强土地生态建设，按照建设环境友好型社会的要求，立足构建良好的人居环境，统筹安排生活、生产和生产用地，优先保护自然生态空间，有利于支撑绿色宿迁发展。本节利用已广泛使用的生态系统服务价值当量表计算宿迁市土地利用生态总效益[144]。

5.1.5 社会保障目标

宿迁市在迈向 2026 年的征程中，将社会保障与土地利用结构优化配置紧密结合，致力于构建一个更加和谐、宜居、繁荣的城市环境。通过实施“6510”工程，宿迁市以“六个维度”为目标导向，即在城市品质、内涵、温度、韧性、特色和活力上全面提升，同时引领“五类”示范单元建设，包括“可爱街区”“可爱小区”“可爱庭院”“可爱游园”和“可爱镇区”，以此推动城市面貌的焕然一新。在宿迁市积极推进土地利用结构优化的进程中，预计到 2026 年，该地将迎来一系列深刻的社会保障与城市发展变革。这一战略不仅着眼于土地的高效利用与可持续发展，更致力于全方位提升市民的生活质量与幸福感。

首先，宿迁市将通过一系列城市品质提升行动，包括环境卫生提标、城市容貌提品、城市秩序优化等，使城市面貌焕然一新。通过打造“可爱街区”“可爱小区”等示范单元，城市将展现出更加整洁、有序、和谐的面貌，增强市民的归属感和自豪感。同时，新型环卫保洁体系的升级将确保城市环境的持续改善，为市民提供一个更加宜居的生活环境。其次在基础设施建设方面，宿迁市将加大投入，提升道路、供水、供电、供气、排水、通信等基础设施的承载能力和服务水平。这将为城市的快速发展提供有力支撑，同时也为市民的日常生活带来极大便利。此外，城市生态环境的改善也是宿迁市的重要目标之一。通过湿地保护修复、国土绿化等工程，城市将拥有更加优美的自然景观和清新的空气，为市民提供理想的休闲和娱乐场所。

在居民生活品质提升方面，宿迁市将重点关注住房条件的改善和社会保障体系的完善。通过城市更新和棚户区改造等工程，市民将能够享受到更加舒适、安全的居住环境。同时，随着社会保障体系的不断完善，市民在养老、医疗、失业等方面的基本生活需求将得到更加充分的保障。此外，教育、医疗、文化、体育等公共服务设施的全面升级也将为市民提供更加优质、便捷的服务。

5.2 优化配置模型与算法

5.2.1 优化配置模型

土地利用结构是土地利用和结构两种要素综合而成的整体，土地利用结构优化是为了达到一定的生态经济最优目标，对区域内的土地利用类型进行科学合理的安排[145]。多目标规划(multiobjective programming，MOP)模型是数学规划的一个重要分支，可以灵活地纳入各种生态或宏观经济政策。它基于客观规律和数据，对土地利用/土地覆盖的数量结构进行优化配置。MOP 包含三个部分：① 决策变量，指模型要求解的未知变量；② 目标函数，指模型优化目标的数学表达式，表示为决策变量的函数；③ 约束条件，规定了决策变量在目标函数下的取值范围，用一组关于决策变量的等式或不等式来表征。因此，MOP 模型的公式可以表达为[146]：

$$J=\min_{x\in\Omega}[f_1(x),f_2(x),\cdots,f_m(x)]^{\mathrm{T}} \tag{5-1}$$

$$\text{s.t}\quad G_i(x)\leqslant 0\quad i=1,2,\cdots,p$$

式中，$F(x)=[f_1(x),f_2(x),\cdots,f_m(x)]^{\mathrm{T}}$ 为目标函数，$G_i(x)\leqslant 0$ 为约束函数。与单目标优化问题不同，多目标优化各目标之间相互制约，一个目标的优化需要以其他目标作为代价，因此优化解是一个解集，被称为 Pareto 解集[147]。

5.2.2 优化配置遗传算法

遗传算法，作为一种启发式优化方法，其核心理念源自生物进化论，旨在求解复杂问题的最优或近似最优解[148]。该方法始于一个随机生成的初始种群，每个种群成员（即个体）均根据其对问题的适应程度被赋予一个适应度值。随后，通过适应度评估实施自然选择机制，筛选出较优个体作为繁殖的基础，这一过程模拟了生物界中的优胜劣汰原则。在遗传算法的迭代过程中，被选中的个体将经历遗传操作：交叉和变异，以产生新的种群成员。交叉操作模拟了生物基因重组的过程，通过交换不同个体间的部分基因信息来创造新的遗传组合；而变异操作则模拟了生物进化中的基因突变，以随机方式改变个体的某些基因值，从而引入种群的多样性。这一系列迭代过程将持续进行，直至满足预设的终止条件，如达到最大迭代次数或找到满足特定标准的解，最终生成一个包含潜在最优解的候选解集。在此阶段，通过进一步的筛选或评估机制，从候选解集中挑选出唯一的最优解，该解即为遗传算法对目标问题的求解结果。

遗传算法相较于传统的优化技术，展现出以下几个显著优势：① 广泛的应用领域。遗传算法的核心操作并非直接作用于参数层面，而是针对编码后的染色体串进行操作。这一特性赋予了遗传算法极高的灵活性，使其能够直接应用于处理多种不同形式的问题对象，从而极大地拓宽了其应用范围。② 强大的全局优化能力。作为一种自适应搜索技术，遗传算法采用群体搜索策略，而非局限于单一解的探索。这种搜索方式覆盖了整个问题空间，有效避免了局部最优解的陷阱，展现出卓越的全局优化能力。③ 对问题特性的低敏感性。遗传算法在搜索过程中，对搜索空间本身的连续性、凹凸性等特性几乎不提出要求，同时也对目标函数的类型极为宽容，无论是显函数还是隐函数都能有效处理。这种灵活性使得遗传算法能够应对传统优化方法难以解决的复杂优化难题。④ 高效的并行搜索能力。遗传算法的多点搜索特性天然蕴含了并行性。通过并行计算资源的应用，遗传算法能够显著提升搜索效率，缩短寻找最优解的时间，从而在实际应用中展现出更高的性能。实证研究也表明，遗传算法作为一种高效的优化工具，已在生物技术、生物学、化学工程、医学及其工程学等多个领域展现出其卓越的应用潜力，尤其擅长处理全局优化问题。

在土地利用结构优化这一特定领域，该方法同样获得了学术界的广泛关注与实践应用。例如，刘艳芳针对海南省琼海市的土地利用结构优化问题，设计了一套基于遗传算法的多目标线性规划模型，并成功运用 Pareto 多目标优化方法求解，实现了土地资源的合理配置[149]。随后，于苏俊在构建多目标土地利用规划模型时，引入了遗传算法，旨在求解土地利用结构优化的 Pareto 最优解集[150]。他选取四川省自贡市作为实证研究区域，通过 VC 编程实现了遗传算法的多目标优化程序，分别针对 2010 年、2015 年和 2020 年三个时间节点，生成了包含 5 个、15 个及 30 个优化方案的集合。进一步地，对遗传算法得出的数据进行了严格的验证，通过对比分析数据期望值与计算值之间的误差，结果显示最大绝对误差仅为 1.02 hm^2，最大相对误差低至 2.56×10^{-5}，充分证明了遗传算法在土地利用结构优化过程中的高度精确性和可靠性，为土地利用结构优化提供了科学依据和技术支持。

多目标遗传算法(MOGA)作为对简单遗传算法的扩展与改进，其基础运作原理与简单遗传算法保持一致，但在处理复杂的多目标优化问题上展现出更强的能力。NSGA-Ⅱ作为第二代多目标遗传算法中的佼佼者，已广泛被学术界各领域的研究者采纳，用以解决多样化的多目标优化难题[151,152]。在具体应用中，研究者们根据研究问题的特性，设定合适的决策变量，构建目标函数与约束条件，从而构建出优化的数学模型。随后，通过运用 NSGA-Ⅱ算法进行求解，多数情况下都能获得令人满意的优化结果。这些实践充分验证了 NSGA-Ⅱ

算法在解决多目标优化问题上的有效性和适用性。

NSGA-Ⅱ算法作为一种先进的多目标遗传算法，其核心在于通过计算个体的拥挤距离来识别并构建 Pareto 前沿(即非支配解集)。其流程如图 5-1 所示。该算法首先对种群中的个体进行非支配排序，将它们划分为不同的层级，随后计算每个个体的拥挤度，以确保种群在进化过程中保持多样性。Pareto 前沿的构成基于非支配解的选择，即一个解若不被种群中任何其他解在所有目标函数值上全面超越，则被视为非支配解。这一机制有效避免了因主观偏好而忽略各目标重要性的潜在误差。进一步地，NSGA-Ⅱ通过确保非支配解在 Pareto 前沿上的均匀分布，显著降低了算法陷入局部最优解的风险，促进了全局最优解的搜索。此外，该算法的另一显著优势在于其精英保留策略，该策略确保了每次迭代过程中产生的最优个体得以保留，从而防止了遗传操作中的最优解丢失，极大地提升了算法的全局收敛性能。

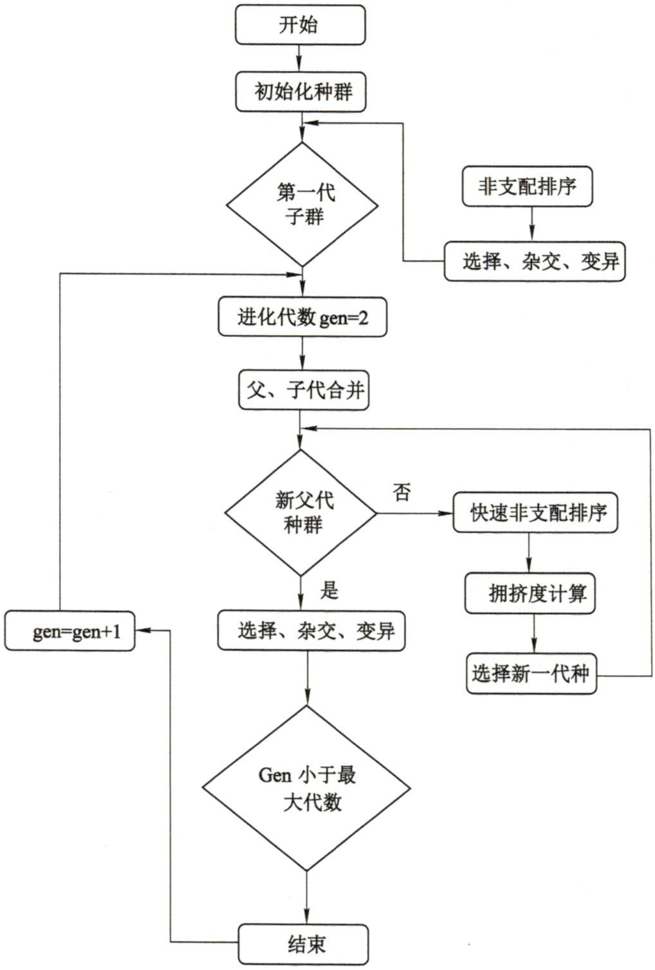

图 5-1　NSGA-Ⅱ算法流程图

因此，基于NSGA-Ⅱ的土地利用结构优化策略就是通过应用NSGA-Ⅱ算法来求解复杂的土地利用结构模型。土地利用结构优化配置是一个多目标规划问题，它融合了经济、社会及生态等多个领域的目标作为约束条件。具体而言，旨在促进经济的快速增长、确保社会的稳定发展以及维护良好的生态环境，这三个子目标共同构成了目标函数体系，进而构建了土地利用结构优化的数学模型。NSGA-Ⅱ算法的应用，模拟了自然界中生物遗传进化的过程，以解决土地利用结构优化这一复杂问题。实施过程首先涉及将土地利用结构的实际表现型转换为算法可处理的基因型编码。随后，算法随机生成一个包含 N 个土地利用结构方案的初始种群。针对这个初始种群，算法执行一系列遗传操作，包括选择、交叉（即基因重组）和变异，以模拟生物进化的自然选择过程。在“适者生存，劣者淘汰”的原则指导下，通过多代迭代，逐步剔除表现不佳的方案，最终筛选出既满足所有约束条件又使目标函数值达到最优的一群土地利用结构方案。

5.3 优化配置情景与模型分析

5.3.1 不同情景设置

政策因素，作为调控区域土地利用结构与空间布局的关键因素，其影响力深远且多维。它不仅直接指引着土地资源的配置方向，还通过一系列激励机制与约束条件，深刻塑造着区域发展的格局与模式。在探索未来土地利用结构的优化路径时，必须站在全局的高度，深刻理解并践行经济效益与生态效益和谐共生的理念，这是实现区域可持续发展的必由之路。

这意味着，在追求经济增长的同时，必须高度重视生态环境的保护与修复，确保经济发展不以牺牲环境为代价，而是两者相互促进、相得益彰。为了实现这一目标，需要采取一种既具前瞻性又接地气的策略。一方面，要紧密跟踪国家及地方层面的政策动态，准确把握宏观政策的导向与要求，确保土地利用规划与国家发展战略相契合；另一方面，要深入调研区域实际情况，充分了解当地的经济社会发展水平、自然资源禀赋、生态环境状况以及民众的实际需求，确保规划方案能够精准对接区域自身的发展需求。在此基础上，通过科学的方法论，如情景分析法，构建出多个可能的发展情景，以全面评估不同路径下的土地利用效果，为最终决策提供有力支撑。以《宿迁市国土空间总体规划（2021—2035年）》为蓝本，不仅能够窥见宿迁市土地利用的历史脉络与演变规律，还能洞察其未来发展的宏伟蓝图。这份规划不仅是宿迁市未来发展的行动指南，也是研究其土地利用结构优化的重要参考。在此基础上，结合宿迁市的实际情况，设定了以2021年为基准年、2026年为目标年的三个不同发展情景[153,154]。这些情景的设定，充分考虑了宿迁市的经济社会发展需求、生态环境保护要求以及国土空间资源的可持续利用，旨在通过模拟不同政策环境、经济条件、社会需求和生态环境约束下的土地利用变化，探索出最适合宿迁市未来发展的土地利用模式，力求为宿迁市未来的土地利用提供科学、合理的指导。

(1) 自然发展情景。在《宿迁市国土空间总体规划（2021—2035年）》的指导下，遵循宿迁市近些年的土地利用变化趋势，不考虑土地利用规划或政策对土地利用变化的影响，不设置未来各土地利用类型具体数量。该情景是宿迁市基于历史发展规律下的2026年土地利用结果，一定程度上能够反映基于当前政策及发展惯性下土地利用的变化情况。

(2) 生态优先情景。未来发展过程中将生态保护放在首位，以生态效益作为首要指标，加强自然资源综合整治力度，保障生态功能，保护环境质量安全，合理利用自然资源，优先保护自然生态空间，构建良好的人居环境，协调土地利用与生态环境建设，强调用地保护及生态环境安全。该情景在发展绿色宿迁背景下，旨在探索宿迁市2026年土地利用生态效益最优结果，为宿迁市未来可能实施的生态保护导向型土地利用政策提供科学依据与参考框架。期望能够为宿迁市的绿色发展转型贡献智慧与方案，确保土地资源的可持续利用与生态环境的长期安全。

(3) 经济优先情景。在此情景下，以经济效益最大化为第一目标，重点发展城镇及工业园，加快城镇化发展进程，完善城镇基础设施，引导人口、产业和生产要素合理流动，促进城乡统筹和区域协调发展。旨在探索在既定基础约束条件下，如何实现宿迁市2026年土地利用经济效益的最优化，以此判断宿迁市土地利用经济潜力，对于提高宿迁市土地利用经济效益、发展土地经济有着一定的参考意义。

5.3.2 优化配置模型分析

多目标优化模型由一组目标函数和一系列约束条件组成。本研究以宿迁市地区生产总值(GDP)为经济效益目标，以生态系统服务价值(ecosystem service value，ESV)为生态效益目标。

自然发展情景目标函数如下：

$$f(x)=\begin{cases}\max[\mathrm{GDP}(x)]\\ \max[\mathrm{ESV}(x)]\end{cases} \tag{5-2}$$

生态优先情景目标函数如下：

$$f(x)=\max[\mathrm{ESV}(x)] \tag{5-3}$$

经济优先情景目标函数如下：

$$f(x)=\max[\mathrm{GDP}(x)] \tag{5-4}$$

在构建土地利用结构优化模型的过程中，依据自然发展优先、生态优先及经济优先三大发展设想，精心设定了一系列约束条件，这些条件涵盖了总量控制、粮食安全保障、生态安全维护、经济稳健增长以及社会保障完善等五个关键维度。为了确立模型的核心导向，特别将经济发展与生态安全设为双重核心目标，并据此构建了相应的约束函数。

5.4 优化配置模型构建

5.4.1 变量的设定

在构建土地利用结构优化模型的首要步骤中，确立模型变量是至关重要的环节，这些变量直接对应于各种土地利用类型。为了确保变量设置的科学性与合理性，需全面考量研究区域的土地资源禀赋、利用特点及遵循国家土地现状分类标准。具体而言，变量设置应遵循以下三大原则：

首先，模型变量的设定需严格遵循国家《土地利用现状分类》(GB/T 21010—2017)，在此基础上还需紧密对接地区土地利用总体规划中的分类体系，确保两者在逻辑上的一致性与连贯性，从而避免在后续分析中出现分类混乱或数据不一致的情况。同时，结合研究区域的自然资源条件、社会经济状况及历史文化背景等实际情况与特征，对分类体系进行适当调整与补充，以增强其针对性和适用性，使模型变量更加贴近区域实际，反映区域特色。

其次，在分类体系的具体构建中，确保各类土地在地域划分上的独立性是维护数据准确性的关键。这要求在划分土地类型时，必须做到界限清晰、互不重叠，避免任何形式的重复计算或遗漏。同时，对于区域内具有显著特征或重要功能的地类，应给予充分关注与细致划分，确保每一细分地类都能得到准确反映，从而构建出一个全面、细致且互不干扰的分类体系。在此过程中，分类的精细度需把握得当，既要避免过于笼统而导致信息丢失，又要防止过于繁琐而增加模型构建的复杂度。

最后，为了提高模型构建的效率与准确性，与变量相关的参数数据必须具备易查询、易获取的特点。这要求在数据收集阶段就做好充分准备，建立完善的数据获取渠道与存储机制，确保研究人员能够迅速、便捷地获取到所需数据。同时，加强数据质量控制与预处理工作，对收集到的数据进行严格审核与校验，剔除错误或异常值，提高数据的可靠性与准确性。在此基础上，利用现代信息技术手段，如数据库管理系统、地理信息系统等，对模型变量及其参数进行高效管理与分析，为模型构建提供强有力的数据支撑。

根据第4章土地利用分类结果及后续优化配置对数据的需求，设置耕地、林地、草地、水域、其他土地、建设用地共6个决策变量，分别为X_1、X_2、X_3、X_4、X_5、X_6(表5-1)。其中，耕地面积占比最大，是宿迁市最为重要的土地利用类型。宿迁市作为苏北地区重要的粮食生产基地，耕地是其赖以生存的基础，因此将其作为首要考虑的变量之一。园地、林地和草地虽然面积占比较小，但宿迁市作为典型的苏北水乡，辖区内坐拥骆马湖和洪泽湖两大淡水湖，园地、林地和草地发挥着重要的水域涵养作用，对宿迁市生态有着不可替代的作用，同时果园也是当地居民重要的生产收入来源，因此将其纳入变量考虑。

表5-1　模型变量设置

变量	土地利用类型	2021年现状面积/km^2	比重/%
X_1	耕地	4 108.049	48.14
X_2	林地	476.401	5.58
X_3	草地	23.993	0.28
X_4	水域	1 637.898	19.19
X_5	其他土地	692.348	8.11
X_6	建设用地	1 594.604	18.69

宿迁市的建设用地不仅分布广、面积大，而且该土地利用类型中人口密度也最大，是人类活动的主要场所，也是影响当地生态、资源、环境分布的重要变量。变量中的水域主要是

指宿迁市辖区内的骆马湖和洪泽湖，这两大湖泊不仅为当地居民提供了生活用水、为耕地提供了灌溉用水，而且其还担负着重要的生态调节功能，因此也是需要考虑优化配置的变量之一。随着经济发展，生态保护的深入，其他土地将是生态治理的先锋，也是土地资源开发和综合利用的后备区，因此有必要将其作为变量之一考虑。

5.4.2 约束条件的设定

约束条件的设定，是基于对宿迁市独特土地资源状况的深刻洞察与未来发展趋势的精准预判，旨在平衡经济发展与生态保护之间的微妙关系，确保城市扩张与自然资源保护的和谐共生。这些约束条件，从宏观政策层面出发，融合了国家与地方的战略导向，既体现了对过往土地利用经验的总结与反思，也前瞻性地规划了未来土地资源的合理配置路径。为了确保宿迁市在迈向 2026 年的过程中，其用地变化能够既符合历史发展所揭示的规律性，又紧密贴合政府对于城市发展的宏伟蓝图，本研究深入剖析了《宿迁市土地利用总体规划(2006—2020 年)》中既往规划的实施成效与经验教训，同时，紧密对接《宿迁市国土空间总体规划(2021—2035 年)》中的长远规划愿景，以及《宿迁市国民经济和社会发展第十四个五年规划和二〇三五年远景目标纲要》中提出的经济社会发展目标与战略部署。这些权威文件为约束条件的制定提供了坚实的政策依据和战略指导。同时，广泛参考了国内外相关领域的相关文献[155,156]，这些研究成果不仅丰富了本研究的理论基础，也为约束条件的科学制定提供了宝贵的数据支持与案例借鉴。综合以上多方面因素，本研究在设定宿迁市土地利用结构优化约束条件时，充分考虑了经济发展的迫切需求与生态保护的底线要求。这些约束条件包括但不限于：严格控制建设用地规模，确保耕地保有量不突破红线；优化用地结构，促进产业用地集约高效利用；加强生态保护用地管理，维护自然生态系统稳定与生物多样性；推动城乡融合发展，促进土地资源的均衡配置与高效利用等。具体包括：

(1) 基本约束。基本约束条件主要从土地总量不变和各类用地面积非负两个方面构建约束条件。

① 土地总量约束。遵循土地总量不变原则，各地类面积总和应等于研究区面积总和。

$$S_{总} = \sum_{i}^{n} X_i = 8\,533.294 \text{ km}^2 \tag{5-5}$$

② 非负约束。至 2026 年，各地类面积应不小于 0，即 $X_i \geqslant 0 \text{ km}^2$。

(2) 粮食安全约束。粮食安全作为国家安全的基石，其重要性不言而喻。耕地作为粮食生产的物质基础与根本保障，其保护与合理利用直接关系到国家粮食安全的长期稳定性。鉴于此，切实保护耕地资源已成为我国一项基本国策。为实现这一目标，建立并实施最为严格的耕地保护制度显得尤为迫切与必要[157,158]。这一制度旨在通过法律、行政及经济等多种手段，全面加强耕地资源的监管与保护力度，确保耕地数量不减少、质量不下降、生态不退化。其中，严守 18 亿亩耕地保护红线是核心要求，坚守这一红线，意味着必须在国土空间规划中优先保障耕地布局，严格控制非农建设占用耕地，特别是永久基本农田，确保其总量不减少、用途不改变、质量有提升。同时，还需通过推进耕地占补平衡和生态修复，优化耕地结构，提升耕地资源综合生产能力，为粮食稳产增产提供坚实支撑。本节中，粮食安全约束主要关注耕地面积变化，综合考虑宿迁市耕地开发利用后备资源十分有限的现状，并参照已有研究，将实现粮食安全目标的约束条件设定为：至 2026 年，耕地面积大于等于耕地现有量，$X_1 \geqslant 4\ 108.049\ km^2$。

(3) 生态安全约束。在区域一体化发展的大背景下，宿迁市作为关键节点城市，其未来经济发展的步伐预计将不断加速。这一进程不仅伴随着建设用地供给需求的显著增长，同时也使得耕地保护与生态用地面临的压力进一步加大。经济活动的扩张往往对自然生态系统产生深远影响，其中生态系统结构与功能的改变尤为显著，这可能导致生态资源的急剧减少和生态环境质量的明显退化[159]。因此，在当前情境下，协调社会经济发展与生态保护之间的关系显得刻不容缓。

宿迁市的生态系统以林草地、湿地水域等为主，具有水源涵养、水土保持以及保障城市生态安全等作用，这些生态系统在维护区域生态平衡中扮演着至关重要的角色。鉴于生态系统服务功能的重要性，宿迁市在未来的发展规划中，必须充分考虑生态保护与经济发展的平衡。这要求在制定土地利用政策时，不仅要满足建设用地的合理需求，更要严格保护耕地和生态用地，防止生态资源的过度开发和生态环境质量的进一步退化。同时，通过实施科学的生态修复和管理措施，恢复和提升生态系统的服务功能，以确保宿迁市在经济发展的同时，能够保持生态环境的持续改善，实现经济与生态的双赢。本节选取草地、林地、水域三类用地面积设置约束条件，参考《宿迁市土地利用总体规划(2006—2020 年)》，要深入推进绿色家园建设，至 2026 年，优化后林地总面积不低于 2021 年现状，即 $X_2 \geqslant 476.401\ km^2$。草地 2020 年调整为 23 km^2，至 2026 年，优化后草地面积不得少于 24 km^2，即 $X_3 \geqslant 24\ km^2$。提高水资源保障水平，统筹解决生态富民廊道生产生活生态用水，有序推进洪泽湖、骆马湖退圩还湖，优化后水域面积应大于等于现状面积，即 $X_4 \geqslant 1\ 637.898\ km^2$。

(4) 经济发展约束。经济发展主要考虑高质量经济发展的要求，建设用地为城市经济发展提供资源和载体，按照严控总量、盘活存量、优化结构、集约高效的原则和科学合理布局生活生产和生态空间的要求，全面提升城乡融合发展核心区的聚集效应和辐射带动力，推进宿迁市城乡在空间布局、要素配置、产业发展、公共服务、生态环境保护等方面的协调发展，加强对城镇等功能区的空间管制，规范土地开发秩序，提高土地开发效率。所以优化后建设用地面积应大于现状建设用地面积，即 $X_6 \geqslant 1\ 594.604\ km^2$。随着对其他土地的开发利用，其他土地面积在逐年减少，因此至 2026 年，优化后其他土地面积应少于现状，即 $X_5 \leqslant 692.348\ km^2$。

(5) 社会保障约束。随着宿迁市社会经济的持续快速发展，城镇化进程显著加速，随之而来的是城镇面积的不断扩张。这种扩张在一定程度上推动了城市经济繁荣与人口集聚，但同时也带来了不容忽视的问题：人类生活空间与生态环境所需的空间被逐渐挤压和侵占。为了平衡城镇化发展与生态保护之间的关系，实现可持续发展的目标，对城镇建设用地面积进行合理的约束与控制显得尤为重要。根据《宿迁市国土空间总体规划(2021—2035 年)》，2021 年全市总人口 590.860 万人，建设用地总面积为 1 594.604 km^2，人均建设用地面积为 237.615 m^2/人，采用 GM(1,1) 模型，2026 年预测全市总人口为 605.880 万人，建设用地总面积应大于等于 2021 年水平，即 $X_6 \geqslant 1\ 594.604\ km^2$。

5.4.3 目标函数的构造

在本章的研究框架中，引入了多目标动态规划模型，这一模型旨在以全面的视角，对土地利用策略进行细致的评估与优化。该模型的构建，是对传统规划方法的革新，其核心在于精心构建一组多维度、多层次的目标函数体系，特别聚焦于经济效益、社会效益与生态环境效益这三大方面。经济效益，作为驱动区域发展的强大引擎，其重要性不言而喻。在模型中，深入分析了土地利用结构调整如何激发社会经济价值的增长潜力，通过量化分析不同土地利用类型对经济增长的贡献率，以及它们之间的协同效应，力求在最大化经济效益的同时，避免短视行为对长远发展的损害。社会效益，是衡量区域发展质量的关键指标。土地利用策略的优化必须紧密围绕人民群众的根本利益，关注居住环境的改善、公共服务设施的均衡分布以及社会公平正义的实现。因此，在模型设计中，特别强调了土地利用结构调整对社会福祉的正向促进作用，力求通过科学合理的规划布局，提升居民的生活品质与幸福感。生态环境效益，则是维护区域可持续发展不可或缺的基石。通过评估不同土地利用方式对生态系统服务功能的影响，如水土保持、生物多样性保护、空气净化等，力求在促进经济发展的同时，有效保护生态环境，实现人与自然和谐共生的美好愿景。

为实现土地利用结构的最优配置，遵循综合效益最大化的根本原则，不仅在宏观层面把握各目标间的权衡与协调，还要在微观层面确保数量调控与空间布局的精细化。具体而言，本节尝试构建了两个核心目标函数，第一个函数聚焦于社会经济价值增长，通过深入分析土地利用结构调整对经济增长、就业促进、产业结构升级等方面的贡献，为区域发展注入强劲动力；第二个函数则致力于提升生态系统服务价值，通过科学评估不同土地利用方式对生态环境的影响，推动土地利用向更加绿色、低碳、可持续的方向转变，通过此双重维度的考量，目标在于实现土地利用结构模式在促进社会繁荣、经济可持续发展与生态环境保护之间的和谐共生，从而推动区域综合效益的全面提升，也为宿迁市土地资源的科学管理与规划提供了有力支撑。

效益系数的精准确定对于构建精确的目标函数至关重要[160]，而这类系数往往随时间节点的推移而有所变化。鉴于本研究的特定需求，即确保土地利用优化方案与基准年(2021 年)之间具备直观的可比性，且鉴于目标年(2026 年)与基准年相隔较近，因此采取了简化的假设处理。具体而言，即假定在优化目标年(2026 年)中，经济效益系数与生态效益系数均保持不变，维持与基准年(2021 年)相同的水平。这一假设避免了因经济快速发展和技术革新可能带来的效益系数变化，以确保研究的焦点集中于土地利用结构本身的优化效果及其与基准状态的直接对比[161]。

(1) 经济发展目标

$$\mathrm{Max}F_1(X)=\sum_{i=1}^{6}B_iX_i \tag{5-6}$$

式中，B_i 为第 i 类土地利用类型单位面积的地区生产总值，亿元/km^2；X_i 为第 i 类土地利用类型的面积。

由于研究区内各类土地利用类型的产出效益数据无法直接获得，因此本节通过间接计算得到。通过查找《宿迁市统计年鉴》，2021 年宿迁市农业总产值 361.430 亿元，林业总产值 12.030 亿元，牧业总产值 99.790 亿元，渔业总产值 106.630 亿元，第二产业产值1 613.470亿元，第三产业产值 1 752.510 亿元。参考相关文献[162]，选取宿迁市单位农业产值、林业产值和渔业产值作为耕地、林地和水域的经济产出效益；第二、三产业的单位地区生产总值作为建设用地的经济产出效益；由于草地和其他土地面积占比较小，所以不考虑草地及其他土地的经济效益。同时参考已有研究做法[154]，采用德尔菲法确定粮食安全、生态安全、城镇发展三种情景下相应的权重分别是 0.5、0.3 和 0.7。确定经济效益的目标函数为：

$$\mathrm{Max}F_1(X) = 0.088 \times X_1 + 0.021 \times X_2 + 0 \times X_3 + 0.065 \times X_4 + 0 \times X_5 + 2.111 \times X_6 \tag{5-7}$$

（2）生态安全目标

$$\mathrm{Max}F_2(X) = D_t \times P_t \times R_t \times \sum_{i=1}^{6} E_i X_i \tag{5-8}$$

式中，E_i 为第 i 类土地利用类型的生态系统服务价值，D_t 为生态系统服务价值当量，R_t 为经济发展系数，P_t 为资源稀缺系数，X_i 为第 i 类土地利用类型的面积。

参考已有研究[163-165]，D_t 取值为 0.002 亿元/km^2，R_t 取值为 0.975，P_t 取值为 1.232。同样，采用德尔菲法[154]确定自然发展、经济优先、生态优先三种情景下相应的权重分别是 0.5、0.3 和 0.7。土地利用的生态效益，指的是人们在生产中依据生态平衡规律，使土地生态系统对人类的生产、生活条件和环境条件产生的有益影响和有利效果，这直接关系到人类生存与发展的根本及长远利益。

生态系统服务价值的核算主要可以分为两大类别：一类是基于单位服务功能价格的方法，简称功能价值法；另一类则是基于单位面积价值当量因子的方法，简称当量因子法。由于功能价值法所需参数繁多且计算过程较为复杂，因此本节选择采用当量因子法对宿迁市的生态效益进行评估。当量因子法是在对不同种类的生态系统服务功能进行区分的基础上，将各类生态系统服务功能的价值以当量的形式进行量化表示。具体而言，这一评估方法主要依据谢高地等学者结合我国实际情况，在综合分析气体调节、气候调节、水源涵养、土壤形成与保护、废物处理、生物多样性保护、食物生产、休闲娱乐等生态系统服务功能的基础上，所制定的中国陆地生态系统服务价值当量因子表[166,167]，并结合宿迁市的具体情况和土地利用特征对因子进行修正，如表 5-2 所示。

表 5-2　研究区不同土地利用类型生态系统服务价值当量

变量	土地利用类型	生态系统服务价值当量
X_1	耕地	2.860
X_2	林地	46.750
X_3	草地	26.610
X_4	水域	92.360
X_5	其他土地	0.150
X_6	建设用地	−11.880

因此确定生态效益目标函数为：

$$\mathrm{Max}\, F_2(X) = 0.008X_1 + 0.123X_2 + 0.070X_3 + 0.244X_4 + 0.000\,3X_5 - 0.031X_6 \tag{5-9}$$

5.5 不同情景优化配置模型

运用多目标优化配置模型，根据宿迁市实际情况，设立三种情景下土地利用结构优化的目标函数和约束条件，如表 5-3、表 5-4、表 5-5 所示。

5.5.1 自然发展约束

自然发展情景下土地利用结构优化目标函数和约束条件见表 5-3。

表 5-3 自然发展情景下土地利用结构优化目标函数和约束条件

目标函数	经济发展	$\mathrm{Max}F_1(X)=(0.088X_1+0.021X_2+0.065X_4+2.111X_6)\times0.5$
	生态安全	$\mathrm{Max}F_2(X)=(0.008X_1+0.123X_2+0.070X_3+0.244X_4+0.000\,3X_5-0.031X_6)\times0.5$
约束条件		土地总量约束：$S_{总} = \sum_i^n X_i = 8\,533.294\ \mathrm{km}^2$
		非负约束：$X_i \geqslant 0\ \mathrm{km}^2$
		粮食安全约束：$X_1 \geqslant 4\,108.049$
		生态安全约束：$X_2 \geqslant 476.401\ \mathrm{km}^2$；$X_3 \geqslant 24\ \mathrm{km}^2$；$X_4 \geqslant 1\,637.898\ \mathrm{km}^2$
		经济发展约束：$X_6 \geqslant 1\,594.604\ \mathrm{km}^2$
		社会保障约束：$X_6 \geqslant 1\,594.604\ \mathrm{km}^2$；$X_5 \leqslant 692.348\ \mathrm{km}^2$

5.5.2 生态优先约束

生态优先情景下土地利用结构优化目标函数和约束条件见表 5-4。

表 5-4 生态优先情景下土地利用结构优化目标函数和约束条件

目标函数	经济发展	$\mathrm{Max}F_1(X)=(0.088X_1+0.021X_2+0.065X_4+2.111X_6)\times0.3$
	生态安全	$\mathrm{Max}F_2(X)=(0.008X_1+0.123X_2+0.070X_3+0.244X_4+0.000\,3X_5-0.031X_6)\times0.7$
约束条件		土地总量约束：$S_{总} = \sum_i^n X_i =8\,533.294\ \mathrm{km}^2$
		非负约束：$X_i \geqslant 0\ \mathrm{km}^2$
		粮食安全约束：$X_1 \geqslant 4\,108.049$
		生态安全约束：$X_2 \geqslant 476.401\ \mathrm{km}^2$；$X_3 \geqslant 24\ \mathrm{km}^2$；$X_4 \geqslant 1\,637.898\ \mathrm{km}^2$
		经济发展约束：$X_6 \geqslant 1\,594.604\ \mathrm{km}^2$
		社会保障约束：$X_6 \geqslant 1\,594.604\ \mathrm{km}^2$；$X_5 \leqslant 692.348\ \mathrm{km}^2$

5.5.3 经济优先约束

经济优先情景下土地利用结构优化目标函数和约束条件见表 5-5。

表 5-5 经济优先情景下土地利用结构优化目标函数和约束条件

目标函数	经济发展	$\text{Max}F_1(X)=(0.088X_1+0.021X_2+0.065X_4+2.111X_6)\times 0.7$
	生态安全	$\text{Max}F_2(X)=(0.008X_1+0.123X_2+0.070X_3+0.244X_4+0.000\,3X_5-0.031X_6)\times 0.3$
约束条件		土地总量约束：$S_{总}=\sum_{i}^{n}X_i=8\,533.294\ \text{km}^2$
		非负约束：$X_i\geqslant 0\ \text{km}^2$
		粮食安全约束：$X_1\geqslant 4\,108.049$
		生态安全约束：$X_2\geqslant 476.401\ \text{km}^2$；$X_3\geqslant 24\ \text{km}^2$；$X_4\geqslant 1\,637.898\ \text{km}^2$
		经济发展约束：$X_6\geqslant 1\,594.604\ \text{km}^2$
		社会保障约束：$X_6\geqslant 1\,594.604\ \text{km}^2$；$X_5\leqslant 692.348\ \text{km}^2$

5.6 优化配置结构优选与结果

5.6.1 优化配置结构优选

在处理多目标优化问题时，一个显著的特点是这类问题往往不存在一个绝对唯一的解，因为不同的决策者在面对多个相互竞争或互补的子目标时，会根据其价值观、偏好及当前环境状况赋予各个目标不同的权重。这种主观性和多样性导致了即使是针对同一问题，也可能因为决策者的不同而得出多个“最优解”，且这些解在各自的偏好体系下均被认为是最佳的[168]。为了有效应对这种复杂性，特别是在土地利用结构优化的领域，通过运用多目标规划模型来解决。这些模型能够综合考虑多个目标之间的权衡关系，如自然发展、生态优先和经济优先等，这些目标在现实中往往相互交织，需要细致而全面的分析。

利用 Matlab 这一功能强大的数学软件平台，调用其内置的 linprog 和 fgoalattain 等优化函数来模拟不同情景下的土地利用结构优化问题。linprog 适用于线性规划场景，能够高效地求解在给定线性约束条件下的线性目标函数最小化问题。然而，面对更为复杂的非线性多目标问题，或者当目标函数和约束条件难以完全线性化时，就需要借助 fgoalattain 这样的函数，它允许设置每个目标的期望值和容差范围，通过迭代搜索来寻找一组尽可能接近所有目标期望值的解集。

鉴于自然发展、生态优先和经济优先这三大情景各自承载着不同的社会经济与环境责任，且每个情景下的优化目标都具有多样性和复杂性，在模拟过程中会生成多个潜在的优化方案。为了从这些方案中挑选出最具代表性的解，需要进一步分析每个方案在不同目标上的表现，考虑其综合效益、可持续性以及对未来发展的影响。通过综合评估，选择出一个在多个维度上均表现优异且最能反映当前决策偏好和环境需求的优化方案，为土地利用规划提供有力的支持。具体如表 5-6、表 5-7、表 5-8、表 5-9 所示。

表 5-6　自然发展情景下土地利用结构优化方案　单位：km^2

土地利用类型	2021 年现状	自然发展情景		
		方案一	方案二	方案三
耕地	4 108.049	4 120.967	4 108.049	4 108.049
林地	476.401	519.493	476.401	476.401
草地	23.993	35.826	0	0
水域	1 637.898	1 647.694	1 647.694	2 394.239
建设用地	1 594.604	1 609.407	2 311.151	1 564.604
其他土地	692.348	599.908	0	0

表 5-7　生态优先情景下土地利用结构优化方案　单位：km^2

土地利用类型	2021 年现状	生态优先情景		
		方案一	方案二	方案三
耕地	4 108.049	4 122.988	4 108.049	4 108.049
林地	476.401	525.242	480.401	480.401
草地	23.993	43.141	0	0
水域	1 637.898	1 654.574	1 654.573	2 380.239
建设用地	1 594.604	1 599.512	2 290.270	1 564.604
其他土地	692.348	587.837	0	0

表 5-8　经济优先情景下土地利用结构优化方案　单位：km^2

土地利用类型	2021 年现状	经济优先情景		
		方案一	方案二	方案三
耕地	4 108.049	4 123.269	4 108.049	4 108.049
林地	476.401	519.416	476.401	476.401
草地	23.993	32.576	0	0
水域	1 637.898	1 645.573	1 637.898	2 354.239
建设用地	1 594.604	1 629.541	2 310.946	1 594.604
其他土地	692.348	582.917	0	0

表 5-9　不同情景下土地利用结构优化方案收益　单位：亿元

		经济发展目标收益	生态安全目标收益
2021 年现状		3 846.049	456.044
自然发展情景	方案一	3 878.113	451.699
	方案二	5 357.453	421.853
	方案三	3 830.017	627.153

表 5-9(续)

		经济发展目标收益	生态安全目标收益
生态优先情景	方案一	3 857.970	454.916
	方案二	5 313.904	424.671
	方案三	3 829.191	624.629
经济优先情景	方案一	3 920.679	450.334
	方案二	5 356.383	419.469
	方案三	3 890.747	616.463

5.6.2　结构优化配置结构分析

在全面审视和比较了不同情景下各土地利用结构优化方案以及在对区域发展背景、政策导向以及生态环境条件进行深刻的理解与把握之后，针对这些方案的经济收益与生态收益进行详尽计算与分析(表 5-9)。具体而言，针对自然发展情景，方案一在保障国家粮食安全底线的前提下，通过合理的土地布局与高效利用，提升了经济生产的综合效益，进而带动经济社会的全面发展。通过计算，发现方案一在经济收益上表现出色，能够有效促进居民增收和经济的繁荣；同时，在生态收益方面，方案一也通过采取科学的耕作制度和生态环境保护措施，减少了农业活动对生态环境的负面影响，实现了农业发展与生态保护的双赢。

在经济优先情景下，方案一则展现了其在促进城镇化进程中的独特优势。该方案注重土地资源的集约节约利用，通过优化城镇建设用地布局，提高土地容积率和利用率，为城市产业发展提供了充足的空间保障。此外，方案一还充分考虑了城市生态环境的建设与维护，通过增加绿地面积、完善城市基础设施等措施，提升了城市的生态品质和人居环境。在经济收益方面，方案一促进了城市经济的快速增长和产业升级；在生态收益方面，则实现了城市发展与生态保护的和谐共生。

而在生态优先情景中，方案一更是凭借其出色的生态环境保护与修复能力脱颖而出。该方案将生态保护作为土地利用的优先目标，通过划定生态红线、实施生态修复工程等措施，有效保护了区域内的生物多样性和生态系统服务功能。同时，方案一还注重经济发展与生态保护的协调统一，通过发展绿色产业、推广生态农业等方式，实现了经济效益与生态效益的同步提升。因此，综合考虑各情景下方案一在土地利用效益及结构优化可实现性方面的卓越表现，最终决定将方案一作为宿迁市土地利用结构的优选方案，如表 5-10 所示。

表 5-10　基于不同情景的土地利用结构优化结果　　单位：km^2

土地利用类型	2021 现状	自然发展情景		生态优先情景		经济优先情景	
		面积	增减	面积	增减	面积	增减
耕地	4 108.049	4 120.967	12.918	4 122.988	14.939	4 123.269	15.220
林地	476.401	519.493	43.092	525.242	48.841	519.416	43.015
草地	23.993	35.826	11.833	43.141	19.148	32.576	8.583

表 5-10(续)

土地利用类型	2021 现状	自然发展情景		生态优先情景		经济优先情景	
		面积	增减	面积	增减	面积	增减
水域	1 637.898	1 647.694	9.796	1 654.574	16.676	1 645.573	7.675
建设用地	1 594.604	1 609.407	14.803	1 599.512	4.908	1 629.541	34.937
其他土地	692.348	599.908	−92.440	587.837	−104.511	582.917	−109.431

(1) 耕地。由表 5-10 可知,在自然发展、经济优先、生态优先这三种不同的规划与发展情景模拟中,宿迁市的耕地数量均呈现出积极的增长态势,且均超越 2021 年的实际现状值,这一趋势彰显了宿迁市在土地资源管理与利用上的科学规划与合理布局。具体而言,在自然发展的情景预设下,宿迁市的耕地面积相比于 2021 年增长了 12.918 km^2,这一增量不仅体现了土地资源自然演变的规律,也反映了对宿迁市在未来政策环境下进一步加强耕地保护工作的要求。在生态优先的情景下,宿迁市在追求生态平衡与可持续发展的同时,耕地面积同样出现增长,共计增加了 14.939 km^2,这表明宿迁市在强调生态保护的同时,并未忽视耕地资源的合理开发与利用,而是进行更加精细化的管理。而在经济优先的发展情景中,经济增长被置于首位,宿迁市作为重要的粮食生产区,耕地面积也出现增长,增长了 15.220 km^2,这在一定程度上说明了经济发展与耕地保护之间并非是不可调和的矛盾,宿迁市通过科学规划与高效利用,将实现两者和谐共生。耕地面积之所以能够在不同情景下均有所增加,主要得益于几个关键因素的综合作用。首先,宿迁市对耕地保有量的严格约束起到了决定性作用,确保了耕地资源不被无序占用。加之宿迁市本身耕地比重就相对较高,远高于全省的平均水平,这为耕地面积的增长提供了坚实的基础。其次,随着城镇化进程的逐步放缓,城市扩张对耕地的需求压力有所减轻,这在一定程度上缓解了耕地保护与经济发展之间的矛盾。此外,发展理念的深刻转变也是推动宿迁市耕地面积增加的重要因素。如今,耕地不仅被视为农业生产的基础,更在生态系统中扮演着不可或缺的角色。宿迁市充分认识到耕地在维护生态平衡、促进生物多样性等方面的重要作用,因此逐渐加强了对耕地的保护力度,通过一系列政策措施,如实施耕地占补平衡、推进高标准农田建设等,有效提升了耕地资源的质量与利用效率。综上所述,宿迁市在耕地保护方面的积极努力,不仅保障了粮食安全和农业生产的稳定发展,也为实现经济、社会与环境的全面协调可持续发展奠定了坚实的基础。

(2) 林地。由表 5-10 可知,在自然发展、经济优先、生态优先这三种不同的规划与发展情景模拟中,宿迁市的林地面积均展现出显著增长的趋势,在三种情景下分别增加了 43.092 km^2、48.841 km^2、43.015 km^2。这一增长态势不仅体现了宿迁市在森林资源保护与生态建设上的坚定决心,也彰显了其在土地利用总体规划中对于林地结构调整目标的严格执行与有效落实。林地面积之所以能够在不同的发展情景下均保持增长,主要得益于土地利用总体规划中对于林地结构调整目标的明确约束与有力推动。这一规划不仅为宿迁市林地的保护与发展提供了明确的指引,也为相关部门在执行过程中提供了有力的政策保障。宿迁市深知，作为生态系统的重要组成部分，林地在维护生态平衡、促进生物多样性、改善环境质量等方面具有不可替代的作用。因此，稳步扩大林地面积，提高林地比例，成为宿迁市未来生态建设的重要任务之一。值得注意的是，宿迁市林地占全市土地总面积的比例相对较低，这在一定程度上限制了其生态功能的充分发挥。为了克服这一短板，宿迁市将采取多项有力措施，稳步扩大林地面积，充分利用非耕地资源，如荒山、荒地、滩涂等，通过植树造林、封山育林等方式，不断增加林地面积。同时对于受损林地，宿迁市也将加快恢复和重建的步伐，通过人工促进自然恢复、实施生态修复工程等措施，有效提升林地的生态质量和生态效益。

(3) 草地。由表 5-10 可知，在自然发展、经济优先、生态优先这三种不同的规划与发展情景模拟中，宿迁市的草地面积均展现出了积极的增长态势，全面超越了 2021 年的现状值，这一趋势不仅彰显了宿迁市在土地资源管理与利用上的科学规划与合理布局，也体现了其对草地生态系统保护与恢复的重视。具体而言，在自然发展的情景下，宿迁市草地面积增加了 11.833 km^2，这一增量不仅反映了自然环境因素如气候、土壤等条件对草地生长的有利影响，也体现了宿迁市在草地资源保护与利用上将采取有力保护措施。在生态优先的情景中，草地面积增长幅度最为显著，为 19.148 km^2，这可能归因于宿迁市在强调生态保护的同时，对草地资源的开发与利用进行了更为严格的限制与调控。相比之下，在经济优先的情景下，草地面积的增长量仅为 8.583 km^2，为三种情景中最低。草地面积之所以能够在不同情景下均有所增加，主要得益于土地利用总体规划中牧草地结构调整目标的明确约束与有力推动。这一规划不仅为宿迁市草地资源的保护与恢复提供了明确的指引，也为相关部门在执行过程中提供了有力的政策保障。草地作为生态系统的重要组成部分，具有极高的生态服务价值，在维护生态平衡、促进生物多样性、改善环境质量等方面具有不可替代的作用。因此，增加草地面积，提升草地生态系统的服务功能，成为宿迁市生态建设的重要任务之一。草地面积的增加，对土地利用生态收益的提升产生了深刻影响。宿迁市应充分利用这一有利条件，合理利用草场资源，加快人工草地和改良草地的建设步伐。通过科学种植、合理放牧、加强管理等措施，不断提升草地的生产力和生态功能，为畜牧业的发展提供坚实的物质基础，同时也为生态系统的稳定与恢复贡献力量。

(4) 水域。由表 5-10 可知，在自然发展、经济优先、生态优先这三种不同的规划与发展情景模拟中，宿迁市的水域面积增长幅度较小。在自然发展情景下，水域面积增加了 9.796 km^2；在生态优先情景下水域面积增加最多，达到了 16.676 km^2，而在经济优先情境下，水域面积仅增加了 7.675 km^2。这一结果不仅反映了宿迁市在土地资源管理与利用上对于水域生态系统的保护，也体现了其在经济发展与生态保护之间寻求平衡的努力。水域生态系统作为自然界中极为重要的一部分，具有极高的服务价值。它不仅为生物提供了栖息与繁衍的场所，维持着生物多样性与生态平衡，还承担着水质净化、水量调节、防洪排涝等多重功能，对于宿迁市的农业生产、生活用水安全以及城市防洪排涝等方面都具有不可替代的作用。因此，保持水域面积的稳定，保护生态水环境，成为宿迁市生态建设中的一项重要任务。土地利用中的水环境约束较为严格，水质水量的变化直接关系到全市的农业灌溉、居民饮水安全以及城市防洪体系的稳定。因此，在推进城市发展与土地利用的过程中，宿迁市始终将生态水环境的保护放在首位，通过加强水资源管理、实施水污染防治工程、完善水利设施等措施，不断提升水域生态系统的质量与稳定性。为了更有效地保护生态水环境，宿迁市还应进一步加大力度，采取更加科学、合理的措施。一方面，加强水源地的保护与管理，确保水质安全；另一方面，优化水资源配置，提高水资源利用效率，减少水资源浪费。同时加强水利设施的建设与维护，提升防洪排涝能力，确保城市与农业生产的用水安全。

（5）其他土地。由表5-10可知，在三种不同的发展情景模拟中，宿迁市的其他土地面积相较于2021年均呈现出下降趋势。在自然发展情景下，其他土地的面积减少了92.440 km^2，这一变化反映了自然环境因素如土壤侵蚀、地形变化等可能导致的土地利用变化。而在经济优先的发展情景中，其他土地面积的减少幅度最大，由于经济活动如城市建设、工业扩张等对土地资源的强烈需求，其他土地面积减少了109.431 km^2，显示出经济发展对土地资源利用的深刻影响。在生态优先的情景下，其他土地面积减少了104.511 km^2，这在一定程度上体现了宿迁市生态保护政策对土地利用结构的调整与优化，其他土地面积的大幅减少，主要原因在于宿迁市土地利用总体规划中对其他土地结构调整目标的严格约束与限制，将其他土地应用于生态环境建设。这一规划旨在通过合理的土地利用布局，实现土地资源的可持续利用与生态环境的保护。在未来发展中，其他土地将作为宝贵的后备土地资源，承担起为其他地类面积增加提供补给的重要任务。无论是用于农业扩张、城市建设，还是生态保护与修复，其他土地都将发挥不可替代的作用。因此，宿迁市必须高度重视其他土地的合理有序利用，避免无序占用和过度开发导致的其他土地资源枯竭。一方面，应加强土地利用规划的制定与执行，确保其他土地的利用符合生态、经济和社会发展的综合需求。另一方面，应加大对其他土地资源的保护与修复力度，通过生态补水、土壤改良、植被恢复等措施，提升其他土地的生态服务功能与生产能力。同时，鼓励和支持社会各界参与其他土地资源的保护与合理利用，形成全社会共同关注、共同参与的良好氛围。

（6）建设用地。由表5-10可知，在面临多样化的发展要求与约束条件下，宿迁市的建设用地面积在三种发展情景中呈现出增长趋势。具体而言，在自然发展、生态优先这两种情景模拟中，建设用地面积相较于2021年的现状值出现了小幅度的增加，分别为14.803 km^2和4.908 km^2。而在经济优先情境下，建设用地面积出现了大幅增长，达到了34.937 km^2。这一变化趋势既体现了宿迁市在经济发展与生态保护之间寻求平衡的努力，也反映了其在城镇化进程中对于建设用地需求的合理调控。随着宿迁市城镇化进程的不断加速，城镇及村庄的建设用地需求呈现出快速增长的趋势。这些建设用地不仅为城市的社会经济发展提供了重要的空间载体，也为居民的生产生活创造了更加便利的条件。然而，与此同时，宿迁市农村地区也面临着建设用地存量较大的问题，这在一定程度上制约了土地的集约利用与高效发展。为了进一步提升土地集约利用的水平，宿迁市应积极采取措施，加强农村居民点的整理与规划。通过优化农村居民点布局、改善基础设施条件、提升公共服务水平等措施，引导农村居民向更加集中、更加便利的区域迁移，从而腾出更多的土地空间用于农业生产或其他高效利用方式。这一举措不仅有助于缓解农村地区建设用地存量过大的问题，还能促进城乡一体化发展，提升土地资源的整体利用效率。

5.7 本章小结

本章内容深入探讨了多目标优化模型在土地利用结构优化领域的应用，并引入了情景分析法，旨在通过模拟不同发展路径下的土地利用情景，为决策制定提供科学依据。具体结论如下：

(1) 围绕自然发展、生态优先及经济优先三大核心议题，紧密结合《宿迁市土地利用总体规划(2006—2020)》的战略导向，以及《宿迁市国民经济和社会发展第十四个五年规划和2035年远景目标纲要》的宏伟蓝图，同时吸纳了国内外相关领域的最新研究成果，构建了相应的土地利用结构优化模型。在模型构建过程中，明确将经济发展目标与生态安全目标设定为最大化追求的对象。同时，为了确保优化方案的可行性与合理性，同时还设置了包括自然本底条件、经济发展速度、生态安全阈值、粮食安全底线以及社会保障水平在内的多维度约束条件，这些约束函数共同构成了土地利用结构优化模型的坚实框架，为后续的优化计算提供了明确的方向和边界，并通过运用先进的多目标优化算法，并借助 Matlab 这一强大的数学计算软件平台，对不同情景下的土地利用结构进行了精细化优化，对于土地利用生态约束较高、开发利用存量较少地区的土地利用结构优化具有一定参考作用。

(2) 在自然发展、生态优先和经济优先三种不同情景下，土地利用优化方案的总体偏差均保持在较低水平，这充分说明了模型的稳定性和可靠性。更为重要的是，优化后的耕地、建设用地及水域等主要土地利用类型的面积配比，均与研究区现行的土地利用总体规划和城镇总体规划高度契合，进一步验证了优化结果的合理性和实用性，可作为研究区国土空间规划土地利用结构的参照依据。

(3) 从经济效益和生态效益的角度来看，不同情景下的优化方案均展现出了良好的综合效益。具体而言，自然发展情景下的土地利用优化方案实现了 3 878.113 亿元的经济效益，同时带来了 451.699 亿元的生态效益，体现了在确保国家粮食安全基础上追求经济与环境双赢的理念。而生态优先情景和经济优先情景下的优化方案，经济效益分别达到了 3 857.970亿元和 3 920.679 亿元，同时在生态效益方面也保持了较高水平，分别为 454.916 亿元和 450.334 亿元，这充分展示了在追求城镇化和经济发展的同时，对生态环境保护的高度重视。值得注意的是，三种情景下的经济效益与生态效益变化量相对较小，这进一步证明了模型在平衡经济发展与生态保护方面的优越性能。

综上所述，本章所构建的土地利用结构优化模型及其在不同情景下的优化结果，不仅将为宿迁市的土地利用规划提供科学的决策支持，也将为未来国土空间规划中的土地利用结构优化提供有益的参考和借鉴。

6 土地利用空间优化模拟

土地利用优化配置是基于对区域土地利用现况的全面考量，确定区域自然、经济以及社会目标，运用科学且合理的方式，开展对土地利用结构以及空间格局的优化活动。伴随空间信息技术的迅猛发展，有关土地利用空间结构的研究日益成熟，进而催生出土地利用空间优化配置这一概念。即在明晰规划目标的前提之下，依据区域实际状况，充分权衡区域经济、社会与生态效益，结合科学合理的技术手段，对区域内的土地利用结构实施优化再分配，进而确立高效、可持续的土地利用空间优化配置模式。

土地利用空间优化配置模拟具有重要意义：从生态环境角度来看，合理的土地利用布局优化配置能够有效保护生态系统的完整性和稳定性。通过科学规划，可以为自然生态保留足够的空间，如划定生态保护区、建立湿地和森林等生态廊道。在经济发展方面，土地利用布局优化配置能够促进资源的高效利用和产业的合理布局。根据不同地区的资源禀赋和发展优势，将工业、农业、商业等不同产业合理分布在相应的区域，实现土地资源与产业发展的最佳匹配。从社会发展角度而言，土地利用布局优化配置有助于提升居民的生活质量。合理规划居住用地、公共服务设施用地等，可以为居民提供舒适的居住环境和便捷的生活服务。因此，本章对宿迁市土地利用空间优化配置进行模拟，为宿迁市社会、经济、生态环境效益的提高提供参考。

6.1 模型选择与参数确定

在探讨土地利用空间优化配置模拟的多样化模型体系中，各种模型各具特色且蕴含独特的优势与固有的局限性，通过其专业化的设计，在各自的学术与应用领域内展现出了不可替代的关键作用。它们不仅促进了土地利用效率的显著提升，还深化了我们对空间资源配置复杂性的理解，为制定科学合理的土地利用政策提供了坚实的理论支撑与实证依据。

未来土地利用模拟(future land use simulation，FLUS)模型，以其强大的多因素集成处理能力，在应对复杂多变的土地利用变化场景时展现出卓越性能。该模型通过精细的参数设定与高强度的数据需求，确保了模拟结果的详尽与精准，但同时也对使用者的专业能力和数据资源提出了较高要求。相比之下，斑块生成土地利用变化模拟(patch-generating land use simulation,PLUS)模型则在挖掘土地利用变化深层诱因及精细模拟斑块级变化方面表现尤为突出。其独特的算法设计,使得模型能够捕捉并反映土地利用变化过程中的细微差异与动态演变,为理解土地利用格局的形成机制提供了有力工具。此外,PLUS 模型还具备较强的适应性与灵活性,可根据不同区域的实际情况进行定制化调整,以更好地服务于地方土地资源的优化配置[169]。基于栅格数据的土地利用变化(Geomod)模型则以其在模拟两种土地利用类型变化方面的卓越表现而著称。然而,其局限性在于难以同时处理多种土地利用类型的复杂交互与空间布局问题,这在一定程度上限制了其应用范围[170]。而元胞自动机模型(cellular automata,CA),则凭借其元胞结构与图像栅格的相似性,在空间分析领域展现出独特优势,能够直观展示土地利用变化的空间分布与动态演变过程[171]。但值得注意的是,该模型在环境影响因素的考量上存在不足,需结合其他模型或方法进行补充。土地利用变化及其效应(conversion of land use and its effects,CLUE)模型则侧重于从经济、社会、自然等多个维度综合预测土地利用变化,为政策制定与规划决策提供了多维度的参考依据。然而,在小区域尺度上,其模拟精度可能受到数据分辨率与模型复杂度的限制,难以达到理想效果[172]。

鉴于上述各模型的优缺点,本章在综合考量宿迁市土地利用空间布局的复杂性与实际需求后,选择了 PLUS 模型作为研究工具。通过该模型的应用,我们不仅能够有效提高土地利用效率,促进土地资源的节约集约利用,还能为宿迁市国土空间规划的优化提供科学、可靠的数据支持与决策参考。这一选择不仅体现了我们对模型适用性的深刻理解与精准把握,也彰显了我们对地方土地资源管理问题的高度关注与积极应对。

6.1.1 PLUS 模型原理

PLUS 模型,作为中国地质大学(武汉)高性能计算智能实验室梁讯团队的一项研究成果,是对传统元胞自动机模型进行深刻改进与拓展后所诞生的,其专注于在栅格数据的基础上利用土地利用空间分布进行高效模拟与精准预测[173]。该模型的核心逻辑在于:首先,它系统性地提取了特定时间段内各类土地利用类型转换的热点区域,这些区域作为模拟的基础数据,蕴含了土地利用变化的丰富信息。随后,模型采用随机森林分类(RFC)这一强大的机器学习算法,深入剖析并量化多种驱动因素对土地利用类型变化的具体影响程度,从而精准计算出各类型土地未来发展的潜在概率[174]。

PLUS 模型的创新之处在于其独特的模块化设计,主要包括土地扩张分析策略(land expansion simulation based on analysis,LESA)模块与基于多类型随机种子的元胞自动机模型(cellular automata based on random seed patches,CARS)模块,有学者也将其进一步细分为三个模块[175]。LESA 模块作为用地扩张规则的智能挖掘平台,能够自动识别并提炼出影响土地利用变化的关键规则与模式;而 CARS 模块,则基于多类型随机斑块种子机制,将 LESA 模块的输出与元胞自动机的空间动态模拟能力深度融合,实现了对未来土地利用格局的精细模拟与预测。这一设计不仅提升了模型的预测精度与灵活性,也为深入理解土地利用变化的内在机制提供了有力支撑[176]。其工作流程与框架如图 6-1 所示。

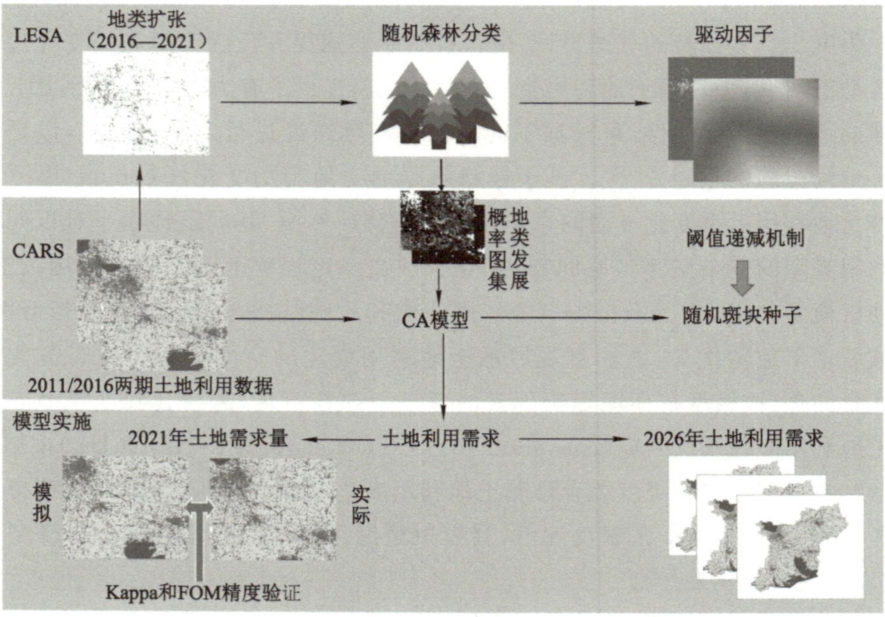

图 6-1　模型工作流程与框架

(1) LESA 模块

在深入剖析土地利用变化驱动因素的学术探索中，TAS(transition analysis strategy)与 PAS(pattern analysis strategy)作为两种主流方法，各自展现了独特的优势与局限性。TAS 方法侧重于通过对比分析两个时段的土地利用变化像元，直接追踪变化轨迹并探寻其背后的驱动力量。然而，这一方法的复杂度随着变化像元数量的增加而显著上升，面对大规模的土地利用变动时，模型的构建过程变得繁琐且易于引入误差。相比之下，PAS 方法则简化为仅基于单一时间点的土地利用格局及其驱动因素，估算各类用地的变化概率，但在揭示驱动因子如何具体作用于土地利用变化方面显示出较差的效果。

为了克服上述方法的不足，LESA 模块应运而生，它作为一种创新性的综合分析框架，巧妙融合了 TAS 与 PAS 的优势。LESA 模块在叠加分析两个时段的土地利用数据基础上，不仅保留了 TAS 对变化像元的精准捕捉能力，还通过向扩张地类及其他地类分别设定差异化值，有效规避了原始用地情况对分析结果的潜在干扰[177]。这一设计使得 LESA 模块能够在输入两个时段土地利用数据后，更为纯粹地聚焦于扩张地类的数据集合，从而准确计算出各类用地的转变概率，同时降低了模型整体的复杂度与出错风险。因此，LESA 模块为深入理解土地利用变化的驱动机制提供了一个更为高效、精准的研究工具。

在收集并整合扩张地类的全面数据集合基础上，LESA 模块创造性地融入了 RFC 技术，RFC 对影响土地利用变化的多元驱动因素进行深度剖析，细致梳理其与土地利用类型间复杂交织的相互作用关系。这一过程精确提炼出土地利用类型转换的规律性准则，为土地资源的合理配置与可持续利用提供科学依据与精准指导。

RFC 算法，作为一种高效的集成分类器，凭借其卓越的异常值与噪声容忍度以及对多元共线性问题的低敏感性，在复杂数据分析中展现出显著优势。该算法通过随机抽样技术从海量数据中提取样本，有效应对变量间的多重线性关系与高维数据挑战[178]。在 LESA 模块中，RFC 被用于深入剖析多种土地利用变化驱动因素，最终在空间单元 i 上精确计算出土地利用类型 k 的增长概率 $P_{i,k}^{d}(x)$，具体如公式(6-1)所示，为土地利用空间优化配置提供了坚实的科学依据。

$$P_{i,k}^{d}(x)=\frac{\sum_{n=1}^{m} I(h_n(x)=d)}{M} \tag{6-1}$$

在式(6-1)中，x 代表了一个多维向量，该向量汇聚了研究时段内影响土地利用变化的各类关键因素。d 作为二元指示变量，其值 1 与 0 分别对应于其他用地向 k 类用地的扩张转变及其他形式的转变。$h_n(x)$则具体表示在给定向量 x 的条件下，第 n 个决策树对用地类型转变的预测结果。而 $P_{i,k}^{d}(x)$作为核心输出，精确量化了在空间单元 i 上，k 类用地类型在特定转变形式 d 下的增长概率。$I(*)$作为决策树集合的指示函数，负责筛选并汇总各决策树的预测结果。M 则代表了参与集成决策的决策树总数，体现了 RFC 算法通过"集思广益"提升预测准确性的核心思想。

(2) CARS 模块

在 CARS 模块中，土地利用与土地覆被格局的模拟通过集成 CA(cellular automata)模型、随机种子(RS)生成机制以及灵活的阈值递减策略得以实现。在此过程中，土地利用需求作为关键驱动力，通过引入自适应系数精细调控局部土地利用类型的竞争态势，确保模拟结果能够趋近于未来的实际需求。尤为重要的是，CARS 模块构建的元胞自动机模型，以其多类型随机斑块种子与阈值下降规则为核心，不仅赋予了模型强大的时空动态分析能力，还使得新的土地利用斑块能够在严格遵循生长概率约束的条件下，自主进行扩张与生长，从而精准刻画土地利用变化的复杂过程。

① 目标需求与本地局部竞争的反馈

在模型中土地利用与土地覆被类型 k 的总体概率公式为[179]：

$$\mathrm{OP}_{i,k}^{d=1,t}=P_{i,k}^{d=1}\times\Omega_{i,k}^{t}\times D_{k}^{t} \tag{6-2}$$

在式(6-2)中，$\mathrm{OP}_{i,k}^{d=1,t}$表示第 i 个单元的土地利用或覆被类型 k 所拥有的增长概率大小；$\Omega_{i,k}^{t}$表示邻域影响，即土地利用或土地覆被类型 k 在其邻域内所占有的比重大小；D_{k}^{t}代表一种自适应惯性系数，其大小与迭代次数 t 有关，具体表示为当前土地利用与覆被需求与目标需求之间的差距。

其中，邻域影响$\Omega_{i,k}^{t}$的计算公式为[180]：

$$\Omega_{i,k}^{t}=\frac{\mathrm{con}(c_i^{t-1}=k)}{n\times n-1}\times w_k \tag{6-3}$$

在式(6-3)中，$\mathrm{con}(c_i^{t-1}=k)$表示土地利用或覆被类型在上一次迭代时在 $n\times n$ 范围内所占的栅格数量，$n\times n$ 为元胞单元；w_k 为不同地类的可变权重，当其越靠近 1 时，表明该种土地利用或覆被类型的扩展能力越强，反之则越弱。

② 自适应惯性系数

在 CARS 模块的精细设计中，每种土地利用或覆被类型均被赋予了独特的自适应惯性系数，这一系数深刻体现了该类型土地在迭代过程中的历史传承性与动态适应性。迭代运算期间，系统会根据预设的未来土地利用目标需求与当前已分配土地栅格单元数量之间的实际差距，智能地调整各栅格当前土地利用类型的惯性系数。这一动态调整机制旨在逐步缩小现实分配与目标需求之间的偏差，促使各类土地利用类型在竞争与协作中达到最优分配状态，最终实现土地利用结构的合理布局与可持续发展。具体计算公式如下[181]：

$$D_k^t = \begin{cases} D_k^{t-1}, & (|G_k^{t-1}| \leqslant |G_k^{t-2}|) \\ D_k^{t-1} \times \dfrac{G_k^{t-2}}{G_k^{t-1}}, & (0 > G_k^{t-2} > G_k^{t-1}) \\ D_k^{t-1} \times \dfrac{G_k^{t-1}}{G_k^{t-2}}, & (G_k^{t-1} > G_k^{t-2} > 0) \end{cases} \tag{6-4}$$

在式(6-4)中，D_k^{t-1}和G_k^{t-2}代表的是不同时段第 k 种土地利用或覆被类型的当前数量与目标需求之间的数量差别。

③ 随机斑块种子

在 PLUS 模型中，不同土地利用或覆被类型像元单元生成的总体概率通过阈值递减机制完成。当上述所说的邻域影响$\Omega_{i,k}^t$为 0 时，这种机制通过蒙特卡罗方法在每个土地利用或覆被类型的增长概率$\mathrm{OP}_{i,k}^{d=1,t}$生成种子[182]。其公式为：

$$\mathrm{OP}_{i,k}^{d=1,t} = \begin{cases} P_{i,k}^{d=1} \times (r \times \mu_k \times D_k^t), \text{if } \Omega_{i,k}^t = 0 \text{ and } r < P_{i,k}^{d=1} \\ P_{i,k}^{d=1} \times \Omega_{i,k}^t \times D_k^t, \text{all others} \end{cases} \tag{6-5}$$

在式(6-5)中，r 为[0,1]的随机值，μ_k 是当第 k 类土地利用或覆被类型产生时新斑块的阈值，其由模型使用者确定；当产生新的用地类型像元时，阈值递减机制就会发生作用，来限制用地的增加，其公式为：

$$\text{If } \sum_{k=1}^{N} |G_c^{t-1}| - \sum_{k=1}^{N} |G_c^t| < \text{Step Then}, d = d + 1 \tag{6-6}$$

$$\begin{cases} \text{Change } P_{i,k}^{d=1} > \tau \text{ and } TM_{k,c} = 1 \\ \text{No change } P_{i,k}^{d=1} \leqslant \text{ or } TM_{k,c} = 0 \end{cases}, \tau = \delta^l \times rl \tag{6-7}$$

在式(6-6)和式(6-7)中，Step 是 PLUS 模型模拟时的步长；δ 为阈值递减 τ 的衰减因子，其大小为[0,1]；r 是平均值为 1，范围[0,2]的正态分布的随机值；l 为衰变级数，又叫衰减步数；$TM_{k,c}$表示一种土地利用或覆被类型能否向另一类型转变的过渡矩阵。

6.1.2 驱动因子选取及处理

(1) 驱动因子的选取

在构建土地利用变化模拟模型，特别是应用如 PLUS 模型时，驱动因子的选取过程至关重要，它直接关系到模型输出的精确性和实用性。本章在甄选这些关键变量时，严格遵循了一系列科学严谨的原则，以确保模型构建的基础坚实可靠。在选取驱动因子时，主要遵循以下几种原则：

① 数据的易获取性：数据的易获取性与可信度是首要考量。鉴于数据质量对研究结果具有决定性影响，本研究强调所有数据应源自权威的数据平台或政府官方发布渠道，确保数据的公开透明与高度可信。同时，数据需易于获取，便于后续分析处理。针对某些难以

直接获取的关键因子，本研究采用了科学的替代策略，选取具有同等或相似信息价值的指标进行补充，以确保数据集的完整性和分析的有效性。

② 综合性：综合性原则要求全面审视土地利用变化背后的多元驱动力。本研究广泛参考国内外相关文献与研究成果，深入剖析社会、自然、经济等多重因素如何交织作用于LUCC过程。通过构建多维度、多尺度的驱动因子体系，旨在全面捕捉土地利用变化的复杂机制，提升模型模拟的精准度和普适性，避免单一因素分析的局限性。

③ 同一性：同一性原则强调数据处理的标准化与一致性。在GIS环境下，所有驱动因子的数据需遵循统一的时间框架，确保时间维度的可比性。同时，数据的空间分辨率与坐标系需严格统一，以减少因数据不一致导致的误差累积。这一原则的实施，为PLUS模型的顺利运行提供了坚实的数据基础，保障了模拟结果的空间一致性和时间连续性。

④ 驱动因子的可衡量性：驱动因子的可衡量性是确保模型客观性与准确性的关键。本研究致力于选取那些能够通过量化赋值或数学公式精确表达的因子，以数值化手段直观反映各驱动因子对LUCC的影响程度。对于部分难以直接量化的复杂指标，本研究采取深入剖析其内涵、构建合理代理变量或采用专家打分法等间接量化手段，力求全面而准确地刻画这些因素的影响，减少主观判断带来的不确定性。

根据上述的驱动因子选取的原则，分析大量的现有研究，同时考虑到宿迁市的实际情况，本研究在结合第4章的基础上从社会经济、自然地理、土壤环境、区位和交通条件四个方面选取14个驱动因子，如表6-1所示[183,184]。

表6-1 土地利用变化驱动因子体系

因子类型	驱动因子	类型	单位	描述
自然地理因子	高程	连续型	m	各栅格的高层数据
	坡度	连续型	(°)	各栅格水平面于切平面的夹角
	平均降雨量	连续型	mm	逐月平均降水之和
	平均气温	连续型	℃	逐年平均气温
	距河流的距离	连续型	km	各栅格到河流的直线距离
土壤环境因子	土壤pH值	分类型	/	土壤的酸碱度，6个等级
	土壤容量	分类型	g/cm^3	土壤的紧密程度，6个等级
社会经济因子	地区生产总值	连续型	million $dollar/m^3$	公里格网数据重采样
	人口密度	连续型	人/m^3	公里格网数据重采样
区位和交通因子	到村庄的距离	连续型	km	各栅格到村庄点的直线距离
	到城镇的距离	连续型	km	各栅格到城镇点的直线距离
	到高速公路的距离	连续型	km	各栅格到高速公路的直线距离
	到等级公路的距离	连续型	km	各栅格到等级公路的直线距离
	到铁路的距离	连续型	km	各栅格到铁路的直线距离

(2) 驱动因子的处理

在获取了全面的驱动因子数据集后，为确保模型输入的准确性和一致性，需在 GIS 环境中对数据进行精细处理。具体而言，依据宿迁市特定的地理位置（经纬度信息），统一所有数据的坐标系，并设定相同的空间分辨率，以确保数据的行列数一致，便于后续分析。对于区位与交通因子以及自然地理因子中的河流距离，利用空间信息分析软件中进行欧式距离分析，量化其空间影响梯度。针对土壤环境因子，依据表 6-2 中的分类标准，执行数据标准化处理。同时，对 DEM 数据进行坡度分析，以捕捉地形对土地利用变化的潜在影响。对于其他类型的数据，则通过重采样技术并应用公式(6-8)进行归一化处理[185]。确保所有因子的值域均被限制在[0,1]区间内，从而实现数据的无量纲化，便于后续模型运算与结果比较。

表 6-2　土壤环境因子标准化分级

分值	土壤 pH 值	土壤容重/(g/cm³)
1	6～7.9	1～1.25
0.9	5.5～6;7.9～8.5	
0.8	5～5.5;8.5～9	1.25～1.35
0.7		1.35～1.45
0.6	4.5～5	1.45～1.55
0.5	>9	>1.55;

注：分级标准依据《农用地质量分等规程》(GB/T 28407—2012)。

$$Y_i = \frac{X_i - \mathrm{Min}_i}{\mathrm{Max}_i - \mathrm{Min}_i} \tag{6-8}$$

在上式中 X_i、Y_i 分别是指数原值和归一化值，Max_i、Min_i 分别是指数的最大值和最小值。各个处理后的驱动因子栅格见图 6-2～图 6-5。

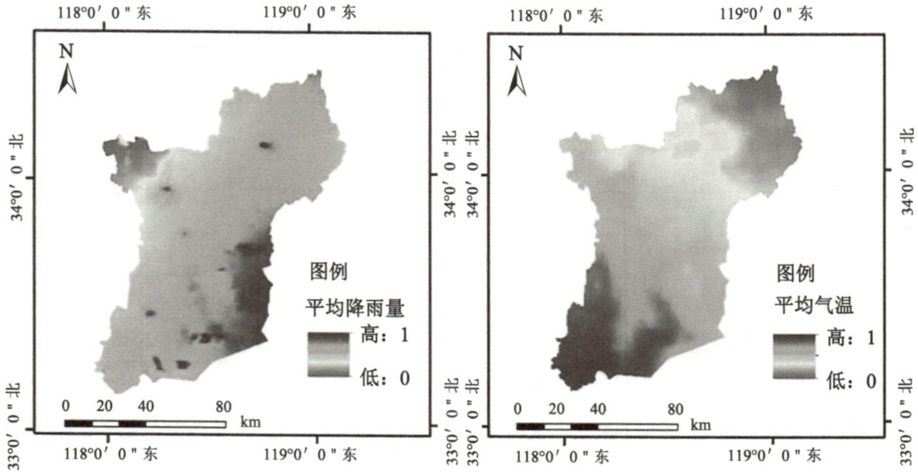

图 6-2　自然地理因子栅格

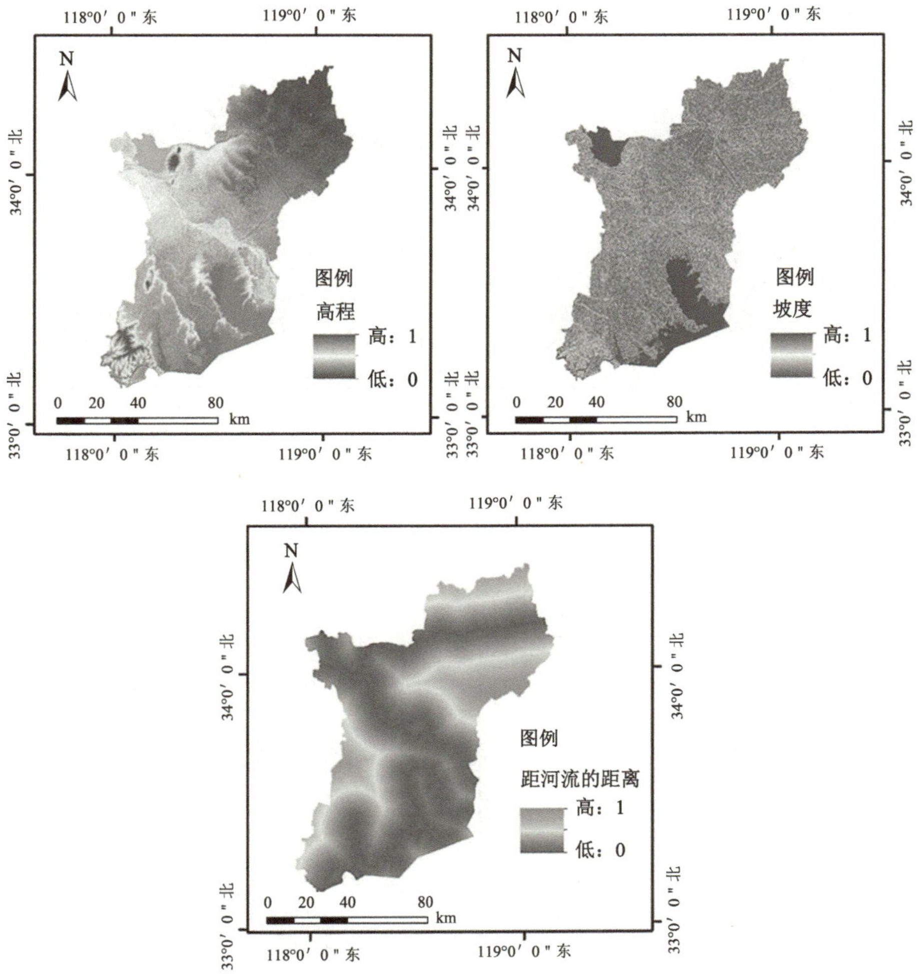

图 6-2 （续）

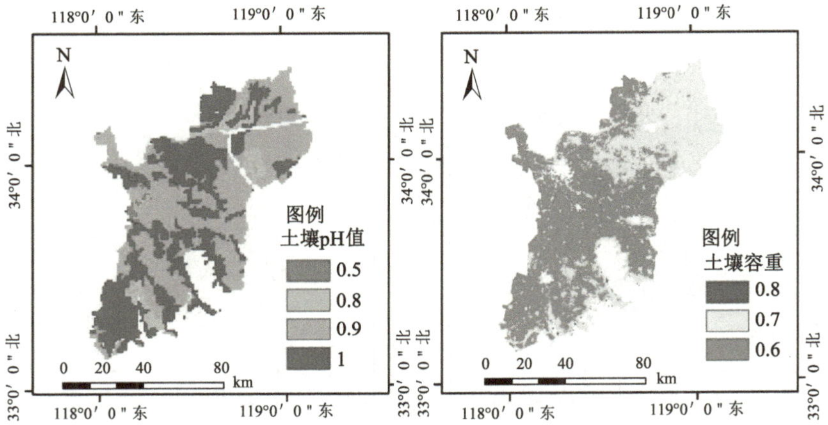

图 6-3 土壤环境因子栅格

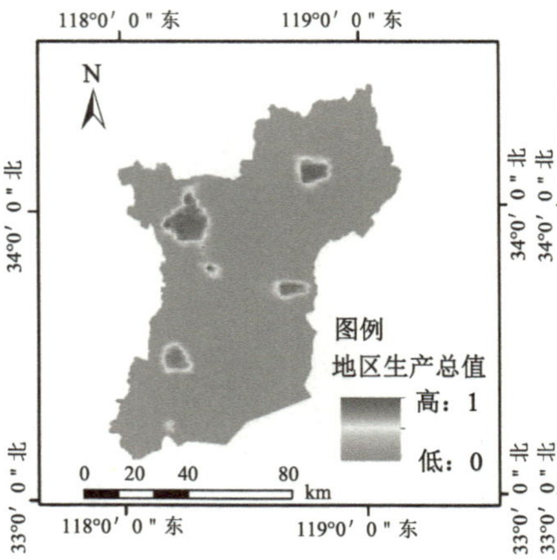

图 6-4　社会经济因子栅格

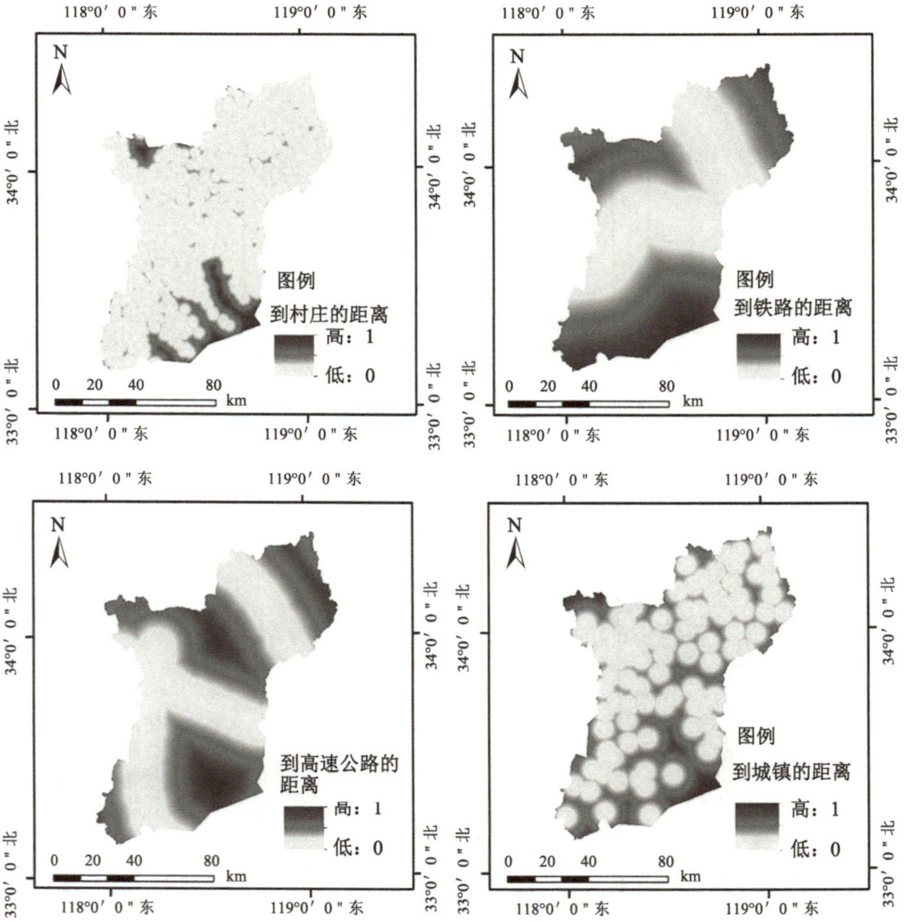

图 6-5　区位与交通因子栅格

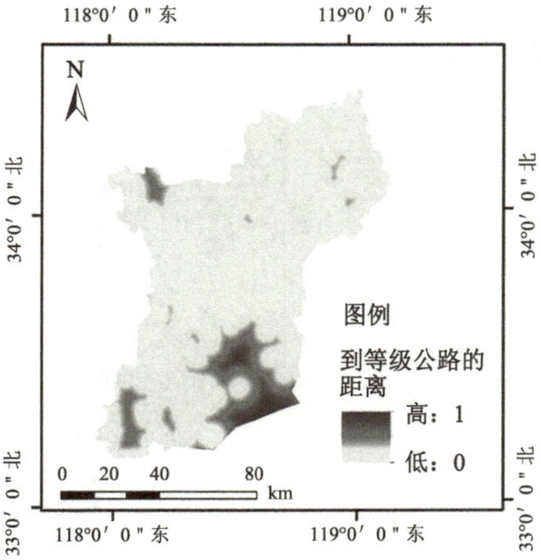

图 6-5 续

6.1.3 PLUS 模型构建与参数确定

(1) LEAS 土地利用扩张分析

各类用地的发展概率图集与各项驱动因素对各类用地的贡献度大小如图 6-6 和图 6-7 所示。基于 2011 和 2016 年两期的土地利用栅格，在 PLUS 模型的 Extract Land Expansion 模块中提取在 5 年内变化的栅格作为土地利用扩张数据。然后打开 LEAS 模块，输入

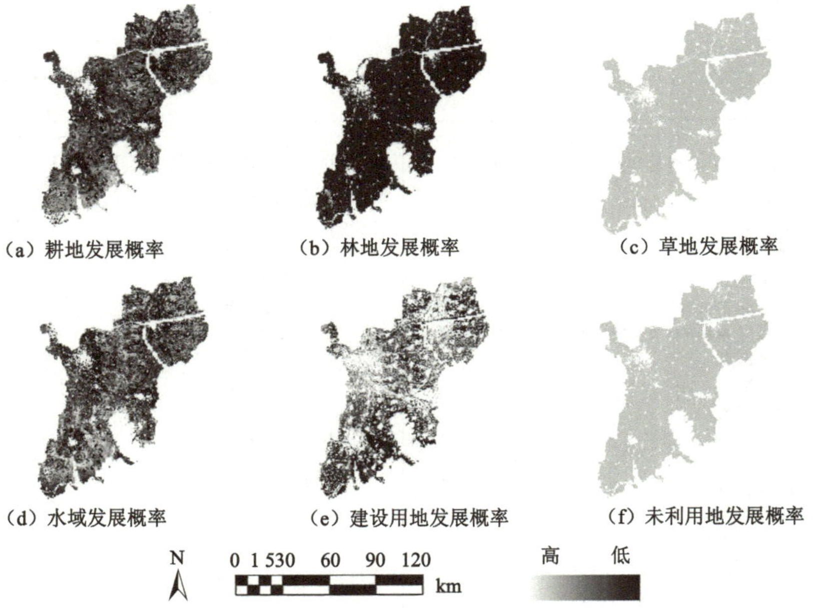

图 6-6 各类用地适宜性及发展概率图集

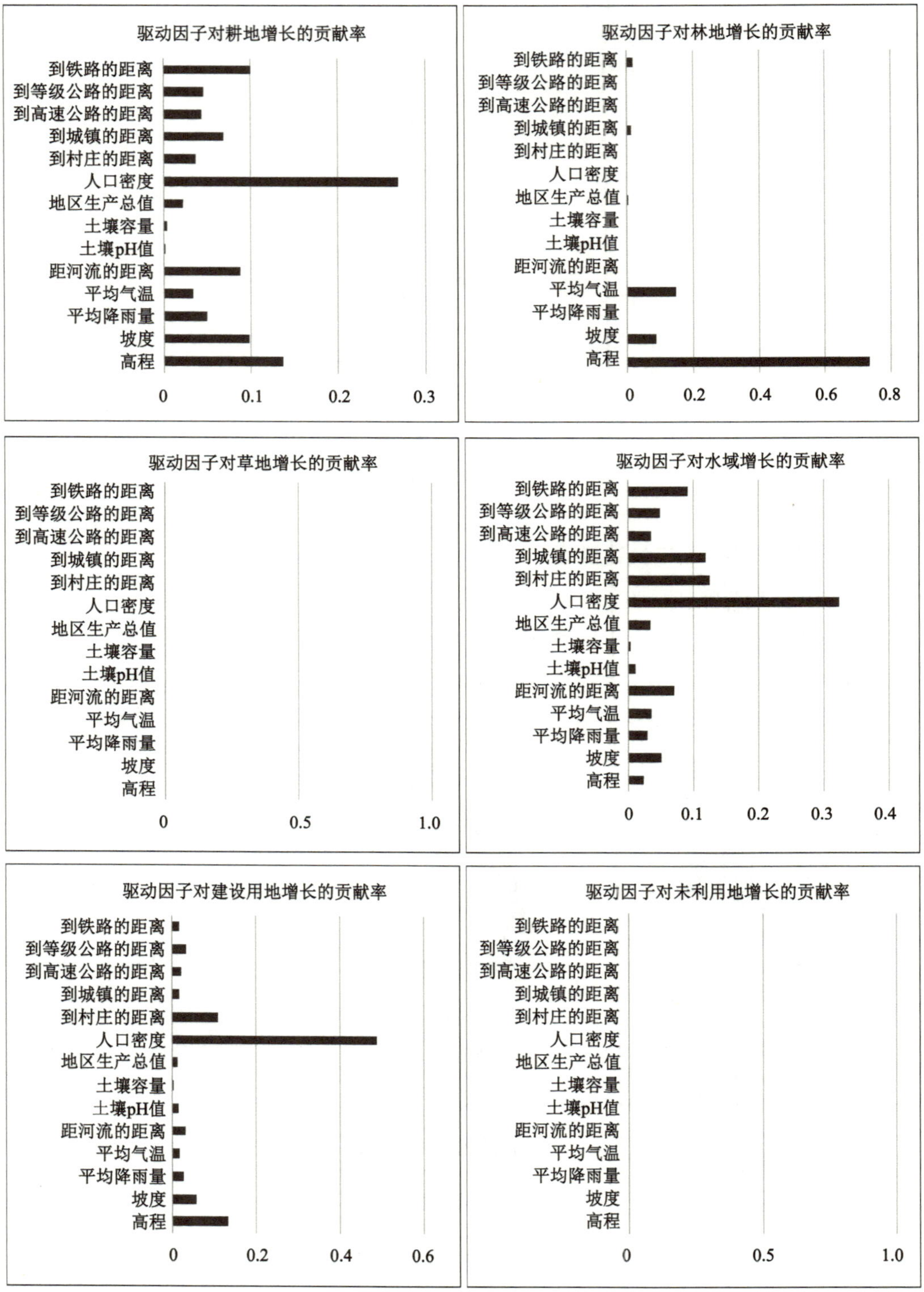

图 6-7　驱动因子对各类用地增长的贡献率

土地利用扩张数据，同时，在 Folder of driving factors 中选择带有驱动因子的文件夹，输入 14 个驱动因子，在参数设置方面，采用 20 数目的决策树，采样率设置为 0.01，在采样点的选择方面，使用相同的采样点，特征数与驱动因子数目相同，设置为 14，进行模型运作，得到各类土地利用类型的适宜性与发展概率、14 个驱动因子的贡献度大小以及均方根误差(RMSE)。其中耕地的 RMSE 为 0.101 707，林地的 RMSE 为 0.013 615 5，草地的 RMSE 为 0，水域的 RMSE 为 0.103 973，建设用地的 RMSE 为 0.088 955 8，未利用地的 RMSE 为 0。其中草地和未利用地为 0 的原因是在 5 年间，草地和未利用地的面积基本不变或者说在我们研究的分辨率下草地和未利用地的元胞数不变，此结果进一步印证了模型在预测此类地类时的高度精确性。综上所述，上述地类的 RMSE 均小于 0.5，具有较高的准确度。

从图 6-7 可以看出，影响耕地进行扩张的主要驱动因子贡献度从大到小分别为：人口密度＞高程＞到铁路的距离＞坡度＞距河流的距离＞到城镇的距离＞平均降雨量＞到等级公路的距离＞到村庄的距离＞平均气温＞地区生产总值＞土壤容重＞土壤 pH 值。因此，可以知道最主要的影响因素为人口密度、高程、坡度和到铁路的距离，贡献度分别接近 0.3、0.15、0.1、0.1。这显示出不仅社会经济因子会对耕地扩张产生影响，自然地理因素的影响同样不可忽视，人口稠密地区有更多的人进行耕作，与农业区位论相符合，耕地扩张主要集中在人口稠密地区的外围，其次，平缓的地势可以有效增加作物产量，利于耕作和收割，使其助力耕地进行扩张。

影响林地进行扩张的主要驱动因子贡献度从大到小排序为：高程＞平均气温＞坡度＞到铁路的距离＞到城镇的距离＞地区生产总值＞其他。由此可看出最主要影响林地进行扩张的影响因素有高程、平均温度和坡度，贡献度分别接近 0.7、0.1、0.05。由于宿迁市大部分都是平原，南部有低矮小山分布，因此林地可在平原地区绿化带及山区进行扩张。

影响水域进行扩张的主要驱动因子贡献度从大到小排序为：人口密度＞到村庄的距离＞到城镇的距离＞到铁路的距离＞距河流的距离＞到等级公路的距离＞坡度＞到高速公路的距离＞地区生产总值＞平均气温＞平均降雨量＞高程＞土壤 pH 值＞土壤容重。因此最主要影响水域进行扩张的影响因素有人口密度、到村庄的距离、到城镇的距离、到铁路的距离和距河流的距离，贡献度分别接近 0.3、0.13、0.12、0.1、0.08。由于宿迁市平原占比大，人为建设水库、沟渠等在靠近村庄、城镇地区进行耕作是影响水域扩张的决定因素，然而其距河流的远近是是否进行水库、沟渠建设的自然地理基础。

影响建设用地进行扩张的主要驱动因子贡献度从大到小排序为：人口密度＞高程＞到村庄的距离＞坡度＞到等级公路的距离＞距河流的距离＞平均降雨量＞其他。因此最主要影响水域进行扩张的影响因素有人口密度、高程、到村庄的距离等，其贡献度分别接近 0.5、0.2、0.15。由于宿迁市属于江苏省内相对欠发达地区，其建设用地分布相对集中，人口集聚在辖区中心，因此建设用地呈现出由人口稠密的政治经济中心向四周扩展的趋势。

最后，各个驱动因子对草地和未利用地的贡献率均较低，其主要原因是在分析两期土地利用数据时，两个时期内的草地和未利用地基本无变化。

综上所述，鉴于宿迁市地势以平原为主且人口分布集中的特点，人口密度与高程成为驱动耕地、林地、水域及建设用地适宜性分布与发展概率变化的核心影响因子。在此背景下，宿迁市在推进土地利用与管理时，需尤为注重人口稠密区域的土地资源节约集约利用，以缓解人地矛盾，促进可持续发展。同时，针对相对高海拔地区资源的开发与利用，则需深入探索其多重价值，包括但不限于旅游开发、生态环境保护及灾害防治等，通过科学规划与综合评估，力求在保护与发展之间找到最佳平衡点，实现区域经济、社会与生态的和谐共生。

(2) 元胞自动机模型(CA)的相关参数设置

① 邻域权重的设置

邻域权重是指不同地类对于其旁边地类的影响范围，取值为[0,1]，其计算公式如下：

$$W_i = \frac{X_i - X_{\min}}{X_{\max} - X_{\min}} \tag{6-9}$$

式中，W_i代表不同地类的邻域权重；X_i 代表不同土地利用类型的面积；$X_{\max}$是两个时期，不同地类面积之间差的最大值；$X_{\min}$是两个时期，不同地类面积之间差的最小值。

基于 2016 年与 2021 年的实际土地利用数据，我们采用公式(6-9)精准模拟了 2021 年土地利用布局的邻域权重，记为 A，该权重反映了历史土地利用变化的内在规律。随后，我们以 2021 年数据作为基准，结合对未来(2026 年)的预测，分别在自然发展情景、经济优先情景、生态优先情景下，计算了各情景下的土地利用变化邻域权重，分别记为 B、C、D。此分析旨在揭示不同发展策略对土地利用空间格局演变的影响机制，其结果汇总于表 6-3，为后续政策制定与区域规划提供了坚实的数据支撑与科学依据。

表 6-3　宿迁市各土地利用类型扩张邻域权重

邻域权重	耕地	林地	草地	水域	建设用地	未利用地
A	0.399	0.013	0.001	0.587	1	0
B	1	0.630	0.001	0.328	0.042	0
C	1	0.209	0.679	0.084	0.030	0
D	1	0.209	0.673	0.089	0.030	0

② 转换矩阵的设置

转换矩阵作为土地利用变化模拟中的核心规则体系，其构建直接关乎模拟结果的合理性与准确性。该矩阵通过明确界定不同土地利用类型之间的转换可能性，即允许或禁止某种类型向另一种类型的转变，来精确控制土地利用格局的演变路径，我们规定，当一种土地利用类型被允许向另一种土地利用类型进行转化时，其被赋值为 1，当两种土地利用类型之间不允许转化时，该矩阵值被赋值为 0。在宿迁市的特定背景下，转换矩阵的设计需紧密结合区域发展目标、资源禀赋及政策导向。

具体而言，在自然发展情景下，我们设置了精度验证组，允许所有土地利用类型之间自由转换，以模拟无特定干预下的自然演变过程。

而在经济优先情景中，鉴于经济发展的迫切需求与土地资源的有限性，我们严格限制了建设用地的逆向转化，即建设用地一旦形成，便不再允许其转变为其他类型用地，而其他非建设用地之间则保持相对灵活的转换关系。这一设置旨在反映经济发展对土地资源的刚性需求及其不可逆性。

进一步地，在生态优先情景下，我们着重强调了生态保护的重要性，通过构建特定的转换规则，允许林地、草地、水域等生态用地类型之间的相互转化，以维护生态系统的稳定性和多样性。同时，虽然耕地、建设用地和未利用地之间也保持了一定的转换灵活性，但严格禁止了生态用地向非生态用地的转化，以遏制生态退化趋势，保障区域生态安全。表 6-4 至表 6-6 详细列出了各情景下的转换矩阵设置，为深入理解宿迁市土地利用变化的内在机制提供了重要参考。

表 6-4 精度验证组与自然发展情景下的转换矩阵

土地利用类型	耕地	林地	草地	水域	建设用地	未利用地
耕地	1	1	1	1	1	1
林地	1	1	1	1	1	1
草地	1	1	1	1	1	1
水域	1	1	1	1	1	1
建设用地	1	1	1	1	1	1
未利用地	1	1	1	1	1	1

表 6-5 经济优先情景下的转换矩阵

土地利用类型	耕地	林地	草地	水域	建设用地	未利用地
耕地	1	1	1	1	1	1
林地	1	1	1	1	1	1
草地	1	1	1	1	1	1
水域	1	1	1	1	1	1
建设用地	0	0	0	0	1	0
未利用地	1	1	1	1	1	1

表 6-6 生态优先情景下的转换矩阵

土地利用类型	耕地	林地	草地	水域	建设用地	未利用地
耕地	1	1	1	1	1	1
林地	0	1	1	1	0	0
草地	0	1	1	1	0	0
水域	0	1	1	1	0	0
建设用地	1	1	1	1	1	1
未利用地	1	1	1	1	1	1

③ 其他参数设置

在运用 CARS 模块进行土地利用模拟时，除了核心参数如转换矩阵与邻域权重的精细配置外，还需细致调整一系列辅助参数以确保模型运行的精准与高效。具体而言，邻域影响范围的设定为 3，此值限定了单一栅格对其周边栅格的最大影响半径，体现了空间相互作用的局部性特征。模型中的并行线程数则依据计算资源（如 CPU 核心数）灵活配置为 10，旨在加速模拟过程，提高计算效率。此外，衰减系数与扩散系数的设定（分别为 0.8 和 0.1）深刻影响着模拟结果的动态性与扩散趋势，前者刻画了影响因素随距离增加而减弱的程度，后者则量化了土地利用变化在空间上的传播速率，共同构成了模型模拟复杂地理现象的重要基石。

6.2 空间约束条件的设置

6.2.1 土地需求量约束

土地需求量的精准限制，作为土地利用多情景模拟的基石，其重要性不言而喻。它不仅深刻影响着模拟结果的精确性与可靠性，更是实现土地资源优化配置与可持续利用的关键所在。在本小节中，我们聚焦于土地需求总量的宏观调控与不同地类需求量的微观细化，力求在复杂多变的发展情景下，为宿迁市的土地利用规划提供科学依据。

基于前期对宿迁市土地利用现状的深入剖析，借助多目标优化配置模型这一强大工具，前瞻性地预测了 2026 年在自然发展、经济优先、生态优先三种不同发展路径下，土地需求总量的变化趋势及各类用地的具体需求面积。这一预测过程，充分考虑了经济、社会、生态等多重因素的交织影响，确保了预测结果的全面性与合理性。

随后，将这些预测结果精细地转换为 30 m×30 m 的栅格数据，以空间化的形式直观展现了不同情景下土地利用格局的潜在变化。这一转换过程，不仅提升了数据的可操作性与可视化效果，更为后续的土地利用模拟与规划决策提供了坚实的数据支撑。通过对比分析不同情景下的土地需求量限制，我们可以清晰地看到不同发展策略对土地资源分配的影响，进而为制定科学合理的土地利用政策提供有力参考。其具体数值如表 6-7 所示。

表 6-7　土地利用需求量栅格数

土地利用类型	2021 现状	自然发展情景	经济优先情景	生态优先情景
耕地	1 140 539	1 257 437	1 258 133	1 140 539
林地	160 491	189 332	189 332	160 491
草地	6 661	1 1183	9 193	6 661
水域	454 738	454 738	454 738	454 738
其他土地	161 497	11 236	11 245	161 497
建设用地	442 718	442 718	444 002	442 718

土地，作为地球上不可再生的宝贵自然资源，其合理需求量的科学预测与规划，是确保资源高效利用、遏制浪费与过度开发行为、维系生态平衡与可持续发展的核心环节。精准的土地利用需求量预测，不仅是连接经济发展与环境保护的桥梁，更是平衡两者间微妙关

系的关键。这一过程通过前瞻性的数据分析与模拟，能够敏锐地捕捉到土地利用与区域生态承载力之间的潜在矛盾，为政策制定者提供宝贵的信息支持，引导其采取更加科学合理的土地利用策略，从而有效避免资源的永久性损害。

以本章探讨的宿迁市为例，生态优先与经济优先两种不同发展情景的设置，正是为了深入剖析在不同价值取向下，土地利用需求量的变化特征及其对区域可持续发展的影响。在经济优先情景中，若单纯追求经济效益而忽视土地资源的合理规划与利用，势必导致土地资源的过度开发与低效利用，进而引发一系列生态环境问题，构成对土地资源的不可逆性损耗。相反，在生态优先情景下，通过精细分析宿迁市的发展目标与生态需求，确定能够最大化生态效益的土地利用结构，则是对土地资源进行保护性开发与可持续利用的有效实践。

因此，土地需求量预测不仅是一个技术性问题，更是一个涉及经济、社会、生态等多方面的综合性课题。它要求我们在制定土地利用规划时，必须充分考虑区域发展的实际情况与长远目标，确保土地资源的开发利用既能满足当前的经济社会发展需求，又能为后代子孙留下绿水青山，实现人与自然的和谐共生。

6.2.2 永久基本农田的约束

永久基本农田，作为一个具有鲜明中国特色的重要概念，承载着国家粮食安全与人民生计保障的重大使命。其核心内涵在于对基本农田实施永久性保护，在任何情况下均不得改变其既定用途，严禁以任何理由挪作他用。

基本农田划定工作完成后，那些地质条件优越、土壤肥沃丰饶、抵御灾害能力卓越且农业基础设施完备的部分农田，被科学地划定为永久基本农田。从地质学角度看，良好的地质条件为农作物根系的生长和发育提供了稳定的基础；肥沃的土壤蕴含着丰富的养分，为作物的茁壮成长提供了不可或缺的物质支持；出众的抵御灾害能力，无论是面对自然灾害如洪水、干旱、台风等，还是应对病虫害等生物灾害，都能最大程度地减少对农作物的损害。而完备的农业基础设施，包括排水系统、灌溉设施、田间道路以及供电设备等，对于提高农业生产效率、保障农作物的稳定产出起着至关重要的作用。

对于永久基本农田，需制定严谨且周详的规划以及切实有效的保护举措。在规划层面，应充分考虑土地资源的可持续利用、生态环境保护以及农业产业发展等多方面因素，确保规划的科学性和前瞻性。在保护举措方面，大力加强农业基础设施建设是关键环节。排水系统的完善能够及时排除多余水分，防止农田积水导致作物烂根；灌溉设施的优化可以确保在干旱时期为农作物提供充足的水分；田间道路的合理布局便于农业机械的进出和农产品的运输；稳定的供电设施为现代农业技术的应用提供可靠的能源保障。同时，通过物理、化学和生物等多种科学手段改良农田土壤品质，提升土壤肥力，改善土壤结构，增强土壤保水保肥能力。此外，严格执行永久基本农田的用途管制制度，确保其始终服务于农业生产，实现社会经济发展与农田保护及划定的协调统一。这不仅有助于保障特定区域内人口对农业产品的需求，更是满足国家商品粮供应的重要基础。

在实际操作中，永久基本农田土地使用性质的改变须经过极其严格的审批制度。将永久基本农田设定为禁止进行地类变化的区域，是确保其不被破坏的有力措施。这一举措对于维护国家粮食安全、保障人民生计具有不可替代的重要意义。我们应充分认识到永久基本农田的价值和重要性，以科学的态度、严谨的方法和高度的责任感，共同守护好这片珍贵的土地资源。将永久基本农田面状文件进行转栅格、裁剪、重分类后等操作后，其情况如图6-8所示。

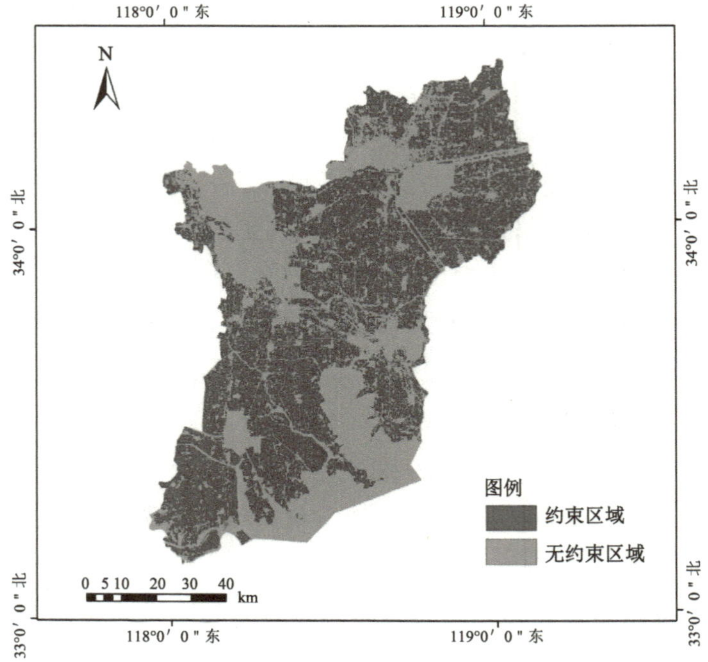

图 6-8　永久基本农田约束图

在图6-8中，宿迁市以平原为主的地貌特征显著。在该区域内，除了开阔水域和建设用地未被永久基本农田覆盖之外，其他区域广泛分布着块状的永久基本农田。一方面，宿迁市的耕地分布极为广泛，这为农业生产提供了坚实基础。然而，从另一个角度来看，这种广泛的耕地分布也给其他用地的扩张带来了一定压力。在土地资源的规划与利用中，如何平衡永久基本农田保护与其他用地需求，成为一个亟待深入研究的重要课题。

6.2.3　城镇开发边界的约束

深入探究城镇开发边界（urban development boundary，UDB）对城市未来发展蓝图及国土空间结构的影响，不难发现其作为指导与约束性工具的关键作用。UDB作为规划周期内界定城市集中连片开发建设区域与非建设区域的重要分界线，不仅限定了城市扩张的物理边界，更在深层次上引导着土地利用模式的转型与国土空间布局的优化。

首先，城镇开发边界的设立为城市扩张设定了明确的“红线”，有效遏制了城市无序蔓延的趋势，促使城市发展由外延式扩张转向内涵式提升。这一转变促使土地利用更加集约化、高效化，通过提高单位土地面积的产出效率，缓解了土地资源紧张的局面，为城市的可持续发展奠定了坚实基础。其次，城镇开发边界在保护生态环境与农业用地方面发挥了不可替代的作用。通过明确界定城市与自然的界限，有效阻止了城市建设活动对周边生态环境的侵扰，保护了生态敏感区和生物多样性，维护了生态系统的稳定性与完整性。同时，这一边界也为农业用地筑起了一道屏障，防止了优质耕地被城市建设无序侵占，保障了国家粮食安全的底线。再者，城镇开发边界作为土地资源配置的“指挥棒”，引导着城市内部各类用地的科学布局与合理流动。通过精细化的规划与管理，促进了产业用地、居住用地、公共服务设施用地等各类用地的优化配置，提升了土地利用的综合效益与社会效益，推动了城市功能的完善与品质的提升。此外，城镇开发边界还为城市基础设施的规划与建设提供了有力支撑。在既定的发展边界内，可以更加精准地预测未来人口增长与空间需求，从而科学规划交通网络、能源供应、给排水系统等基础设施，避免了资源浪费与重复建设，提高了基础设施的利用效率与服务质量。

综上所述，城镇开发边界不仅是城市扩张的物理界限，更是实现城市可持续发展、保护生态环境与农业用地、优化土地利用布局与提升基础设施效能的重要手段。因此，我们将城镇开发边界视为禁止地类变化的刚性区域，通过严格的规划管理与执法监督，确保其不被破坏，以保障城镇发展的有序进行与经济发展腹地的持续供给。将城镇开发边界面状文件进行转栅格、裁剪、重分类等操作后，其情况如图 6-9 所示。

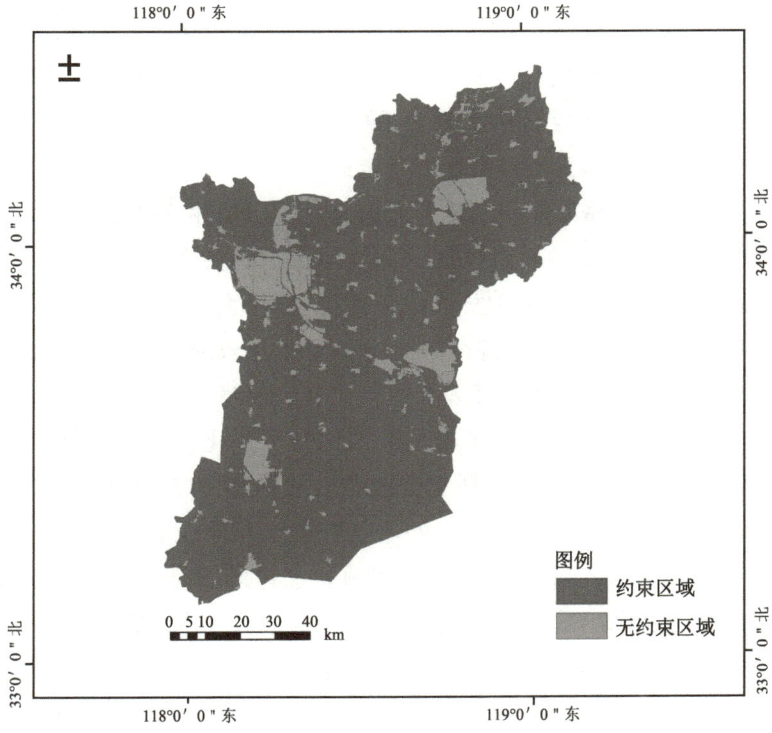

图 6-9 城镇开发边界约束图

图 6-9 详尽展示了宿迁市城镇开发边界的地理分布特征，其结构主要由四大核心区块构成，其中，宿迁市主城区作为经济与社会发展的中枢，占据了西北方位的显著位置，面积最为辽阔。紧随其后的是东北部的沭阳县，作为区域经济发展的重要引擎，其开发边界同

样显著。东部泗阳县与西南泗洪县则分列其后，各自形成了相对独立的开发区域。值得注意的是，城镇开发边界并非孤立存在，而是以点状形式灵活嵌入人口密集区与河流沿线，与村镇布局紧密交织，这一现象深刻反映了宿迁市经济发展格局的空间映射。

进一步观察，北部村镇的开发边界密集度明显高于南部，这一空间差异不仅揭示了宿迁市建设用地扩张的地理偏好，也隐含了区域发展战略与资源分配的内在逻辑。综上所述，宿迁市城镇开发边界的划分与布局，是多重经济、社会与自然因素综合作用的结果，对于理解该区域的城市化进程与空间结构演变具有重要意义。

6.2.4 生态保护红线的约束

生态保护红线，犹如一道坚实的底线，牢牢守护着生态环境安全。在新时代的宏大背景下，绿色发展理念始终被置于至关重要的位置，受到高度重视。2021 年，国家发布的《中华人民共和国国民经济和社会发展第十四个五年规划和 2035 年远景目标纲要》明确指出，要以生态保护红线为重点，大力实施重要生态系统保护和修复重大工程。党的二十大报告亦着重强调了生态保护红线的关键重要性，这充分彰显了生态保护红线在国家发展战略中的突出地位。

在土地利用布局层面，生态保护红线的重要性不言而喻。首先，它发挥着至关重要的水源涵养保障作用。具有重要水源涵养功能的土地，在生态保护红线的守护下，得以避免被侵占的风险，从而确保周边地区用水的稳定。水是生命之源，良好的水源涵养功能对于维持生态平衡、保障人类生产生活用水至关重要。生态保护红线犹如一道坚固的屏障，守护着这些珍贵的水源涵养地，为生态系统的稳定运行提供了坚实基础。

其次，生态保护红线严格限制了土地开发的选址。一些生态脆弱、地质不稳定的土地，由于被纳入生态保护红线范围，从而得到了有效的保护。在过去，由于缺乏明确的保护措施，这些区域可能会面临不合理的开发建设，进而引发严重的地质灾害和生态崩溃。而如今，生态保护红线的划定，使得这些潜在的风险得到了有效遏制。它不仅保障了土地的安全性和稳定性，也为生态系统的可持续发展提供了有力保障。

此外，生态保护红线有力地推动了土地利用的分区优化。在红线范围内，重点进行生态修复和保护工作。通过采取一系列科学合理的生态修复措施，如植被恢复、水土保持等，逐步恢复受损的生态系统，提升生态系统的服务功能。而在红线之外的可开发区域，则能够更有针对性地规划农业、工业和城镇建设用地。这样既满足了经济社会发展的用地需求，又提高了土地的综合利用效率，实现了生态保护与经济发展的良性互动。

综上所述，我们将生态保护红线内的区域设定为禁止地类变化的区域，具有重大的现实意义。这一举措能够切实保障生态保护红线不被破坏，维护良好的生态环境。在未来的发展中，我们应始终坚守生态保护红线，不断加强生态保护和修复工作，推动经济社会与生态环境的协调发展，为实现中华民族的伟大复兴奠定坚实的生态基础。将生态保护红线的面状文件进行转栅格、裁剪、重分类等操作后，其情况如图 6-10 所示。

图 6-10 清晰揭示了宿迁市生态保护红线的空间分布特征，主要呈现出块状与面状并重的格局，点状分布相对有限。面状生态保护红线广泛覆盖于西北部的骆马湖区域与东南部

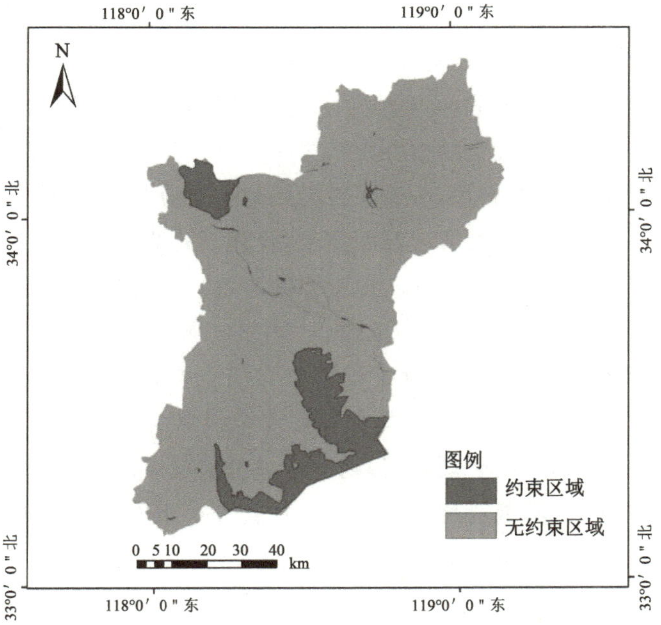

图 6-10 生态保护红线约束图

的洪泽湖区域，这两大湖泊作为宿迁市重要的自然生态系统，其周边区域被严格划定为生态保护红线，以维护湿地、水源等关键生态要素的安全。同时，线状生态保护红线沿大运河蜿蜒伸展，形成了一道重要的生态屏障，对维护河流生态系统的健康与稳定发挥了不可替代的作用。

这一分布格局深刻体现了宿迁市独特的地理条件与生态保护意识的高度融合，湖泊与河流作为天然的生态宝库，其周边区域被赋予了更高的保护价值。宿迁市生态保护区域占比较高，不仅彰显了该市在环境保护方面的坚定立场，更为其提供了得天独厚的生态资源与环境保护优势，为可持续发展奠定了坚实基础。

6.2.5 区域协调的约束

区域协调，作为地理学、经济学及社会学等多学科交叉的研究领域，其核心目标在于促进不同地区间经济、社会、文化等多维度的均衡与和谐发展。在本书的语境下，区域协调特指通过科学合理的土地利用调控手段，实现区域经济结构优化、社会福祉增进及文化传承创新的综合目标，这一概念深刻体现了土地利用的综合性与战略性。土地利用，作为区域发展的物质基础与空间载体，其规划与管理的有效性直接关系到区域整体经济效率与社会效益的提升。为实现区域协调发展的宏伟蓝图，对土地利用方式的合理限制显得尤为重要。这些限制因素复杂多样，包括但不限于土地需求总量的宏观调控与各类用地分量的精细分配，永久基本农田的严格保护以确保国家粮食安全，城镇开发边界的明确划定以遏制无序扩张并保护生态环境，以及生态保护红线的刚性约束以维护自然生态系统的完整性与稳定性。此外，产业集聚的深化、城乡发展的统筹、土地利用强度的合理控制及节约集约利用原则的贯彻，乃至土地市场流转机制的完善，均构成了土地利用限制体系的重要组成部分。这些约束条件相互交织、共同作用，旨在构建一个既高效又可持续的土地利用模式，为实现区域协调发展的长远目标奠定坚实基础。

在探讨区域协调发展的过程中，土地需求的精准调控与结构优化无疑是实现经济、社会、生态三大维度综合效益最大化的核心策略之一。这一过程要求我们在土地利用的广度与深度上进行精细规划与动态调整，以确保各类用地数量分配的合理性及其在空间布局上的优化。具体而言，通过科学预测区域发展需求，合理划定农业、工业、居住、商业及生态等各类用地的比例与空间布局，旨在实现土地资源的高效利用与区域功能的和谐共生。

永久基本农田与城镇开发边界作为土地利用中的"刚性约束"，其设立不仅是对耕地与建设用地空间布局的明确界定，更是维护国家粮食安全与促进经济可持续发展的重要基石。永久基本农田的严格保护，确保了国家粮食安全战略的实施，为农业发展提供了稳定的物质基础；而城镇开发边界的合理划定，则有效遏制了城市的无序扩张，为城市的精明增长与高质量发展预留了空间，成为推动区域经济社会进一步发展的潜力所在。生态保护红线的设立，则是实现区域生态环境保护目标的关键举措。它如同一道不可逾越的屏障，将具有重要生态功能的区域纳入严格保护范围，旨在维护生物多样性、保障生态安全、提升环境质量，进而实现人与自然和谐共生的美好愿景。生态保护红线的刚性约束，不仅体现了生态文明建设的重要性，也为区域生态环境的长期可持续发展奠定了坚实基础。

在产业集聚方面，随着研究的深入，学者们普遍认识到产业集聚对于提升生产性用地配置效率的重要作用。然而，这种提升作用并非无限制的，而是随着经济发展水平的提升而呈现出边际递减的趋势。因此，在促进产业集聚的过程中，需要更加注重产业布局的合理性与科学性，避免盲目扩张与无序竞争。具体而言，在工业用地布局上，应鼓励工业用地的集聚式发展，在模型的设置限制上要减少飞地现象的产生，通过优化工业用地布局来提升土地利用效率与产业集聚效应。同时，依托综合交通运输体系规划，加强城乡之间的交通联系，促进人员与货物的自由流动，为产业集聚与城乡统筹发展创造有利条件。

综上所述，区域协调发展的实现离不开土地利用的精细规划与科学管理。通过合理分配各类用地数量、优化土地利用结构、强化永久基本农田与城镇开发边界和生态保护红线的刚性约束，促进产业集聚与城乡统筹发展等措施，我们可以有效推动区域经济、社会、生态的全面协调与可持续发展。

6.3 空间优化配置模拟结果与精度检验

6.3.1 2021 年土地利用模拟结果

在 PLUS 模型中，我们配置了初始参数以模拟未来土地利用变化。输入了 2016 年的实证土地利用数据，结合 6 幅土地利用发展潜力图及 3 项区域限制数据，设定了领域内默认值为 3、并行处理线程数为 10，衰减系数设为 0.8 以控制递减阈值效应，扩散系数设为 0.1 以调节空间扩散强度。随后，逐一设定了驱动因子、邻域影响权重、转移成本矩阵及未来土地需求量等核心参数。执行模型后，成功输出了模拟的 2021 年土地利用格局数据图，如

图 6-11所示，该图直观展示了预测期内的土地利用变化趋势。

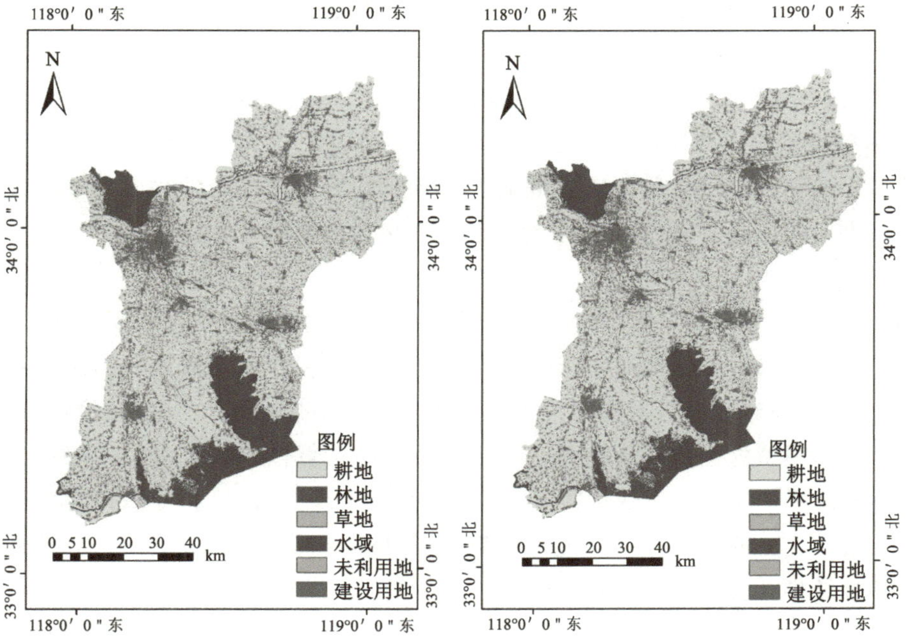

图 6-11　2021 年模拟的土地利用(左)与实际土地利用布局(右)对比图

6.3.2　土地利用模拟精度检验

(1) Kappa 系数验证

Kappa 系数，作为一种在遥感分析、地理信息系统以及土地利用变化模拟等领域广泛采用的精度评估指标，其重要性不言而喻。它不仅仅是一个简单的数值，而是深入剖析了模型预测结果与实际监测数据之间吻合程度的综合性度量。通过比较预测类别与实际类别在混淆矩阵中的分布情况，Kappa 系数能够揭示出除随机因素外，模型预测与实际情况的一致性程度。其计算过程涉及复杂的数学运算，确保了评估结果的客观性和准确性。

具体来说，Kappa 系数的值域为－1 到 1，其中 1 表示预测与实际完全一致，0 则意味着预测结果与随机分配类别无显著差异，而－1 则代表预测与实际完全相反。这一特性使得 Kappa 系数成为评估土地利用变化模拟、分类算法性能等研究中不可或缺的工具，为科研人员提供了有力的精度验证手段。其计算公式具体如下[186]：

$$\mathrm{Kappa} = \frac{P_a - P_b}{P_c - P_b} \tag{6-10}$$

式中，P_a 即模拟正确栅格个数占总栅格数的比例，直观反映了模型模拟结果的准确性，是衡量模型预测能力的重要标尺。它直接关联到模型在捕捉土地利用变化细节、反映空间分布特征方面的能力。P_b 作为随机状态下仿真正确栅格个数的比例，则为我们提供了一个基准线，即在没有实际预测能力的情况下，仅凭随机分配所能达到的“正确率”。这一指标的引入，有效消除了由于偶然因素导致的误差，使得 Kappa 系数的评估更为严谨和科学。P_c 代表了理想状态下仿真正确栅格数量的比例，是理论上的最高精度水平，象征着完全无误差的预测状态。尽管在现实中难以达到，但 P_c 的设定为我们提供了一个努力的方向和目标，激励着研究者们不断优化模型，提升预测精度。

经过严谨的计算，我们发现 Kappa 系数高达 0.917，总体精度达到了 0.960。二者均大于 0.85。该数值表明实验模拟精度已经达到了较高水平。这充分说明 PLUS 模型在模拟未来宿迁市土地利用空间格局的变化情况上具有非常出色的适用性。该模型能够准确地捕捉宿迁市土地利用的变化趋势，为城市规划和资源管理提供可靠的依据。

(2) FOM 系数验证

FOM(figure of merit)系数，作为评估预测结果空间位置变化精度的关键指标，其在土地利用变化模拟、遥感图像分析等领域的应用价值不容忽视。该系数以 Kappa 系数为理论基础，进一步细化了对模拟结果空间准确性的考量，通过量化预测变化与监测变化之间的重叠程度来评估模型的性能。具体而言，FOM 系数的计算依赖于将模拟结果中发生变化的区域与监测结果中实际发生变化的区域进行交集与并集运算，所得比值即反映了模拟结果在空间位置变化上的准确性。从理论层面分析，FOM 系数的值域理论上应接近或达到 1，以表示模拟结果与实际情况的完美契合。

然而，在复杂多变的现实世界中，由于土地利用变化受到自然环境、社会经济、政策规划等多重因素的交织影响，模拟结果往往难以完全复刻真实世界的动态过程。因此，在实际应用中，FOM 系数的结果往往落在 0.3 以下的区间，这既是对现实复杂性的客观反映，也提示我们在模型应用时需持谨慎态度，充分考虑潜在的不确定性因素。尽管如此，FOM 系数作为评估模拟结果空间位置变化精度的有效工具，其重要性不言而喻。通过深入研究 FOM 系数的计算方法、影响因素及优化策略，我们可以更加准确地把握模拟结果的可靠性与准确性，为土地利用规划、城市管理等领域的决策提供科学依据。其计算公式的严谨性与科学性，更是确保了评估结果的客观性与有效性。其公式具体如下[187]：

$$\text{FOM} = \frac{B}{A + B + C + D} \tag{6-11}$$

式中，A 区域代表实际发生土地利用变化但在模拟中被错误预测为未变化的区域，这种误差可能导致对实际变化速率的低估，进而影响对土地利用动态趋势的理解。B 区域则指模拟与监测结果均正确一致的区域，它直接反映了模型预测的准确性和可靠性。C 区域指的是模拟中预测错误的土地利用变化区域，这些错误可能源于模型结构、参数设置或数据输入等多方面的因素，它们会显著降低模拟结果的准确性。D 区域则代表了实际未发生变化但在模拟中被错误预测为发生变化的区域，这类误差同样会对模拟结果产生不利影响，可能误导决策者的判断。

FOM 系数的值域设定在 0 到 1 之间，但在实际应用中，由于土地利用变化的复杂性和不确定性，其值通常小于 0.3。在这一范围内，FOM 系数的值越大，意味着模拟结果与实际情况的吻合度越高，模型的可靠性也就越强。针对宿迁市 2021 年的土地利用模拟，通过应用式(6-11)计算得出的 FOM 值为 0.034，虽然这一数值相对较低，但考虑到土地利用变化的复杂性和模拟的多种潜在误差源，该结果仍表明模拟效果在可接受范围内，能够为后续的土地利用规划和决策提供有价值的参考依据。

6.4　不同情景下空间优化配置模拟与分析

在本次综合实验中，我们将多目标规划模型与PLUS模型相结合，以土地需求量为核心纽带，构建了一个高度集成的土地利用预测与优化框架。具体而言，我们首先运用多目标规划模型，在充分考虑经济、社会和生态等多重目标的基础上，预测了2026年宿迁市在不同发展情景下的土地需求量。随后，将这些需求数据，连同邻域权重、转换矩阵及约束区域等关键参数，精准地输入PLUS模型中。通过PLUS模型强大的模拟与优化能力，我们成功地生成了优化后2026年宿迁市在不同情景下的土地利用空间分布格局，为区域土地利用规划与政策制定提供了科学依据和决策支持。具体结果如图6-12所示。

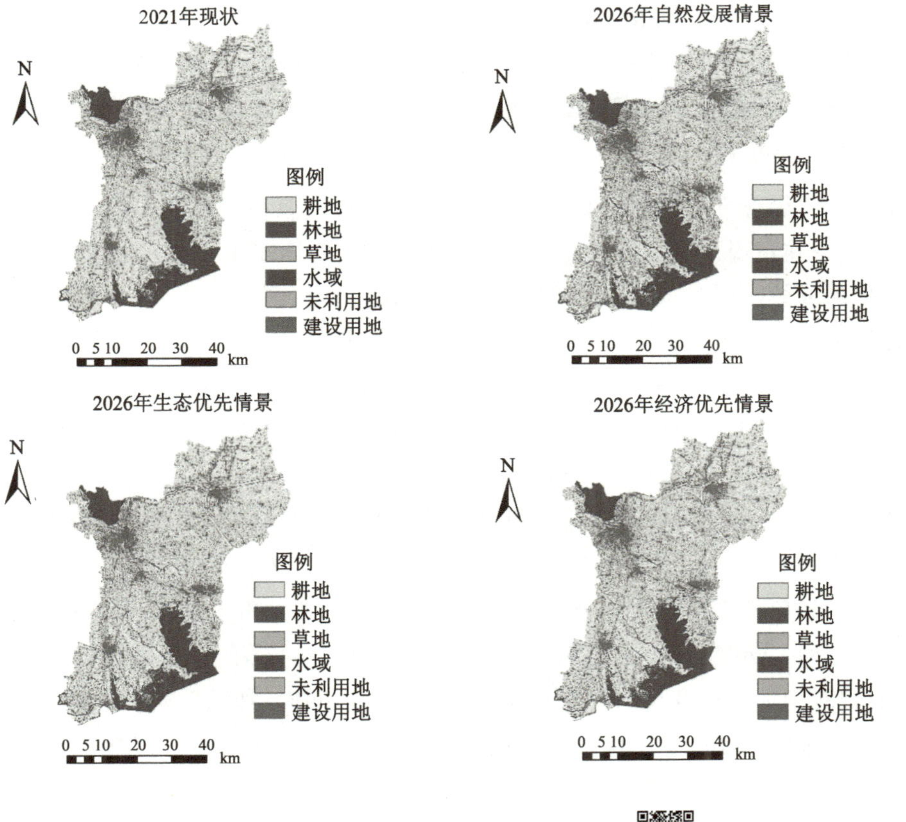

图6-12　不同情景下土地利用布局模拟

在自然演变与人为活动交织的复杂背景下，宿迁市土地利用格局的动态变化成为区域可持续发展研究的关键议题。相较于2021年的基线状态，本研究深入剖析了自然发展、生态优先、经济优先情景下宿迁市耕地、建设用地、水域等主要土地类型的变化趋势及其潜在影响。

6.4.1 自然发展情景

在自然发展情景的模拟中，宿迁市的土地利用结构展现出显著的空间重构特征。具体而言，耕地资源的显著减少主要集中在宿城区与泗洪县交界地带，这一变化可能归因于农业结构调整、城镇化推进以及基础设施建设的用地需求增加。与此同时，建设用地的迅速扩张，尤其是围绕既有建成区的外延式发展，不仅反映了城市化的加速进程，也对土地资源的优化配置提出了更高要求。水域面积的扩大，特别是在宿城区、泗洪县及洪泽湖周边，可能是自然水文循环变化、水利工程实施或生态保护措施实施的结果，但同时也预示着城市防洪排涝体系需面临更大挑战。

在此特定情景下，土地利用模式的转变深刻影响了宿迁市的自然环境与社会经济系统。具体而言，这种变化显著加剧了该市的防洪排涝压力，表现为不透水覆盖面的扩张显著抑制了雨水的自然下渗过程，进而促使地表径流急剧增加，对城市排水设施的承载能力与效率提出了更为严峻的挑战。同时，耕地面积的显著缩减作为土地资源利用结构变化的重要表征，给粮食稳产带来严峻挑战，对农业生产的稳定性和可持续性构成了不利影响，长远来看，这无疑对区域乃至国家层面的粮食安全战略构成了潜在的、不容忽视的威胁。

6.4.2 生态优先情景

在生态优先情景下，通过政策调控与规划引导，林地面积实现了小幅度但意义深远的增长，主要集中在宿豫区骆马湖东部及泗洪县西南部，这体现了生态保护意识的提升和生态修复工作的成效。同时，耕地减少速度放缓，水域扩张得到一定控制，显示出在经济发展与生态保护之间寻求平衡的努力。然而，林地与水域的扩张也在一定程度上牺牲了部分耕地资源，凸显了社会经济发展与生态环境保护之间的复杂关系。为实现宿迁市的可持续发展目标，必须构建一套综合性的区域发展战略，其核心在于平衡耕地保护、生态保护与城市化进程。

具体而言，需强化土地利用规划的科学性和前瞻性，严格控制建设用地无序扩张，确保耕地红线不被突破；同时，加大生态修复与保护力度，提升林地、水域等自然生态系统的服务功能；此外，还应积极探索生态友好型城市化路径，促进城市发展与自然环境和谐共生。在政策实施层面，应建立健全土地利用监管机制，利用遥感监测、大数据分析等现代信息技术手段，实现对土地利用变化的动态监控与科学评估。同时，加强跨部门协作，形成政府主导、社会参与、市场运作的生态保护与建设合力，共同推动宿迁市在可持续发展的道路上稳步前行，实现经济繁荣、生态良好、社会和谐的全面发展目标。

6.4.3 经济优先情景

在经济优先情景下，宿迁市的土地利用格局展现出一种更为复杂的动态平衡。与自然发展情景相比，林地面积虽然仍有所增加，但增幅较生态优先情景有所缩减，且这一变化主要集中在泗洪县西南角和宿豫区北部，表明经济发展需求在一定程度上对生态用地布局产生了影响。同时，水域面积的显著减少，特别是洪泽湖周边区域的缩减，反映出在追求经济快速增长的过程中，水资源保护与利用之间的张力加剧。值得注意的是，建设用地虽在经济优先情景下未出现大幅度扩张，但这并不意味着经济增长完全独立于土地扩张之外，而是提示我们需更加注重提升土地使用的集约度和单位面积的经济效益，以实现经济高质量发展。

进一步分析，经济优先情景下的土地利用变化，不仅是对传统发展模式的一种延续，更是对未来发展路径的一种深刻反思。它揭示了单一追求经济增长而忽视生态环境保护的局限性，强调了转型升级的紧迫性。宿迁市若继续沿用此模式，虽短期内可能实现经济快速增长，但长期来看，将面临生态环境恶化、资源枯竭等严峻挑战，严重制约其可持续发展能力。反观生态优先情景，其通过合理规划土地利用，有效保护了林地和水域等生态敏感区，为宿迁市提供了良好的生态屏障。这种情景下的土地利用模式，不仅有助于维护生态平衡，提升城市生态服务功能，还能为经济发展提供坚实的生态基础。然而，生态优先并不意味着经济发展停滞，而是在保护生态的前提下，寻求更加绿色、低碳、高效的发展路径。

因此，面对未来土地利用的挑战与机遇，宿迁市应积极探索高质量发展的新模式。这一模式应兼顾经济发展与生态保护，通过技术创新、产业升级、政策引导等手段，推动土地资源的高效利用和合理配置。具体而言，可加强土地整治与修复，提升耕地质量，保障粮食安全；优化城镇建设用地布局，促进产业集聚和人口集中，提高土地利用效率；加强水域和林地保护，维护生物多样性，构建生态安全格局。同时，建立健全土地利用监管与评估机制，运用大数据、云计算等现代信息技术手段，实现对土地利用变化的实时监测和精准管理。加强跨部门、跨区域的协调合作，形成政府主导、市场运作、社会参与的多元共治格局，共同推动宿迁市土地利用向更加科学、合理、可持续的方向发展。

综上所述，宿迁市在未来的土地利用布局中，应坚持高质量发展理念，积极探索经济、社会、生态相协调的发展路径。通过科学规划、严格监管、技术创新和政策引导等多措并举，实现土地资源的优化配置和高效利用，为宿迁市的可持续发展奠定坚实基础。

6.5 本章小结

本章在深入研究土地利用空间优化配置的理论与实践基础上，精选了 PLUS 模型作为核心工具，针对宿迁市独特的土地利用现状与发展需求，构建了具有高度适应性和科学性的土地利用空间优化配置模拟模型。这一研究不仅深化了对宿迁市土地资源利用规律的理解，更为未来土地资源的合理规划与科学管理提供了坚实的理论基础与技术支撑。以下是对主要工作及研究结论的详细阐述：

(1) 模型选择与参数确定

面对宿迁市复杂多变的土地利用空间布局及其优化配置的迫切需求，经过全面比较与分析，最终选定了 PLUS 模型作为研究工具。PLUS 模型以其强大的多因素集成处理能力和精细的模拟预测功能，在应对复杂土地利用变化场景中展现出了卓越的性能。该模型通过 LESA 模块与 CARS 模块的有机结合，实现了对土地利用变化过程的深层次剖析与未来趋势的高精度预测。

在参数设定方面，充分考虑了宿迁市的实际情况与数据资源特点，通过精细的参数调整与数据预处理，确保了模型运行的顺畅与结果的精准。LESA 模块利用随机森林分类算法，深入挖掘并量化了多种驱动因素对土地利用变化的具体影响，为土地利用类型转换规则的提炼提供了科学依据。而CARS模块则基于多类型随机斑块种子机制与元胞自动机的空间动态模拟能力，实现了对未来土地利用格局的精细模拟与预测，进一步提升了模型的适用性与预测精度。

（2）驱动因子选取与处理

驱动因子的科学选取与合理处理是确保模型有效运行与结果准确性的关键环节。在构建模型时，严格遵循了数据的易获取性、综合性、同一性和可衡量性原则，从社会经济、自然地理、土壤环境和区位交通条件四个方面全面考虑了影响土地利用变化的多元因素，最终确定了14个关键驱动因子。

在数据处理方面，利用空间信息处理软件，对所有驱动因子数据进行了统一坐标系调整、空间分辨率设定及标准化处理。通过欧式距离分析、坡度分析、重采样技术等手段，确保了数据的一致性与准确性。特别是对于土壤环境等难以直接量化的因子，采用了科学的分类标准与数据标准化方法，有效解决了数据量化难题，为模型运行提供了高质量的输入数据。

（3）土地利用模拟结果分析

基于2011年和2016年的土地利用栅格数据，在PLUS模型中提取了土地利用扩张数据，并通过LESA模块进行了深入的分析与处理。LESA模块不仅计算出了各类土地利用类型的适宜性与发展概率，还进一步量化了各驱动因子对土地利用变化的贡献度。结果显示，不同土地利用类型的扩张受多种因素的共同影响，其中人口密度、高程、坡度等自然与社会经济因子在多数类型的扩张中发挥了主导作用。具体而言，耕地的扩张主要受人口密度、高程和坡度的影响，表明人口分布与地形条件对农业生产布局具有重要影响；林地的扩张则更多地受到高程、平均气温和坡度的影响，反映了宿迁市平原与山区林业发展的不同特点；水域的扩张则受到人口密度、到村庄与城镇的距离以及距河流的距离等多重因素的影响，显示出人为活动与自然条件对水域分布的共同作用；建设用地的扩张则主要受到人口密度与高程的影响，体现了人口集聚对城市化进程的重要推动作用。同时，本研究利用PLUS模型的CARS模块，深入模拟了宿迁市未来土地利用格局的潜在变化趋势。具体实施过程中，我们构建了自然演变、经济优先及生态优先三种差异化情景，并分别对各情景下的土地利用结构进行了细致优化。模拟结果表明，尽管各情景设定不同，但所得土地利用优化结果间总体偏差维持在较低水平，且耕地、建设用地及水域等主要土地利用类型的面积配比与宿迁市现行的土地利用总体规划及城镇总体规划高度契合。此外，模型还揭示了草地和未利用地在研究时段内基本无变化的现状，为未来土地利用政策的制定提供了重要参考。针对这一现状，建议宿迁市在未来的土地利用管理中，应注重草地面积的适当增加与未利用地的合理开发，以实现土地资源的优化配置与可持续发展。

综上所述，本章通过构建基于PLUS模型的宿迁市土地利用空间优化配置模拟模型，不仅深化了对宿迁市土地利用变化规律的认识，还为未来的土地规划与管理提供了科学可靠的依据。这一研究成果对于促进宿迁市社会、经济与生态环境的协调发展具有重要意义。

7 土地征收用途演变分析

征收是指国家作为主体，在基于公共利益需求的前提下，依据法律规定的权限和程序，对集体或个人的财产进行取得的行政行为[188]。土地征收成片开发是指将特定区域内的集体土地全部予以征收，根据国土空间规划或土地利用规划重新进行整理、分宗、开发[189]。土地征收是为了满足公共利益而进行的合法行为。国家通过法定程序将农村集体所有的土地转变为国有土地，并按照相关法律法规，对被征收的集体经济组织和个体进行合理的补偿与安置。通过合法程序将农村集体土地转变为国有土地，从而使其能够用于建设和使用的过程被称为集体土地征收。土地征收包含四层含义，一是具有强制性，二是符合公共利益需要，三是符合法定程序，四是对被征地者进行一定的补偿。因此，土地征收是指国家或地方政府依据法律法规，因公共利益的需要，依法对集体土地进行强制性征用，进而取得土地所有权的行为。这一行为通常涉及对土地所有者或使用者的补偿和安置问题。

土地征收在许多国家，尤其是发展中国家，是城市化和经济发展的重要手段。在中国，随着改革开放以来的快速城镇化进程，土地征收的规模和频率不断增加，导致土地用途发生了显著的变化。这一过程中，土地的使用权、管理方式、用途政策等方面都经历了巨大的变迁。土地征收不仅对社会经济的发展起到了促进作用，同时也引发了一系列社会问题，如农民权益的保障不到位、生态环境的变化以及土地利用效率的低下等。因此，深入分析土地征收用途的演变，对于理解土地政策的效果和未来的改革方向具有重要意义。

7.1 土地征收制度变迁

土地征收制度本质上是国家机关通过行使公共权力，以维护和促进公共利益为核心目标而设立的一项重要配套制度。随着社会的发展和经济的变化，这一制度经历了多次的演变与调整，系统性地描述其历史发展轨迹是揭示其制度变迁逻辑的必要前提。本节通过广泛收集和整理文献资料，回顾了我国土地征收制度自 20 世纪 50 年代以来的发展历程。根据关键时间节点和个人见解，本节将其划分为建立、调整、完善和深化四个阶段，并对每个阶段的主要特征进行了详细阐述。

7.1.1 土地征收制度的建立阶段

中华人民共和国成立后的土地政策深受历史遗留问题、社会经济状况和政治环境的影响。在经历了长期的封建土地制度和抗战、内战的破坏后，中国农村人口普遍贫困，大量农民缺乏土地，生活困苦。这一背景促使迅速确立了土地改革的政策框架，以实现土地的公有制和促进农村经济的发展。我国于20世纪50年代在全国范围内开展了大规模的土地改革运动，最早在1950年6月24日国家通过政务院颁布的《铁路留用土地办法》中，基于建设铁路需要使用土地时，可由铁路局通过地方政府来售卖或者征购土地[190]。

中央人民政府委员会于1950年6月30日颁布的《土地改革法》是中国土地政策变革的重要里程碑。这部法律明确规定了应当进行土地征收的情形，通过没收地主土地和征收村内土地，初步实现了土地的公有化。在此基础上，政务院于同年11月颁布的《城市郊区土地改革条例》则进一步细化了征收的相关政策，尤其是补偿方面。这一条例对土地征收的补偿方式与标准进行了原则性说明，该条例第十四条明确规定，当国家为了进行市政建设或其他公共事业而需要征用私人拥有的农业土地时，必须向土地所有者提供合理的补偿，或者提供相应的土地进行调换，以确保被征用者的合法权益得到保障。国家在推进经济开发和城市化的同时，亦关注对失去土地的农民的保护与安置，旨在减轻因征地而带来的社会影响。

1953年11月5日，政务院颁布的《国家建设征用土地办法》是中国历史上第一部专门针对土地征收的法规，标志着我国在土地管理领域的一项重要法律进展。这一办法的出台，填补了当时征地相关法规的缺失，从立法层面上对土地征收行为进行规制。该办法明确指出征地的主要目的是满足经济发展的需求[191]，对土地征收的基本原则、范围、程序以及补偿安置等方面作出了较为全面的规定。特别地，该办法非常注重保护农民的合法权益，充分尊重农民的意愿，强调被征地农民在征地过程中的参与权和监督权。此外，该办法规定征地时必须对被征地农民进行合理补偿，以帮助解决他们的后续生活问题。1954年，将土地征收条款写入宪法中，以国家根本大法的形式确立国家征地行为的法律地位。

在土地征收制度的建立阶段，我国对土地征收的制度要素进行了初步的探索。这一阶段的土地征收制度明确了几个关键点：第一，征地的根本目的是实现公共利益，推动国家经济建设的快速发展，否则无法启动征地。第二，为了减轻对被征地农民的影响，规定必须对他们提供合理的补偿与安置，确保被征地农民不会因为土地被征收而流离失所，保护其基本生计和生活条件。第三，针对土地征收的范围、程序等作出了规定，明确审批流程，为之后的土地征收制度奠定了基本框架。

在这一阶段的探索与实践中，我国的土地征收制度逐步形成了以公共利益为导向、重视农民权益保障的基本特征，为促进经济发展与社会稳定提供了制度支持。这些制度要素的明确，为今后更深入的土地征收制度改革和可持续发展打下了良好的基础。

7.1.2 土地征收制度的调整阶段

土地改革之后，农民获得了生产资料，农民土地私有制在农村土地所有制形态中占主导地位。从当时的具体实际来看，农民个体生产面临不少困难。中国共产党在过渡时期的总路线要求逐步实现社会主义工业化，农业的社会主义改造是实现社会主义工业化的重要组成部分，我国开始了农业生产合作化。到1956年年底，随着三大改造的完成，我国农村基本实现了农业合作化，农村土地所有权的主体发生了转变。这一土地产权制度的变化，促使土地征收制度也要进行相应调整。1958年1月6日，全国人大常委会第九十次会议批准并由国务院重新公布实施了《国家建设征用土地办法(修正)》。修正后的办法在保留建立阶段制度框架的基础上，对多个方面进行了调整，包括被征收主体、安置方式、审批权限、征收补偿等。被征收的主体由原土地所有人，调整为集体组织。征地安置上，由原来的农业安置或转业安置改变为就地农业安置，基本排除了农民转业的可能性。无法安置的，可以组织移民。审批权限由中央、省、市、县享有一定的征地审批权，大部分征地申请审批集中在县一级政权。调整审批权限主要集中在省一级政权，县一级政权仅负责审批300亩以下的征地申请。征收补偿标准评定方由当地人民政府会同用地单位、农民协会及土地原所有人等调整为由当地人民委员会会同用地单位和被征用土地者，补偿标准由最近3～5年的产量总值调整为最近2～4年的产量总值。这些调整旨在更好地适应新的社会经济背景，确保在快速推进工业化的过程中，能够有效管理土地资源，同时保障被征地农民的基本权益。

1953年和1958年两部国家建设征用土地的办法均明确强调了群众路线，规定其基本原则是：一方面要根据国家建设的实际需要，确保提供国家建设所必需的土地；另一方面也要顾及当地居民的切身利益，确保对土地被征用者的生产和生活进行妥善安置。文件指出，如果在短期内无法进行安置，应该等待安置问题妥善解决后，再进行土地征用或选择其他合适的地块进行征用[192]。

通过对比修正前后的《国家建设征用土地办法》，可以看出我国土地征收制度在调整阶段呈现出以下几个特点：一、被征收主体的转变。在修订后的制度中，土地的所有权逐渐由农民的私有制转变为集体所有制，因而被征收的主体也随之改变，变为集体组织，体现了国家在农业合作化进程中，力求以集体为单位进行土地管理和征用，实现资源的优化配置和集体利益的最大化。二、补偿方式和标准的变化。补偿方式由货币补偿变为土地补偿，通过土地的再分配来维护农民的生产基础和生活水平。三、安置方式以就地农业安置为主。较为单一的安置方式也可能导致某些地区的资源配置和经济发展受到限制，需要在今后的实践中不断探索和完善多样化的安置方案。四、审批权限的集中和调整。中央政府将原有的部分审批权下放，同时又将县一级的审批权上收，审批权限主要集中到省一级政权。提高土地征用效率的同时，重视对土地使用的宏观调控，以保障各项征用行为符合国家的整体发展战略。

随着土地征收制度的调整，我国在征用主体、补偿方式、安置方式以及审批权限等方面进行了多项变革，这些变化不仅反映了国家经济发展的需要，也展现出对农民权益的重视与保护。通过这些调整，土地征收制度在有效推进国家建设的同时，努力维护社会的稳定与和谐。

7.1.3 土地征收制度的完善阶段

改革开放以来，随着经济建设的不断推进，国民经济开始实现全面复苏，国家的经济发展步入了一个快速增长的阶段。在这一过程中，城市化进程加快，伴随着人口的快速流动和城市建设需求的激增，对建设用地的需求不断增长。此时国家需要大量的土地进行城市化建设，而此前的《国家建设征用土地办法（修正）》很多规定和措施是根据当时特定的社会经济条件制定的，无法匹配当下变化的社会发展的需要。为适应国内外经济、政治形势变化，国务院于 1982 年 5 月颁布《国家建设征用土地条例》。条例重置并细化了土地征收的程序，提高了征地程序的强制性增加，废除了 1953 年、1958 年《国家建设征用土地办法》中对被征地者进行解释的条款[193]，且明确规定可向不服从征收的农民追究法律责任[108]。在补偿方面，耕地的补偿标准调整为该地年产值的三至六倍。征用没有收益的土地，则不给予补偿。在安置方面，因征地造成的农业剩余劳动力，则要通过发展农业生产、社队工副业生产、迁队或并队等三种途径进行安置，按照上述途径确实安置不完的剩余劳动力，经审批可安排就业、用地单位招工、转为非农或城镇户口，一定程度上保障了失地农民的合法权益。

第六届全国人大常委会第十六次会议于1986 年通过并发布《中华人民共和国土地管理法》，这部法律是在原《国家建设征用土地条例》和《村镇建房用地管理条例》基础上制定的。这部法律第二十一条对公共利益条款进行了举例，且增加了安置途径，因国家建设征用土地造成的多余劳动力，可通过发展农副业生产、举办乡（镇）村企业等途径安置。安置不完的可安排至用地单位、其他集体所有制单位、全面所有制单位就业。

虽然 1986 年颁布的《中华人民共和国土地管理法》对农地征收制度并未进行实质性的调整，但其颁布具有重要的历史意义。这部法律的出台标志着我国土地征收工作正式进入了依法管理的阶段。这一转变不仅提升了土地征收的法律地位，也为后续的土地管理提供了更加明确的法律依据和规范。通过将土地征收纳入法律框架，国家能够更有效地规范征收行为，保护农民的基本权益，确保征收过程的透明性与公正性。此外，法律的实施也为地方政府在执行征收政策时提供了更为明确的指导，促进了土地管理的规范化与制度化。

1991 年国务院颁布了《中华人民共和国土地管理法实施条例》，该条例规定抢险救灾紧急情况下可先行使用后补办手续。1998 年，基于我国社会经济的发展，为了更好地进行土地管理，对《中华人民共和国土地管理法》进行了修订。首先，因快速发展，建设用地需求量大，导致耕地数量下降，本次修订强调并注重对于耕地资源的保护，严格控制耕地转为非耕地。其次，审批权限上收，并更详细地规定了各级审批权限。补偿标准有所提高，土地补偿费为该耕地被征用前三年平均产值的六至十倍。新增安置方式，地方各级人民政府应支持被征地的农村集体组织和农民从事开发经营，兴办企业。

在这一阶段，我国经济的快速发展导致了土地征收制度与经济发展需求之间的不匹配。为解决这一问题，我国针对征地范围、补偿标准、安置方式等多个方面的政策进行了优化。在此过程中，土地征收制度经历了从“条例、办法”向“法律”的重要转变，增强了法律的权威性和适用性。这一变化不仅提升了土地征收的规范性，也更好地回应了社会对公平、公正土地管理的期待，从而促进了经济与社会的协调发展。

7.1.4 土地征收制度的深化阶段

21 世纪之后，我国城镇化建设快速发展，对土地的需求日益增加，以满足经济和社会发展的需要。与此同时，被征地农民的权益保障也得到重视。2004 年 3 月，全国人大审议通过《中华人民共和国宪法修正案》，《中华人民共和国宪法修正案》第十条和第十三条区分了“征收”和

“征用”行为，并明确规定须依法给予公民补偿。10 月，国务院发布了《国务院关于深化改革严格土地管理的决定》，此规定立足于保护农民合法权益，从提升被征地农民参与度、建立科学合理的补偿机制、注重安置和后续支持、加强土地管理监督等多方面完善土地征收制度。

2007 年通过的《中华人民共和国物权法》第四十二条对土地征收补偿进行了明确规定，强调了国家在征收土地时的法律责任，确保被征收单位和个人的合法权益得到保护，并要求合理确定补偿标准。

2010 年国土资源部颁布《关于进一步做好征地管理工作的通知》（以下简称《通知》）。《通知》提出征地补偿新标准，全面实行征地统一年产值标准和区片综合地价，建立征地补偿标准动态调整机制，定期对征地补偿标准进行动态调整，以保持补偿的合理性和时效性。为防止拖欠征地补偿款，探索完善征地补偿款预存制度。《通知》采取多元安置途径，优先进行农业安置，使其可以维持基本的生产条件和收入来源。将被征地农民纳入社会保障，保证他们在失去土地后依然能够享受到基本的生活保障，解决被征地农民的长远生计问题，减少因失地而引发的生活困境和社会不稳定。此外，《通知》还提出要做好征地中农民住房拆迁补偿安置工作，给予被征地农民合理的补偿，并进行安置。征地过程中，要确保农民的知情权、参与权、申诉权、监督权。充分听取和尊重农民的意见，特别是针对合理的要求，及时进行妥善解决，建立良好的沟通机制。

2019 年 8 月，全国人大常委会第十二次会议对《中华人民共和国土地管理法》进行了修订。新《中华人民共和国土地管理法》明确界定了公共利益，规定了军事和外交用地、基础设施建设用地、公共事业需要用地、保障性安居工程建设需要用地、成片开发建设需要用地、其他等六种可依法征收土地的情形。补偿安置方案的制定依据是社会稳定风险评估结果和土地现状调查结果。新法增加征地批前公告，确保被征地农民及相关利益方能够及时获知征地的信息，包括征地的范围、用途、补偿标准等。明确规定听证程序，充分尊重被征地农民的意愿，更好地保障了被征收人的知情权、参与权和监督权。

2021 年颁布的《中华人民共和国土地管理法实施条例》对《中华人民共和国土地管理法》进行了进一步细化和补充。条例详细规定了土地征收的程序，包括公告、听证、补偿等环节，确保征收过程的透明和公正。对征地补偿的标准和方式进行了细化，强调应根据市场价值和实际损失进行合理补偿，保障被征地农民的合法权益。

尽管我国土地征收的法律体系逐步完善，但在实际操作中依然面临诸多矛盾和纠纷。这些问题的存在表明我们需要深入理解征地制度在具体实施过程中的困难与挑战，针对实际运行中的问题进行深入剖析和不断调整，以实现合理有效的土地管理。

7.2 宿迁市土地征收实践

7.2.1 土地征收依据

宿迁市进行土地征收的依据是《中华人民共和国土地管理法》《中华人民共和国土地管理法实施条例》《江苏省土地管理条例》等法律法规。

新修订的《中华人民共和国土地管理法》明确了公共利益的范围，新修订的《中华人民共和国土地管理法实施条例》中也规定，有批准权的政府应当对征地的必要性、合理性以及是否符合为了公共利益确需征收的情形进行审查。

《中华人民共和国土地管理法》还引入了征地批前公告和征地批后公告相结合的系统化公告程序。征收土地的公告内容主要包括征收范围、目的以及土地补偿等信息。同时，增加了土地征收社会稳定风险评估的要求，在多数被征地的农村集体经济组织成员认为补偿安置方案不符合法律规定的情况下，政府应组织听证会。且规定在征地工作报批之前，县级以上地方政府必须与拟征土地的所有权人和使用权人就补偿安置等事项签订协议，以保护被征地人的知情权和监督权。

此外，《中华人民共和国土地管理法》规定了土地征收补偿的基本原则，即保障被征地农民的原有生活水平不降低，并确保其长远生计得到保障。补偿方式也进行了调整，改为根据区片综合地价来确定土地补偿费和安置补助费，从法律上确保被征地人在征地前后生活水平维持不变或有所提高[194]。

《江苏省土地管理条例》根据《中华人民共和国土地管理法》《中华人民共和国土地管理法实施条例》，针对本省土地征收工作做出了更细致的规定。这些措施旨在增强土地征收过程的透明度和公正性，维护被征地人的合法权益。

7.2.2 土地征收程序

在征地程序上，宿迁市发布的《完善土地征收制度 切实维护农民利益——新〈土地管理法实施条例〉系列解读之三》中明确要求，县级地方人民政府需要在提出征地申请前，完成发布拟征收土地公告、开展拟征收土地现状调查和社会稳定风险评估，并依据社会稳定风险评估结果，结合土地现状调查情况，组织自然资源、财政、农业农村、人力资源和社会保障等有关部门拟定征地补偿安置方案。确定征地补偿安置方案后，应当组织有关部门与拟征收土地的所有权人、使用权人签订征地补偿安置协议等征地前期工作。

具体来说，土地征收的程序主要有以下几个方面：

(1) 政府部门进行前期准备与规划

县级以上地方人民政府或相关部门针对社会经济发展和基础设施建设的需求进行全面的调查与评估，分析土地征收的必要性。确定征收目的、征收对象以及征收范围。相关部门在制定征收方案时，必须严格遵循《中华人民共和国土地管理法》第四十五条的规定。

(2) 发布拟征收土地公告

县级以上地方人民政府在认为符合《中华人民共和国土地管理法》第四十五条的相关规定的，应当发布拟征收土地公告，这一步骤旨在告知公众即将进行的土地征收计划。拟征收土地公告应包括征收范围、征收目的、工作时序安排等内容。拟征收土地公告应采用便于公众知晓的方式进行发布，公告持续时间不得少于十个工作日。自拟征收土地公告发布之日起，任何单位或个人不得在拟征收范围内抢栽抢建。

(3) 开展拟征收土地现状调查与社会稳定风险评估

县级以上地方人民政府组织相关人员对拟征收土地开展土地现状调查，应当查明土地的位置、权属、地类、面积,以及住宅、地上附着物等的权属、种类、数量等,并与当地农村集体经济组织、农户、地上物产权人共同确认。与此同时,县级以上地方人民政府应进行社会稳定风险评估。这一评估需要分析拟征收土地可能带来的社会稳定风险,识别潜在风险点,并提出相应的风险防范措施和处理方案。在进行社会稳定风险评估时,应有被征地的农村集体经济组织及其成员、村民委员会以及其他相关利益方参与。

(4) 拟定征地补偿安置方案

县级以上地方人民政府应依据社会稳定风险评估的结果,并结合土地现状调查的数据,组织自然资源、财政、农业农村、人力资源和社会保障、住房和城乡建设等相关部门,共同拟定征地补偿和安置方案。该方案需要详细说明征收范围、土地现状、征收目的、补偿与标准、安置对象及其安置方式,以及社会保障措施等内容。

(5) 发布征地补偿安置方案公告

征地补偿安置方案拟定后,县级以上地方人民政府应在拟征收土地所在的乡(镇)、村及村民小组范围内进行公告,广泛征求被征地农村集体经济组织及其成员、村民委员会和其他相关利益方的意见,公告时间不得少于三十天。公告内容应明确征地补偿安置方案的主要内容,包括补偿标准、安置措施、办理补偿登记的方式和期限,以及异议反馈渠道等信息,以便公众能够有效参与和表达意见。

(6) 组织听证

如果大多数被征地的农村集体经济组织成员认为拟定的征地补偿安置方案不符合法律和法规的相关规定,县级以上地方人民政府应及时响应公众的关切,组织召开听证会。听证会的目的是听取各方意见和建议,根据法律法规的要求以及听证会的讨论结果,及时修改和完善补偿安置方案。

(7) 办理征地补偿登记

拟征收土地的所有权人、使用权人应当在公告规定期限内,持不动产权属证明材料办理补偿登记。这一过程至关重要,它不仅关系到被征地者自身的权益保障,也为后续的补偿和安置工作提供了必要的法律依据。

(8) 签订征地补偿安置协议

县级以上地方人民政府根据法律、法规规定和听证会等情况确定征地补偿安置方案后,应当组织有关部门与拟征收土地的所有权人、使用权人签订征地补偿安置协议。对个别确实难以达成征地补偿安置协议的,县级以上地方人民政府应当在申请征收土地时如实说明[195]。在此环节,增加对土地承包经营人补偿安置方案的告知确认书签订程序。征地补偿安置协议示范文本由省、自治区、直辖市人民政府制定。

(9) 申请土地征收审批

县级以上地方人民政府完成相关征地前期工作后,方可申请征收土地,依照《中华人民共和国土地管理法》第四十六条的规定报有批准权的人民政府批准。

有批准权的人民政府应当对征收土地的必要性、合理性、是否符合《中华人民共和国土地管理法》第四十五条规定的为了公共利益确需征收土地的情形以及是否符合法定程序进行审查。

(10) 发布土地征收公告

征收土地申请经依法批准后，县级以上地方人民政府应当自收到批准文件之日起十五个工作日内在拟征收土地所在的乡(镇)和村、村民小组范围内发布征收土地公告，公布征收范围、征收时间等具体工作安排。

7.2.3 土地征收补偿制度

为保障项目建设顺利进行，关于土地征收补偿安置标准，宿迁市出台了《市政府关于重新公布宿迁市所辖各县(区)征地区片综合地价执行标准的通知》(宿政规发〔2023〕17号)、《宿迁市人民政府关于公布征地涉及地上附着物和青苗补偿标准的通知》(宿政规发〔2021〕2号)。为维护被征地农民和农村集体经济组织的合法权益，切实做好土地征收工作，结合当地经济发展实际情况，对征地区片的综合地价以及实施标准做出了规定。

全市征收农民集体农用地的区片综合地价由土地补偿费和安置补助费构成，但不包括法律规定用于社会保险缴费补贴的被征地农民的社会保障费用，以及地上附着物和青苗等的补偿费用。全市征收农民集体农用地区片综合地价的执行标准为：

宿城区(含宿迁经济技术开发区、苏州宿迁工业园区、洋河新区)为三类地区，本辖区整体规划为一个片区，执行标准为47 000元/亩，其中土地补偿费为23 500元/亩，安置补助费为23 500元/人。

宿豫区(含湖滨新区)、沭阳县、泗阳县、泗洪县为四类地区，分别将本辖区整体划定为一个片区，执行标准为40 000元/亩，其中土地补偿费20 000元/亩，安置补助费为20 000元/人。

征收集体建设用地时，应参照所在区片的集体农用地区片综合地价标准执行。对于征收集体未利用地则按所在区片集体农用地区片综合地价标准的0.7倍进行补偿。而涉及依法取得的集体经营性建设用地的征收，采用宗地地价评估的方式来确定。

关于征地涉及地上附着物和青苗补偿标准，青苗补偿费按照一季的产值计算，补偿标准按照每亩1 000元执行，能够如期收获的则不予补偿。经济林木、零星树木、木本花木等补偿标准则有更加详细的标准规定。对可以移植的苗木、花草以及多年生经济林木等，支付移植费用，对于移植费用过高的苗木或花草，或是那些由于生长环境的限制而无法移植的植物，政府将给予合理的补偿或采取作价收购的方式进行处理。

涉及水利、交通运输、电力、通信基础设施等其他地上附着物，按照等效替代的原则进行迁移、改建或者支付迁移费、改建费、补偿费等，此外，涉及房屋等建筑物的拆迁补偿，将按照现行的法律法规进行严格执行。相关法律(如《中华人民共和国土地管理法》和《中华人民共和国城市房地产管理法》等)为拆迁补偿提供了明确的指导原则和规范，确保被征地农民在这方面的合法权益能够得到保护。政府将根据房屋的结构、面积以及市场价值，合理计算拆迁补偿款，确保居民在失去住所后的生活不受到严重影响。

在被征地农民社会保障方面，宿迁市根据江苏省出台的《省政府关于印发江苏省被征地农民社会保障办法的通知》(苏政发〔2021〕87号)中规定，将被征地农民安置人员名单中16周岁以上的人员作为社会保障对象纳入相应的养老保险等社会保障体系，为被征地农民提供持续的经济支持与生活保障。相关政策的执行是一个持续的过程，政府需定期评估其有效性，并根据社会经济发展的变化做出相应调整，以确保被征地农民在各个方面都能得到应有的尊重与支持。

7.2.4 土地征收案例

宿迁市迎宾大道二期(浦东路—合欢路)快速化改造工程是宿迁快速网“二环十射”系统中内环西环的重要组成部分，承担着主城区南北向的快速通行功能。该项目南起浦东路，向北延伸至合欢路(学成路)，全长约 10.200 km。项目主线在浦东路至创业路段采用城市快速路标准，设计速度为 80 km/h，总投资为 234 669.580 万元。工程的建成有效缓解了主城区的交通拥堵，增强了湖滨新区与中心城区之间的联通，并积极促进了沿线经济的快速发展。

该项目的预审用地总面积为 64.134 hm^2，实际需要征收面积为 12.619 hm^2。征地工作在发布拟征收土地公告后，由宿迁市征地勘测中心组织专业人员对拟征收土地进行了现状调查。这项调查涵盖了土地的利用情况、土地上附着物的种类和状况、土地产权的归属等多个方面。宿迁市政法委完成了社会稳定风险评估的备案工作。

在征地补偿安置方面，宿城区人民政府等发布了征地补偿安置方案。宿城区人民政府、宿迁经济技术开发区管委会及江苏省宿迁骆马湖旅游度假区管委会组织相关镇(街道)及其他相关部门与征收土地的所有权人和使用权人签订了附生效条件的征地补偿安置协议，且协议签订率达到了 100.00%。

依法确定了各年龄段安置人员名单，并经过被征地集体经济组织、镇(街道)以及宿城区人民政府、宿迁经济技术开发区管委会及江苏省宿迁骆马湖旅游度假区管委会的确认，足额落实了征地补偿的预存款，共计 4 455.705 万元。

项目征地报批材料经宿城区人民政府、宿迁经济技术开发区管委会和江苏省骆马湖旅游度假区管委会签章，报请宿迁市自然资源和规划局审核，随后上报宿迁市人民政府签章，于 2022 年 9 月 22 日提交至江苏省自然资源厅进行审核。该项目于 2022 年 10 月 28 日获得了省政府关于建设用地的批复。

该项目用地涉及宿迁市宿城区、市经济开发区、湖滨新区，涉及安置农业人口 353 人。为充分保障被征地群众的利益，严格落实《中华人民共和国土地管理法》、《江苏省土地管理条例》及《江苏省自然资源厅关于做好当前土地征收前期工作的通知》精神。宿迁市征地勘测中心重点做好三项工作：一是在拟征收土地的现状调查环节，认真查清土地权利人及土地现状情况，切实保障被征地集体经济组织和农户的合法权益。二是在签订补偿安置协议环节，实地指导乡镇(街道)与被征地农村集体经济组织及农户签订补偿安置协议，共计签订 279 份，充分保障了群众的知情权、参与权与决策权。三是成立重大项目报批领导小组，注重征前指导，主动对接相关单位，确保征前流程各环节高效运转并密切关注重点环节注意事项。同时，加强全流程的跟踪，及时反馈并解决项目进度中的问题。

该项目用地严格遵循《中华人民共和国土地管理法》等相关法律法规，规范履行每一个程序，确保每个环节都公开、公平、公正。同时，项目注重切实维护被征地人的合法权益。

7.3 宿迁市土地征收用途演变

7.3.1 土地征收用途分类

土地征收用途类型的划分应考虑科学性、全面性及实用性，为满足后续分析需求，基于新《中华人民共和国土地管理法》第四十五条可以依法征收土地的情形，结合第三次全国国土调查土地分类和国土空间规划用途分类，将征地用途类型分为8个一级类，包括军事和外交用地、基础设施建设需要用地、公共事业需要用地、保障性安居工程建设需要用地、工业用地、住宅用地、商服用地、其他用地。研究区土地征收用途分类如表7-1所示。

表7-1 土地征收用途分类

一级类	含　　义
军事和外交用地	军事和外交需要用地的
基础设施建设需要用地	能源、交通、水利、通信、邮政等基础设施建设需要用地的
公共事业需要用地	科技、教育、文化、卫生、体育、生态环境和资源保护、防灾减灾、文物保护、社区综合服务、社会福利、市政公用、优抚安置、英烈保护等公共事业需要用地的
保障性安居工程建设需要用地	扶贫搬迁、保障性安居工程建设需要用地的
工业用地	指工业生产、产品加工制造、机械和设备修理及直接为工业生产等服务的附属设施用地
住宅用地	指住宅建筑及其相应附属设施用地
商服用地	指主要用于商业、服务业的用地，包括零售商业用地、批发市场用地、餐饮用地、旅馆用地、商务金融用地、娱乐用地、其他商服用地
其他用地	法律规定为公共利益需要可以征收农民集体所有的土地的其他情形

7.3.2 征收土地规模变化

根据图7-1和表7-2对宿迁市宿城区（不含宿迁经济技术开发区、苏宿工业园区、洋河新区“三个功能区”，下同）2009年至2023年之间土地征收规模的分析，可以明显观察到土地征收的变化呈现出波浪形的趋势。这种不稳定性可能与多种因素有关，包括政府政策的变化、经济条件的波动，以及市场需求的起伏。

在这段时间内，土地征收规模的波动反映出地区对土地的需求存在周期性变化。具体来看，2013年土地征收面积最低，仅为138.310 hm^2，占总土地征收面积的2.70%。这一低点可能与当年经济增速放缓或市场低迷有关，导致对新增土地的需求下降。此年土地征收量的减少也可能与政府在土地管理上的策略有关，例如可能采取了更为谨慎的土地供应政策，以平衡市场供需。

而2009年、2019年和2020年则是土地征收的高峰期，分别达到538.300 hm^2、482.830 hm^2和498.200 hm^2，占总土地征收面积的10.50%、9.41%和9.71%。这一显著增长反映了宿迁市宿城区在这几年间对土地需求的强烈增加，这种增长趋势与地区的经济发展及城市化进程加快密切相关。并且随着人口的增加和产业的发展，城市基础设施建设的需求加大，导致土地需求上升。

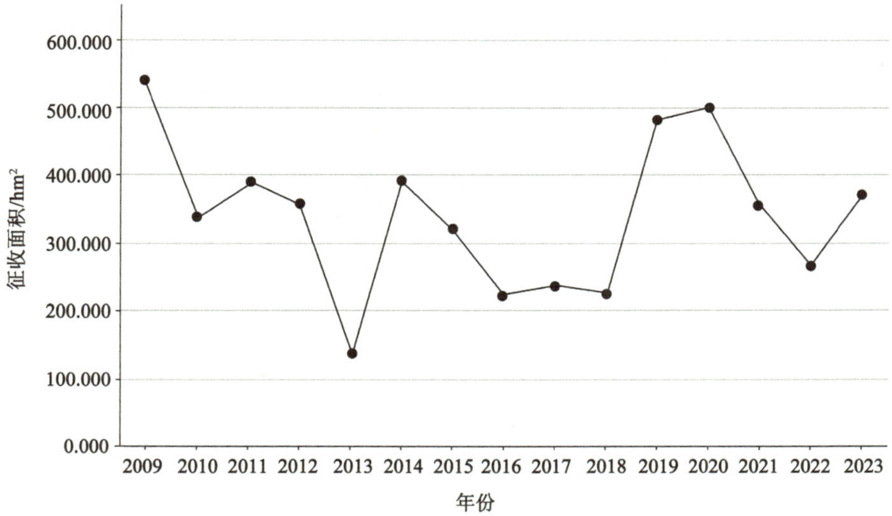

图 7-1　2009—2023 年宿迁市宿城区土地征收规模变化

表 7-2　2009—2023 年宿迁市宿城区土地征收规模变化

年度	征收面积/hm^2	比例/%
2009	538.300	10.50
2010	335.450	6.54
2011	388.065	7.57
2012	357.730	6.97
2013	138.310	2.70
2014	394.190	7.69
2015	318.430	6.21
2016	223.810	4.36
2017	236.444	4.61
2018	225.060	4.39
2019	482.830	9.41
2020	498.200	9.71
2021	353.290	6.89
2022	267.000	5.21
2023	371.951	7.25
总计	5 129.060	100.00

7.3.3　征收土地用途结构变化

从图 7-2 和图 7-3 来看，2009—2023 年宿迁市宿城区征收土地利用方向中，工业用地是宿迁市宿城区征收土地利用的主要方向，占用征收土地总面积的 41.10%。其次是基础设施用地，占征收土地总面积的 33.10%。住宅、公共事业、商服、其他(含物流)和保障性安居工程用地分别占征收土地总面积的 11.55%、7.84%、5.44%、0.79%和 0.18%。2009—2023 年征收土地用途中并无军事和外交用地，所以仅分析除军事和外交用地之外的 7 类。

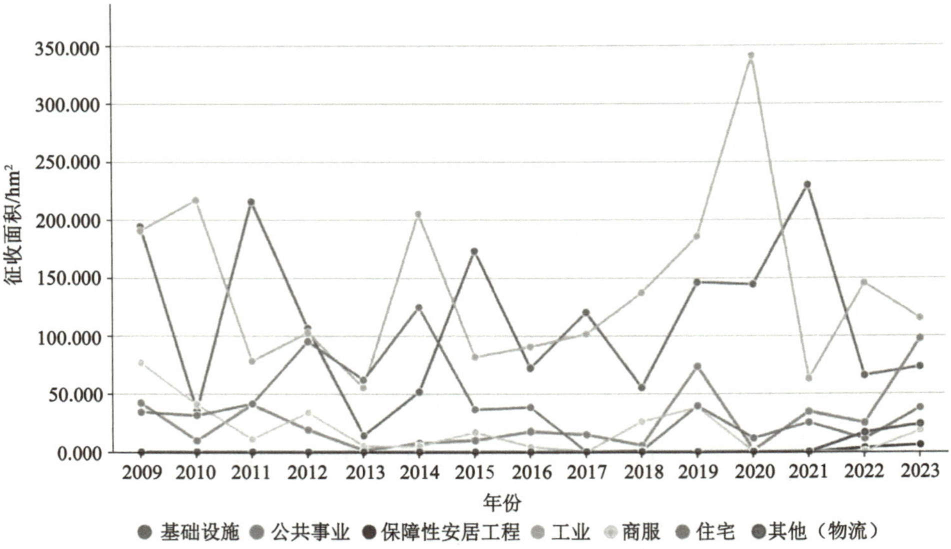

图 7-2　2009—2023 年宿迁市宿城区土地征收不同用途数量变化

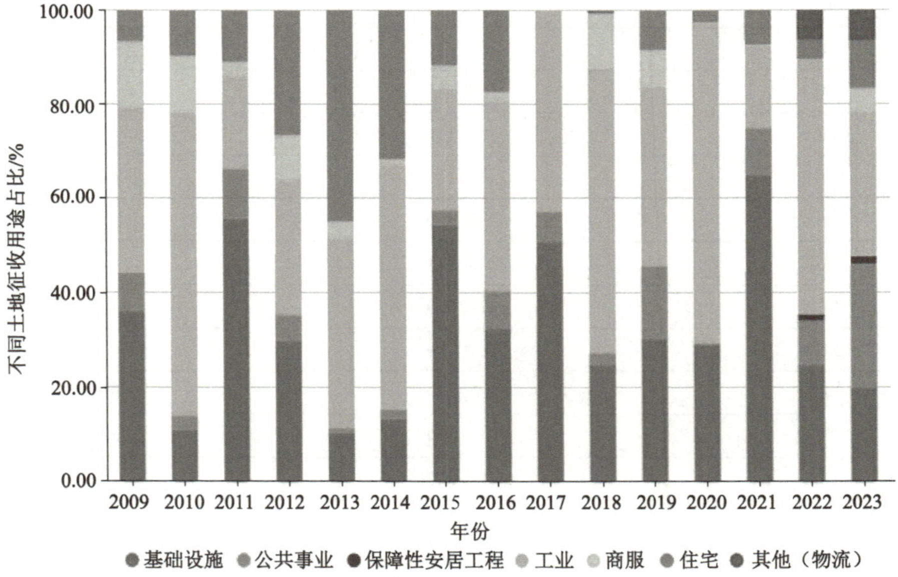

图 7-3　2009—2023 年宿迁市宿城区土地征收用途结构变化

2009 年土地征收面积为 538.300 hm^2，其中基础设施用地(1)最多，占征收土地总面积的 36.03%。剩下依次是工业用地(2)、商服用地(3)、公共事业用地(4)、住宅用地(5)，分别占征收土地总面积的 35.32%、14.32%、7.89%、6.43%。

2010 年土地征收面积为 335.450 hm^2，其中工业用地(1)最多，占征收土地总面积的 64.59%。剩下依次是商服用地(2)、基础设施用地(3)、住宅用地(4)、公共事业用地(5)，分别占征收土地总面积的 12.26%、10.76%、9.46、2.93%。

2011 年土地征收面积为 388.065 hm^2，其中基础设施用地(1)最多，占征收土地总面积的 55.52%。剩下依次是工业用地(2)、住宅用地(3)、公共事业用地(4)、商服用地(5)，分别占征收土地总面积的 20.22%、10.78%、10.60%、2.88%。

2012 年土地征收面积为 357.730 hm^2，其中基础设施用地(1)最多，占征收土地总面积的 29.76%。剩下依次是工业用地(2)、住宅用地(3)、商服用地(4)、公共事业用地(5)，分别占征收土地总面积的 28.69%、26.62%、9.55%、5.38%。

2013 年土地征收面积为 138.310 hm^2，其中住宅用地(1)最多，占征收土地总面积的 44.99%。剩下依次是工业用地(2)、基础设施用地(3)、商服用地(4)、公共事业用地(5)，分别占征收土地总面积的 40.20%、10.19%、3.64%、0.98%。

2014 年土地征收面积为 394.190 hm^2，其中工业用地(1)最多，占征收土地总面积的 51.99%。剩下依次是住宅用地(2)、基础设施用地(3)、公共事业用地(4)、商服用地(5)，分别占征收土地总面积的 31.61%、13.21%、1.92%、1.27%。

2015 年土地征收面积为 318.430 hm^2，其中基础设施用地(1)最多，占征收土地总面积的 54.26%。剩下依次是工业用地(2)、住宅用地(3)、商服用地(4)、公共事业用地(5)，分别占征收土地总面积的 25.75%、11.52%、5.36%、3.11%。

2016 年土地征收面积为 223.810 hm^2，其中工业用地(1)最多，占征收土地总面积的 40.51%。剩下依次是基础设施用地(2)、住宅用地(3)、公共事业用地(4)、商服用地(5)，分别占征收土地总面积的 32.38%、17.30%、7.88%、1.93%。

2017 年土地征收面积为 236.444 hm^2，其中基础设施用地(1)最多，占征收土地总面积的 50.75%。剩下依次是工业用地(2)、公共事业用地(3)、商服用地(4)，分别占征收土地总面积的 42.89%、6.28%、0.08%。

2018 年土地征收面积为 225.060 hm^2，其中工业用地(1)最多，占征收土地总面积的 60.72%。剩下依次是基础设施用地(2)、商服用地(3)、公共事业用地(4)、住宅用地(5)，分别占征收土地总面积的 24.69%、11.65%、2.45%、0.49%。

2019 年土地征收面积为 482.830 hm^2，其中工业用地(1)最多，占征收土地总面积的 38.33%。剩下依次是基础设施用地(2)、公共事业用地(3)、住宅用地(4)、商服用地(5)，分别占征收土地总面积的 30.20%、15.30%、8.24%、7.93%。

2020 年土地征收面积为 498.200 hm^2，其中工业用地(1)最多，占征收土地总面积的 68.44%。剩下依次是基础设施用地(2)、住宅用地(3)、公共事业用地(4)，分别占征收土地总面积的 28.92%、2.36%、0.28%。

2021 年土地征收面积为 353.290 hm^2，其中基础设施用地(1)最多，占征收土地总面积的 64.94%。剩下依次是工业用地(2)、公共事业用地(3)、住宅用地(4)、商服用地(5),分别占征收土地总面积的 17.84%、9.82%、7.15%、0.25%。

2022 年土地征收面积为 267.000 hm^2,其中工业用地(1)最多,占征收土地总面积的 54.31%。剩下依次是基础设施用地(2)、公共事业用地(3)、其他(物流)用地(4)、住宅用地(5)、保障性安居工程用地(6)、商服用地(7),分别占征收土地总面积的 24.67%、9.34%、6.20%、4.16%、1.25%、0.07%。

2023 年土地征收面积为 371.951 hm^2,其中工业用地(1)最多,占征收土地总面积的 30.89%。剩下依次是公共事业用地(2)、基础设施用地(3)、住宅用地(4)、其他(物流)用地(5)、商服用地(6)、保障性安居工程用地(7),分别占征收土地总面积的 26.24%、19.75%、10.19%、6.44%、4.93%、1.56%。

在 2009 年到 2023 年期间的土地征收中,整体趋势显示出年际间用途的不同侧重点。在这段时间内,2013 年主要用地方向为住宅用地,表明政府在提升城市功能和改善居民生活条件方面所采取的政策策略,力求满足不断增长的人口需求和提高生活质量。2009 年、2011 年、2012 年、2015 年、2017 年和 2021 年的土地征收主要集中于基础设施建设用地,这表明在这六年中,政府对城市基础设施的投资和提升给予了更高的关注度,目的在于为居民提供更好的公共服务和生活环境。其他年份的土地征收则主要侧重于工业建设用地,工业建设用地能够为城市提供大量就业机会,提升地方经济发展水平,推动区域转型升级,实现城市可持续发展。

在此基础上,2022 年和 2023 年分别出现了保障性安居工程的用地。这一趋势显示出政府对居民基本住房需求的重视,保障性安居工程的推出为低收入和中等收入家庭提供可负担的住房选择,促进社会的和谐与稳定。2022 年和 2023 年出现了其他建设用地,尤其是物流设施用地的征收。这表明在城市发展中,随着经济结构的调整和产业升级,政府开始重视现代物流和交通基础设施建设,以提升城市的综合竞争力和服务水平。这种变化反映了宿城区在城市规划中对经济发展的灵活应变和对新兴产业的重视,通过基础设施的优化来带动更广泛的经济活动和社会变化。

7.3.4 基础设施用地变化

宿迁市宿城区在土地征收过程中,基础设施建设用地占据了极为重要的地位。2009—2023 年,宿迁市宿城区基础设施建设涵盖了交通、能源以及水利三大类,征地中基础设施建设用地数量变化情况如图 7-4 所示。

2009 年基础设施建设用地全部为交通建设用地(1),占基础设施建设用地总面积的 100%。

2010 年基础设施建设用地中交通建设用地(1)最多,占基础设施建设用地总面积的 96.81%,其次是能源建设用地(2),占基础设施建设用地总面积的 3.19%。

2011 年、2012 年基础设施建设用地全部为交通建设用地(1),占基础设施建设用地总面积的 100%。

2013 年基础设施建设用地全部为水利建设用地(1),占基础设施建设用地总面积

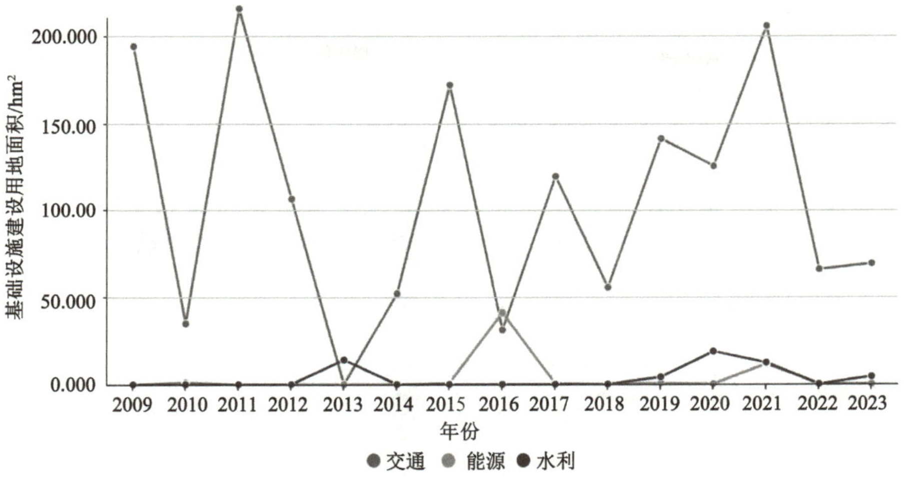

图 7-4 2009—2023 年宿迁市宿城区征地中基础设施建设用地数量变化

的 100%。

2014 年基础设施建设用地全部为交通建设用地(1),占基础设施建设用地总面积的 100%。

2015 年基础设施建设用地中交通建设用地(1)最多,占基础设施建设用地总面积的 99.59%,其次是能源建设用地(2),占基础设施建设用地总面积的 0.41%。

2016 年基础设施建设用地中能源建设用地(1)最多,占基础设施建设用地总面积的 56.85%,其次是交通建设用地(2),占基础设施建设用地总面积的 43.15%。

2017 年基础设施建设用地中交通建设用地(1)最多,占基础设施建设用地总面积的 99.64%,其次是能源建设用地(2),占基础设施建设用地总面积的 0.36%。

2018 年基础设施建设用地全部为交通建设用地(1),占基础设施建设用地总面积的 100%。

2019 年基础设施建设用地中交通建设用地(1)最多,占基础设施建设用地总面积的 96.81%,其次是水利建设用地(2)、能源建设用地(3),分别占基础设施建设用地总面积的 2.81%、0.38%。

2020 年基础设施建设用地中交通建设用地(1)最多,占基础设施建设用地总面积的 86.98%,其次是水利建设用地(2),占基础设施建设用地总面积的 13.02%。

2021 年基础设施建设用地中交通建设用地(1)最多,占基础设施建设用地总面积的 89.59%,其次是水利建设用地(2)、能源建设用地(3),占基础设施建设用地总面积的 5.40%、5.00%。

2022 年基础设施建设用地全部为交通建设用地(1),占基础设施建设用地总面积的 100%。

2023 年基础设施建设用地中交通建设用地(1)最多,占基础设施建设用地总面积的

94.20%，其次是水利建设用地(2)，占基础设施建设用地总面积的 5.80%。

图 7-5 清晰地反映出，交通建设用地是这一领域的主要利用方向。2009 年至 2023 年，交通建设用地面积累计占基础设施用地总面积的 93.57%。能源和水利建设的累计用地面积分别占基础设施用地总面积的 3.27%和 3.16%。

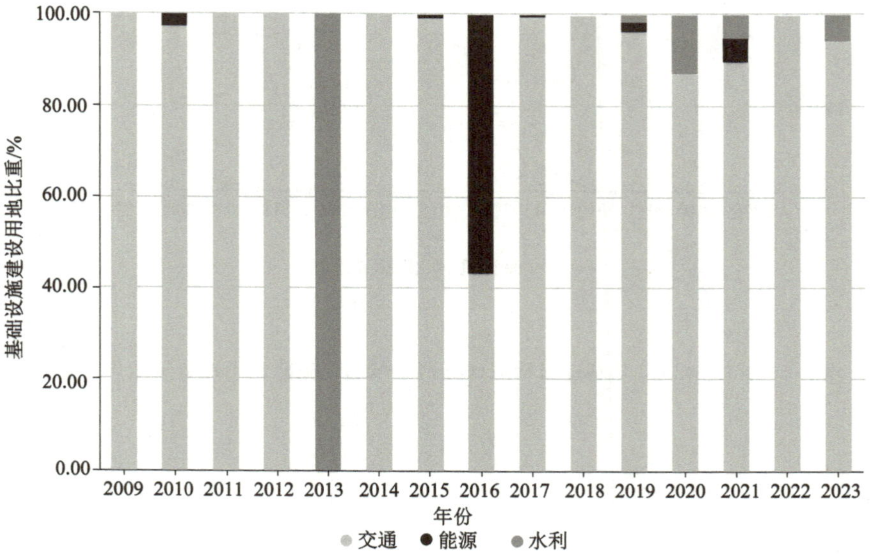

图 7-5 2009—2023 年宿迁市宿城区征地中基础设施建设用地比重变化

在 2009 年至 2023 年期间，宿迁市宿城区的土地征收在基础设施建设用地的分配上呈现出明显的年度差异。其中，2013 年的基础设施建设用地显著侧重于特定领域，全部用于水利建设，反映了政府提升水资源管理和防洪抗洪能力的目的，有助于提升整个城市的水安全水平，满足市民日常生活与生产活动的需求。

在其他年份，基础设施建设用地主要集中在交通建设上。具体而言，2009 年、2011 年、2012 年、2014 年、2018 年和 2022 年这六个年度，交通用地占基础设施用地面积的 100%。这表明在这些年份，所有基础设施用地的开发都完全致力于交通设施的建设，例如道路、桥梁和公共交通系统等。这种对交通基础设施的集中投资，旨在改善城市的通达性，提高居民的出行便利度，促进经济的流动性与发展。

7.3.5 公共事业用地变化

由图 7-3 可以看出，尽管公共事业用地在整体土地征收中所占的比重相对较小，但这部分土地一直以来都存在且数量保持相对稳定。公共事业用地通常是指为了满足市民生活需求而进行规划和建设的区域，2009—2023 年，宿迁市宿城区公共事业建设涵盖了科技、教育、文化、卫生、防灾减灾、社区服务、市政公用以及公墓八个类别。2009—2023 年宿迁市宿城区征地中公共事业建设用地数量变化如图 7-6 所示。

2009 年公共事业建设用地中教育建设用地(1)最多，占公共事业建设用地总面积的 67.95%，剩下依次是市政公用建设用地(2)、防灾减灾建设用地(3)、卫生建设用地(4)，分

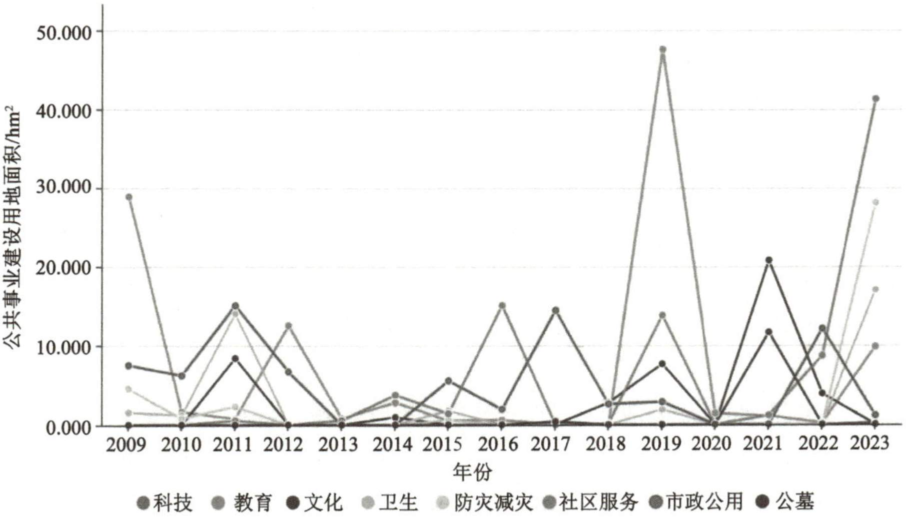

图 7-6 2009—2023 年宿迁市宿城区征地中公共事业建设用地数量变化

别占公共事业建设用地总面积的 17.67%、10.68%、3.69%。

2010 年公共事业建设用地中市政公用建设用地(1)最多,占公共事业建设用地总面积的 63.19%,剩下依次是教育建设用地(2)、卫生建设用地(3)、防灾减灾建设用地(4),分别占公共事业建设用地总面积的 16.57%、12.22%、8.01%。

2011 年公共事业建设用地中市政公用建设用地(1)最多,占公共事业建设用地总面积的 36.60%,剩下依次是卫生建设用地(2)、文化建设用地(3)、防灾减灾建设用地(4)、教育建设用地(5)、社区服务建设用地(6),分别占公共事业建设用地总面积的 34.12%、20.43%、5.61%、1.90%、1.34%。

2012 年公共事业建设用地中教育建设用地(1)最多,占公共事业建设用地总面积的 65.26%,其次是市政公用建设用地(2),占公共事业建设用地总面积的 34.74%。

2013 年公共事业建设用地中教育建设用地(1)最多,占公共事业建设用地总面积的 58.82%,其次是社区服务建设用地(2),占公共事业建设用地总面积的 41.18%。

2014 年公共事业建设用地中社区服务建设用地(1)最多,占公共事业建设用地总面积的 49.80%,剩下依次是教育建设用地(2)、文化建设用地(3),分别占公共事业建设用地总面积的 37.35%、12.85%。

2015 年公共事业建设用地中市政公用建设用地(1)最多,占公共事业建设用地总面积的 56.16%,剩下依次是卫生建设用地(2)、社区服务建设用地(3)、防灾减灾建设用地(4)、教育建设用地(5),分别占公共事业建设用地总面积的 18.08%、14.44%、5.96%、5.35%。

2016 年公共事业建设用地中社区服务建设用地 (1)最多,占公共事业建设用地总面积的 85.59%,剩下依次是市政公用建设用地(2)、教育公用建设用地(3),分别占公共事业建设用地总面积的 11.06%、3.35%。

2017 年公共事业建设用地中市政公用建设用地(1)最多,占公共事业建设用地总面积的 97.31%，其次是公墓建设用地(2)，占公共事业建设用地总面积的 2.69%。

2018 年公共事业建设用地中文化建设用地(1)最多，占公共事业建设用地总面积的 50.27%，剩下依次是市政公用建设用地(2)、社区服务建设用地(3)，分别占公共事业建设用地总面积的 47.19%、2.54%。

2019 年公共事业建设用地中教育建设用地(1)最多，占公共事业建设用地总面积的 64.420%，剩下依次是社区服务建设用地(2)、文化建设用地(3)、市政公用建设用地(4)、卫生建设用地(5)，分别占公共事业建设用地总面积的 18.73%、10.38%、3.90%、2.57%。

2020 年公共事业建设用地全部为教育建设用地(1)，占公共事业建设用地总面积的 100%。

2021 年公共事业建设用地中文化建设用地(1)最多，占公共事业建设用地总面积的 59.87%，剩下依次是公墓建设用地(2)、社区服务建设用地(3)、教育建设用地(4)，分别占公共事业建设用地总面积的 33.67%、3.32%、3.14%。

2022 年公共事业建设用地中市政公用建设用地(1)最多，占公共事业建设用地总面积的 48.62%，剩下依次是社区服务建设用地(2)、文化建设用地(3)、教育建设用地(4)，分别占公共事业建设用地总面积的 34.94%、15.64%、0.80%。

2023 年公共事业建设用地中社区服务建设用地(1)最多，占公共事业建设用地总面积的 42.33%，剩下依次是防灾减灾建设用地(2)、卫生建设用地(3)、教育建设用地(4)、市政公用建设用地(5)、科技建设用地(6)，分别占公共事业建设用地总面积的 28.80%、17.44%、10.08%、1.16%、0.21%。

由图 7-7 可知，2009—2023 年，公共事业建设用地中，用于教育建设用地最多，面积为 108.723 hm^2，占公共事业用地总面积的 27.04%。其次是社区服务用地，面积为 86.540 hm^2，占公共事业用地总面积的 21.52%。除了教育和社区服务用地，其他类型的公共设施用地也发挥着不可忽视的作用，宿迁市宿城区内科技、文化、卫生、防灾减灾、市政公用以及公墓的土地利用情况如下：科技用地面积为 0.201 hm^2，占公共事业用地面积的 0.05%；文化用地面积为 44.484 hm^2，占公共事业用地面积的 11.06%；卫生用地面积为 37.518 hm^2，占公共事业用地面积的 9.33%；防灾减灾用地面积为 36.336 hm^2，占公共事业用地面积的 9.04%；市政公用用地面积为 76.170 hm^2，占公共事业用地面积的 18.95%；公墓用地面积则为 12.080 hm^2，占公共事业用地面积的 3.00%。

宿迁市宿城区的公共事业建设用地的用途表现出明显的侧重，其中教育和社区服务建设用地占据了主要份额。教育用地的配置不仅包括学校、培训机构等教育设施，还涵盖了图书馆和其他学习资源中心。这一类用地的增加表明了政府在投资教育方面的承诺，改善教学环境、提升教育质量，为未来的人才培养打下坚实基础。同时，社区服务建设用地也发挥着重要作用。这些用地通常包含社区中心、体育设施和老年活动场所等，致力于增强社区的凝聚力和居民间的互动，使得居民能够在日常生活中享受更全面的服务体验。这种侧重于社区服务的布局，有助于构建更和谐、紧密的社区关系，提升居民的幸福感和归属感，充分反映了政府对提升居民生活质量与社会服务能力的重视。

除教育和社区服务用地外，市政公用、文化、防灾减灾和卫生建设用地同样不可忽视。

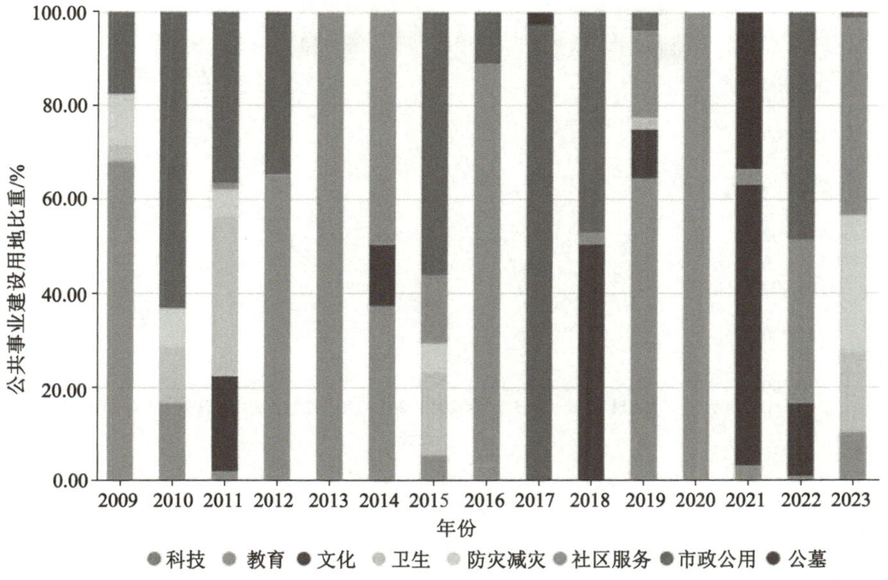

图 7-7　2009—2023 年宿迁市宿城区征地中公共事业建设用地比重变化

这些用地的开发旨在提升城市的基本公共服务水平,保障居民的生活安全与健康。值得一提的是,公墓和科技建设用地在这段时间内的配置相对较少。公墓用地的稀缺可能与当地对土地资源的总体规划有关,而科技用地的不足则可能反映出在科技创新与经济发展上未能及时充分投入,导致该领域的基础设施建设滞后。

7.3.6　工业建设用地变化

如图 7-8 所示,2009—2023 年工业建设用地的总面积虽受到经济形势、政策调整和市场需求变化等多种因素的影响而有所波动,但总体数据表明,工业建设用地在各年的占比和数量仍然较为可观。这一趋势反映了在国家经济结构转型和工业化进程持续推进的背景下,工业用地需求强劲。具体来看,2013 年是一个较为特殊的年份,工业建设用地面积相对最低,仅为 55.600 hm^2,这一数据占工业建设用地总面积的 2.64%。值得注意的是,这一年整体土地征收总量也是最低。这一低点可能与当年政府对于土地市场的调控措施加大有关,旨在优化土地资源配置和使用效率,遏制土地开发的随意性,促进分散和集中的合理安排,特别是在工业用地的投资与开发上尤为明显。2013 年经济正经历转型升级的阶段,部分传统行业受到较大冲击,部分落后产能被淘汰。在这种情况下,新兴行业的发展需要更多的市场适应和政策引导,以致对新的工业用地需求相对低迷。

2020 年是工业建设用地的高峰期,面积为 340.950 hm^2,占工业建设用地总面积的 16.17%,反映了经济在复杂环境中的恢复能力,同时也揭示了工业用地需求旺盛的内在驱动因素。随着经济的不断发展,宿城区积极引进和发展各类企业,力求通过工业化带动经济增长、增加就业机会、提升区域竞争力。工业用地的集中开发为当地经济注入了活力,为企业创造了良好的营商环境,同时也促进了相关产业链的发展。

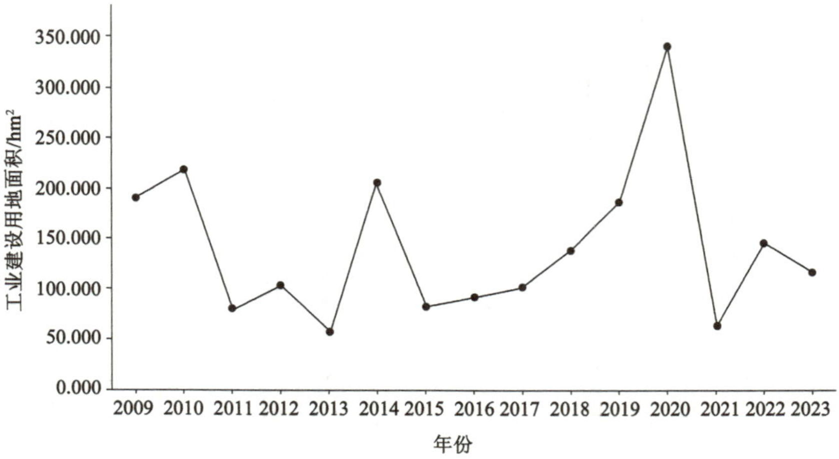

图 7-8 2009—2023 年宿迁市宿城区征地中工业建设用地数量变化

7.3.7 住宅建设用地变化

如图 7-9 所示，2009—2023 年土地征收用地中住宅建设用地数量呈先上升后下降趋势，这一趋势引人关注，反映出经济与市场之间的复杂关系。具体来看，在这一时期，尤其是 2017 年和 2018 年，是住宅建设用地面积最低的年份，分别为 0 hm^2 和 1.100 hm^2，占住宅建设用地总面积的 0.00%和 0.19%。这样的数据清楚地表明，在这两年中，与以往的活跃年份相比，市场的疲软状态导致了住宅建设项目的严重萎缩。相较之下，2014 年住宅建设用地面积最多，为 124.620 hm^2，占住宅建设用地总面积的 21.03%。这一高峰的形成与当时经济的相对活跃和市场信心的强烈密切相关。

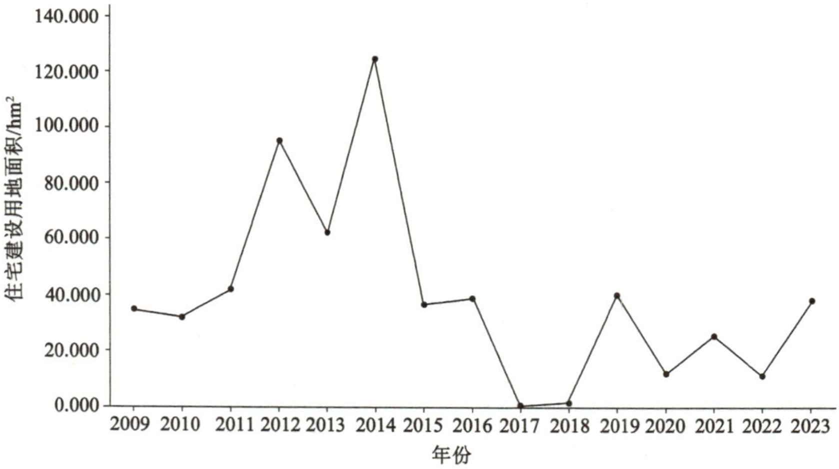

图 7-9 2009—2023 年宿迁市宿城区征地中住宅建设用地数量变化

2014 年住宅建设用地的高峰期与 2017 年和 2018 年的低迷状态形成了鲜明的对比，显示出市场发展变化的波动性。这种波动不仅反映了市场供需关系的变化，还深刻体现了政策调控对土地供应和市场需求之间的显著影响。政策的调整往往是为了应对市场状况的变化，但如果未能及时适应市场的新需求，则可能导致开发活跃度下降，进而引发市场的低迷。

7.3.8 商服建设用地变化

如图 7-10 所示，2009—2023 年土地征收用地中商服建设用地数量整体呈下降趋势。从具体数据来看，商服用地数量整体较少，这种情况在 2020 年表现得尤为明显，商服建设用地面积在这年为 0.000 hm^2。相对而言，2009 年是商服用地开发的高峰期，当年商服用地的数量最多，面积达 77.110 hm^2，占当年商服建设用地总面积的 27.62%。这一数据不仅反映了当时经济较为活跃，也说明在那一时期，商服建筑的发展受到了较大的重视与支持，诸如政府的政策鼓励和市场需求的增长，都为商服用地的开发奠定了良好的基础。

然而，自 2009 年开始，商服建设用地面积却呈现出持续下降的趋势，特别是在 2017 年、2020 年、2021 年及 2022 年，商服建设用地的面积几乎接近于零。进入 2018 年和 2019 年，商服建设用地面积有所增加，但这种势头并未形成持久的增长趋势。2020 年，商服建设用地再次降到 0.000 hm^2，这反映了经济的不确定性对投资决策的深远影响。整体而言，商服建设用地的变化不仅仅是市场供需之间的动态反映，更是政策导向、城市规划调整及实际经济活动状态的综合结果。这一系列因素相互交织，导致了商服用地在过去十几年的显著波动，在分析时，需要更加关注政策变迁与市场环境之间的复杂关系，以便及时调整战略应对未来的变化。

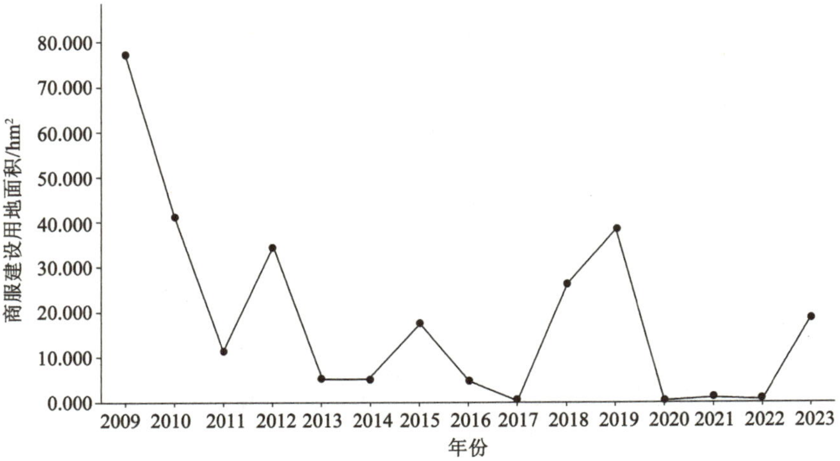

图 7-10 2009—2023 年宿迁市宿城区征地中商服建设用地数量变化

7.3.9 土地征收用途演变驱动因素

从工业文明到生态文明，从城乡二元发展到城乡融合发展，人民群众日益增长的美好生活需要带来的是新国土空间开发保护模式[196]。土地征收则是要围绕公共利益需求导向，根据当地国民经济、社会发展规划、国土空间规划对土地进行征收与利用。城市化进程的加速、经济发展性需求的变化、政策法规的调整等都会影响到土地征收用途的演变[197]。

宿迁市宿城区的土地征收规模从2009年至2023年呈现出不稳定的波浪形趋势，也反映了政策、经济和市场需求等多重因素的影响。

根据上述分析，根据宿迁市宿城区征地用途演变实际情况，选取了以下驱动因子：历年年末户籍人口(X_1)、历年城镇化率(X_2)、历年综合能源消耗(X_3)、固定资产投资额(X_4)、第二产业产值(X_5)、第三产业产值(X_6)、地区生产总值(X_7)、历年地区人均生产总值(X_8)、总户数(X_9)、财政总收入(X_{10})、财政总支出(X_{11})11个指标，指标数据主要来自《宿迁市统计年鉴》。具体分析步骤如下：

(1) 指标数据标准化

采用SPSS软件进行主成分分析。由于各指标单位不同，首先对其进行标准化处理，详见表7-3。

表7-3　标准化后的驱动因子数据

年份	X_1	X_2	X_3	X_4	X_5	X_6
2008	−1.685	−2.079	−1.501	−1.512	1.444	−1.332
2009	−1.612	−1.781	−1.143	−1.084	−1.302	−1.152
2010	−1.660	−0.703	−1.907	−0.762	−0.816	−1.038
2011	−0.797	−0.525	−1.331	−1.283	−0.312	−0.863
2012	−0.717	−0.385	0.011	−0.983	0.200	−0.566
2013	0.205	−0.365	0.796	−0.502	−0.569	−0.455
2014	0.379	−0.198	1.310	0.034	−0.251	−0.334
2015	0.505	0.252	1.281	0.566	−0.016	−0.199
2016	0.618	0.464	0.315	1.008	0.376	−0.043
2017	0.662	0.496	0.235	1.342	0.825	0.125
2018	0.704	0.652	0.386	−0.189	1.150	0.265
2019	0.783	0.830	0.179	0.047	0.031	0.985
2020	0.835	0.947	0.323	0.739	0.099	1.176
2021	0.897	1.133	0.359	1.134	0.919	1.528
2022	0.885	1.263	0.687	1.444	1.840	1.903
年份	X_7	X_8	X_9	X_{10}	X_{11}	
2008	−1.383	−1.555	−0.637	−1.350	−1.471	
2009	−1.262	−1.306	−0.591	−1.021	−1.277	
2010	−1.051	−1.039	−0.764	−0.602	−1.091	
2011	−0.781	−0.951	−0.252	−0.509	−0.771	
2012	−0.441	−0.709	−0.539	−0.610	−0.555	
2013	−0.547	−0.371	0.301	−0.335	−0.278	
2014	−0.371	−0.201	−0.653	−0.129	−0.105	
2015	−0.202	−0.041	−0.749	−0.429	−0.100	

表 7-3(续)

年份	X_7	X_8	X_9	X_{10}	X_{11}	
2016	0.042	0.189	−0.626	0.799	0.709	
2017	0.247	0.377	−0.494	−0.028	0.633	
2018	0.505	0.694	−0.361	−0.460	−0.132	
2019	0.755	0.932	−0.193	0.158	0.382	
2020	0.937	0.833	1.581	0.967	1.903	
2021	1.656	1.465	1.889	2.701	1.788	
2022	1.897	1.685	2.088	0.850	0.365	

(2) 计算相关系数矩阵

根据表 7-4 可知,变量与变量间存在显著相关性,为了检验数据是否适合进行主成分分析,对主成分分析的数据进行 KMO 检验和巴特利特(Barlett)球形检验,结果如表 7-5 所示,KMO 为 0.797,大于 0.700,且显著性小于 0.050,表明数据支持主成分分析。

表 7-4 相关系数矩阵

	X_1	X_2	X_3	X_4	X_5	X_6	X_7	X_8	X_9	X_{10}	X_{11}
X_1	1.000	0.919	0.847	0.844	0.797	0.832	0.841	0.902	0.504	0.692	0.842
X_2	0.919	1.000	0.658	0.846	0.898	0.906	0.923	0.950	0.602	0.773	0.856
X_3	0.847	0.658	1.000	0.660	0.594	0.565	0.570	0.642	0.284	0.428	0.584
X_4	0.844	0.846	0.660	1.000	0.774	0.807	0.819	0.854	0.538	0.761	0.830
X_5	0.797	0.898	0.594	0.774	1.000	0.799	0.857	0.863	0.530	0.637	0.659
X_6	0.832	0.906	0.565	0.807	0.799	1.000	0.991	0.978	0.819	0.824	0.841
X_7	0.841	0.923	0.570	0.819	0.857	0.991	1.000	0.985	0.799	0.834	0.835
X_8	0.902	0.950	0.642	0.854	0.863	0.978	0.985	1.000	0.721	0.808	0.843
X_9	0.504	0.602	0.284	0.538	0.530	0.819	0.799	0.721	1.000	0.767	0.674
X_{10}	0.692	0.773	0.428	0.761	0.637	0.824	0.834	0.808	0.767	1.000	0.891
X_{11}	0.842	0.856	0.584	0.830	0.659	0.841	0.835	0.843	0.674	0.891	1.000

表 7-5 KMO 和巴特利特检验结果

KMO 取样适切性量数		0.797
巴特利特球形检验	近似卡方	239.777
	自由度	55
	显著性	<0.001

(3) 计算特征值和特征向量

按照特征值大于1的原则，提取2个主成分——历年年末户籍人口(X_1)、历年城镇化率(X_2)，累积方差贡献率为88.613%，如表7-6所示。

表7-6 解释总方差表

成分	初始特征值			提取载荷平方和		
	总计	方差百分比	累积/%	总计	方差百分比	累积/%
X_1	8.741	79.47	79.47	8.741	79.47	79.47
X_2	1.006	9.15	88.61	1.006	9.15	88.61
X_3	0.456	4.15	92.76			
X_4	0.348	3.16	95.93			
X_5	0.170	1.55	97.48			
X_6	0.141	1.28	98.76			
X_7	0.078	0.71	99.47			
X_8	0.028	0.25	99.72			
X_9	0.025	0.23	99.95			
X_{10}	0.004	0.03	99.99			
X_{11}	0.002	0.02	100.00			

(4) 计算各主成分得分

根据以上分析，首先计算第一主成分中每个变量因子所对应的表达式系数，第一成分表达式为：

$$F_1=-0.149\times X_1+0.006\times X_2-0.355\times X_3-0.026\times X_4-0.031\times X_5+0.196\times X_6+0.179\times X_7+0.092\times X_8+0.449\times X_9+0.290\times X_{10}+0.130\times X_{11}$$

第二成分表达式为：

$$F_2=0.310\times X_1+0.153\times X_2+0.489\times X_3+0.176\times X_4+0.177\times X_5-0.047\times X_6-0.027\times X_7+0.066\times X_8-0.350\times X_9-0.162\times X_{10}+0.014\times X_{11}$$

(5) 计算综合得分

总表达式为：

$$F=0.897\times F_1+0.103\times F_2 \tag{7-1}$$

利用式(7-1)对宿迁市宿城区社会指标进行分析，结果如表7-7所示。由表可知，宿迁市宿城区土地征收用途变化主要受人口和城镇化进程的影响。宿迁市宿城区人口持续增长，导致对住房、基础设施和公共服务的需求增加，这可能促使土地征收的用途可能从农业用地转向住宅、商业和公共设施用地。随着城镇化进程的加快，宿城区的城市化水平逐年提高，产业结构发生变化，农田和边缘地区被开发为城市用地，土地的性质和使用功能发生了明显的变化，从而影响土地征收的政策和实施。

表 7-7　综合得分结果

年份	F_1	F_2	F
2008	−0.643	−1.806	−0.760
2009	−0.596	−1.395	−0.680
2010	−0.182	−1.475	−0.320
2011	−0.127	−1.100	−0.230
2012	−0.627	−0.142	−0.580
2013	−0.504	0.165	−0.430
2014	−1.009	0.950	−0.810
2015	−1.094	1.261	−0.850
2016	−0.179	0.774	−0.080
2017	−0.283	0.976	−0.150
2018	−0.375	0.896	−0.240
2019	0.246	0.513	0.270
2020	1.457	−0.001	1.310
2021	2.282	−0.106	2.040
2022	1.636	0.489	1.520

从政策角度来看，国家“十三五”规划（2016—2020 年）和“十四五”规划（2021—2025 年）对我国经济、社会和土地利用等多个领域的发展目标和策略制定了总体框架。在这一过程中，土地征收作为实现城市化、经济发展和社会福利的重要手段，受到规划的影响和引导。“十三五”期间，对城市轨道交通的研究主要集中在对高铁开通的影响方面。交通基础设施建设是地区经济发展的重要政策工具。国家对基础设施建设的投入持续加大，推动交通网络的完善。宿迁市为满足交通运输需求，铁路、公路、港口等基础设施建设进行了大量征地，既是满足城市发展的需要，也是推动经济高质量发展的重要举措。“十三五”规划中明确提出要加大保障性安居工程的建设力度，力争到 2020 年基本实现居民住房的保障，同时推动经济适用房、廉租房、公共租赁住房等多种形式的保障性住房建设。“十四五”规划持续推进保障性安居工程建设，旨在解决低收入群体的住房问题。宿迁市部分土地被征收并用作保障性住房建设，支持社会的稳定与和谐。国家强调教育公平和资源均衡分配，增加了对新学校和教育设施建设的土地需求，相应促进了宿迁市相关土地的征收和用途转换。

我国的二元土地制度赋予地方政府利用土地引导产业布局和推动城市建设的特殊权利[198]。在经济高质量发展的背景下，产业结构调整，传统产业转型及新兴产业发展需要新的工业用地。土地用途从传统低效的工业用地向高新技术、制造业及现代服务业用地转变。宿迁作为江苏省的一个年轻地级市，面临着传统产业转型的压力。随着国家对高质量发展的重视，宿迁加快推动传统制造业向高新技术产业和现代服务业的转型，以提升经济竞争力和可持续发展能力。近年来，宿迁市在土地征收中，土地利用方向很大一部分为工业用地。这表明政府在推动经济转型过程中，重视对土地资源的合理配置，既通过土地征收来保障新兴产业用地，又通过盘活处置低效产业用地，用于高新技术产业园区、现代服务业项目，提升土地利用效率。

而随着电子商务的兴起，物流需求大幅增加，推动宿迁土地用途向物流园区和配套设施的转换。物流用地的征收能够有效支持这一行业的可持续发展。随着城市化进程的加快，房地产市场通常表现活跃，对土地的需求增加，征地用途也可能向住宅、商业地产等方向发展。政府在征地时需平衡住宅用地和商业用地的需求，确保满足居民的住房需求，同时为经济发展提供适宜的空间。

随着城市化和经济的发展，宿迁土地征收与利用将继续朝着高质量和可持续发展的方向演进。政府在土地征收中应优先考虑资源的合理配置和有效利用，推动生态友好型发展。在这一过程中，政府需要不断优化资源配置，促进经济与生态的协调发展，实现城市的全面、协调和可持续发展。

7.4 本章小结

本章主要分析了土地征收制度的变迁、宿迁市土地征收制度的现状以及土地征收用途的变化。在详细了解土地征收制度变迁的基础上，对研究区的土地征收制度的制定依据、土地征收的流程、补偿安置标准进行分析总结，并举例说明。此外，对研究区的征地规模变化、征地用途结构变化以及征地用途中基础设施建设用地、公共事业建设用地、工业建设用地、住宅建设用地、商服建设用地的变化进行分析，解释了征地用途演变的主要特征、动态过程以及驱动因素。主要结论如下：

（1）我国土地征收制度的改革有以下几个趋势和特点：① 逐步推进法制化进程。我国土地征收制度从1950年至今逐步建立完善，并且不断细化完善。② 逐渐重视农民权益。农民在征地过程中的地位逐步提升，各项权利得到保障，补偿标准和安置方式越来越合理。③ 强调可持续发展和生态保护。要求耕地总量动态平衡，严格控制建设用地占用耕地。

（2）宿迁市依据《中华人民共和国土地管理法》《中华人民共和国土地管理法实施条例》《江苏省土地管理条例》等相关法律法规，建立了符合公共利益的土地征收制度。该制度旨在维护被征地农民的合法权益，确保土地征收过程的规范性和合理性。通过明确土地征收的程序和标准，宿迁市努力保障被征地农民的知情权和参与权，确保他们在土地征收过程中获得公平的补偿与安置，从而促进社会的和谐与发展。这一制度的实施不仅为宿迁城市建设和经济发展提供了法律保障，也为推进城乡一体化和可持续发展奠定了坚实基础。

（3）征地规模变化：宿迁市宿城区的土地征收规模在2009年至2023年间呈现出不稳定的波浪形趋势，反映出经济、政策和市场需求等多重因素的综合影响。2019年和2020年的高峰表明地区土地需求的持续增长，为后续的发展和规划提供了数据支持和参考依据。了解这些趋势，有助于政府制定更加科学合理的土地管理政策，以适应未来的城市发展需要。

（4）用途结构变化：2009年至2023年之间的土地征收情况，反映了宿迁市宿城区在不同年份采用的不同发展策略与目标。基础设施建设、工业、住宅、商服、保障性住房以及新兴物流等用地的规划，不仅体现了政府对城市功能提升的努力，也承载着对居民生活品质的持续关注与不同阶段经济社会发展的深刻理解。

基础设施建设用地变化：宿迁市宿城区在基础设施建设用地的年度分配上展示了灵活的策略与明确的方向。在关注水利与能源建设的同时，重视交通基础设施的全面发展，体现了政府在不同阶段对城市功能与服务的综合考虑。交通基础设施的建设占有绝对的主导地位，突显了在交通领域的快速扩展和优先发展策略，反映出城市在快速发展过程中对交通网络的高度依赖，与城市化进程加快、人口流入以及交通需求增加密切相关。

公共事业建设用地变化：宿迁市宿城区的公共事业用地配置虽然在整体土地征收中所占比例不大，但其稳定性和多样性对于提升居民生活质量、推动社会发展及增强城市韧性具有深远影响。宿迁市宿城区在公共事业建设用地的用途上表现出对教育和社区服务的优先关注。同时，市政公用、文化、防灾减灾和卫生等领域的布局也展示了政府在提升城市生活品质和居民安全方面的努力，而对科技建设用地的相对忽视则可能为未来的土地利用规划提供了改进的空间。

工业用地变化：在整个研究周期内，随着经济的发展和工业化的深入推进，工业用地的需求始终存在。在不同的年度，尽管受到经济周期、政策调控和市场需求等多重因素的影响，工业用地的总量总体始终较高。这一现象表明，政府在推动地方经济发展和产业结构优化方面，依然将工业用地视为重要的战略资源。

住宅用地变化：在 2009 年至 2023 年期间，住宅用地经历了波动和变化，但整体呈下降趋势。这一过程深刻反映了经济周期、市场需求以及政策调控之间的复杂关系。政府为了抑制房地产市场的过热和投机行为，实施了一系列的限购、限贷政策，防止房价过快上涨，通过各种措施维护市场稳定，保障刚性住房需求。

商服用地变化：商服用地数量整体起伏较大，虽然数量不多，却为城市的经济活力和居民的生活便利提供了重要支持。进入 2012 年后，除 2018 年和 2019 年外，商服用地开发较少，反映出政府对房地产市场的调控政策力度加大。政府的政策导向与管理举措将直接影响商服用地开发的有效性和可持续性，合理规划和有效管理商服用地是提升城市竞争力和居民生活质量的关键因素。

(5) 土地征收用途演变驱动因素：从主成分分析的结果来看，宿迁市宿城区土地征收利用变化主要受人口和城镇化进程的影响。“十三五”与“十四五”规划在经济发展与社会建设方面的目标直接影响了土地征收用途的演变。国家加大对交通基础设施建设的投入，强调保障性住房和教育资源的均衡分配。此外，随着经济高质量发展和产业结构调整的要求，征地用途也在向高新技术产业、现代服务业和物流园区转型，从而反映出市场需求变化对土地征收的深远影响。宿迁市的土地征收和利用在政策、经济等影响下朝着高质量和可持续发展方向演进，推动生态友好型社会发展。这一系列变化表明，国家政策与市场环境紧密交织，相互促进，推动土地资源的有效配置与优化利用。

8 土地征收利益均衡管理研究

8.1 土地征收利益主体及关系

8.1.1 宿迁市征收现状

宿迁市产业兴旺、蓬勃发展，在坚持工业强市导向下，全市地区生产总值不断突破，经济的快速发展带动了各类用地的需求增加，无论是住宅、商业还是工业用地，都随着经济的发展而不断增加，这促使政府通过土地征收来满足这些用地需求。

分析图 8-1 可知，宿迁市宿城区近年来土地征收规模呈波浪形趋势，但总体来看，宿城区历年的土地征收面积都相当大，除 2013 年，大部分年份的征地面积总量都超过 200 hm^2。而表 8-1 展现了 2009—2023 年期间宿城区的土地征收用途变化，其显现出征地年际间用途的不同侧重点，可以清晰看出宿城区大多年份的土地征收主要侧重于工业建设用途。这一显著现象不仅仅是国家宏观层面基础设施建设与快速城市化进程不可或缺的一环，更是直接触及农民群体的生计根基以及社会整体稳定的深层议题。

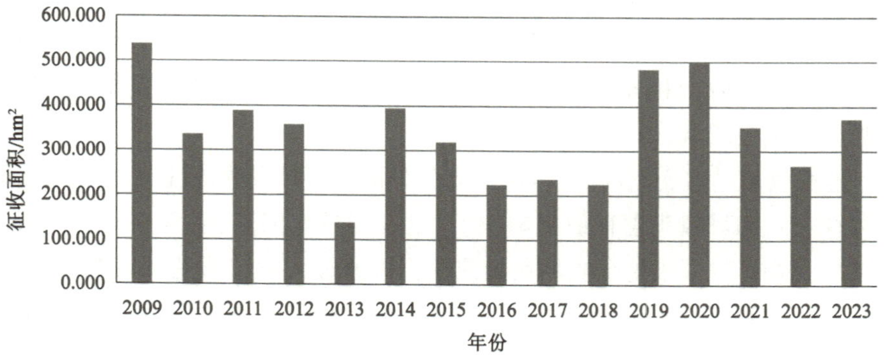

图 8-1 宿迁市宿城区 2009—2023 年征地面积统计图

鉴于此，对宿迁市土地征收利益均衡的深入研究变得尤为迫切和重要。该研究的核心目标，在于构建一个公平、透明且高效的土地征收利益均衡分配框架，确保在每一次土地征收行为中，无论是作为政策制定者的政府、寻求发展空间的开发商，还是直接受到影响的农村集体经济组织及广大农民个体，其合法权益都能得到充分的尊重与保护。

表 8-1 宿迁市宿城区 2009—2023 年土地征收用途变化表 单位：hm^2

年度	基础设施	公共事业	保障性安居工程	工业	住宅	商服	其他
2009	193.960	42.490	0.000	190.130	77.110	34.610	0.000
2010	36.083	9.827	0.000	216.660	41.130	31.750	0.000
2011	215.438	41.144	0.000	78.480	11.183	41.820	0.000
2012	106.460	19.260	0.000	102.630	34.160	95.220	0.000
2013	14.090	1.360	0.000	55.600	5.030	62.230	0.000
2014	52.080	7.550	0.000	204.920	5.020	124.620	0.000
2015	172.790	9.900	0.000	82.000	17.070	36.670	0.000
2016	72.470	17.630	0.000	90.670	4.320	38.720	0.000
2017	119.984	14.860	0.000	101.400	0.200	0.000	0.000
2018	55.570	5.510	0.000	136.660	26.220	1.100	0.000
2019	145.810	73.890	0.000	185.050	38.290	39.790	0.000
2020	144.080	1.410	0.000	340.950	0.000	11.760	0.000
2021	229.430	34.690	0.000	63.030	0.870	25.270	0.000
2022	65.880	24.930	3.330	145.000	0.200	11.100	16.560
2023	73.453	97.601	5.808	114.890	18.343	37.916	23.940

8.1.2 利益主体

土地在由资源向资产转变的过程中释放出巨大的增值，在土地征收过程中，各利益主体之间存在一定的利益关系。从本质上说，土地征收中的主要纠纷都是源于土地征收相关的各方主体的利益之争。

对于土地征收涉及了哪些利益主体，不同学者给出了不同意见。有学者认为分为地方政府和失地农民两个主体；有学者认为可以分为三个主体：政府、被征收对象（农民/农村集体经济组织）和土地使用者（用地单位/开发商）；有学者认为是四个主体：地方政府、农村集体经济组织、开发商和农民；亦有学者认为是中央政府、地方政府、用地单位和被征地农民四个主体。

总结来说，土地征收的主体主要分三类，即征收主体、被征收主体及其他利益主体。

（1）征收主体

在土地征收过程中，中央政府和地方政府都属于征收主体。

《中华人民共和国宪法》第十条第三款规定："国家为了公共利益的需要，可以依照法律规定对土地实行征收或者征用并给予补偿"，而《中华人民共和国土地管理法》第四十七条规定："国家征收土地的，依照法定程序批准后，由县级以上地方人民政府予以公告并组织实施"。

各项法律条款明确规定，土地征收的主体具有唯一性，即仅限于国家，其他任何组织或个人均不得享有土地征收权。因为国家作为公共权力的唯一合法持有者，能够基于公共利益的考量，对集体或个人的土地财产进行必要的干预，甚至实施所有权的强制性转移。“为了公共利益的需要”不仅是土地征收行为的正当性依据，也是其唯一合法的理由所在。

在此框架下，国家及其正式授权的政府部门被赋予了作为公共利益唯一合法代表的角色，负责推动土地征收项目的实施。而在实践中，这些征地项目通常由地方人民政府负责组织和执行，确保征收过程的有序进行。地方政府及其授权的部门作为国家的代表，直接行使土地征收权，确保征收工作既符合法律法规，又能够高效、公正地服务于公共利益的需求。这样的制度安排，既保障了土地征收的合法性，也促进了社会资源的合理配置与利用。

所以，无论是中央政府，还是地方政府，其都属于征收主体。只有国家才有权征收土地，而地方政府机构是代表国家负责具体征收与补偿的法定主体。中央政府和地方政府负责依法制定和执行土地利用计划，合理确定征收范围、目的、时限等，并进行征收土地的预公告、公告、决定等程序，以及确定和支付征收补偿标准等。

（2）被征收主体

在土地征收过程中，农民与农村集体经济组织均属于被征收主体。

根据《中华人民共和国土地管理法》第 9 条及《中华人民共和国宪法》第 10 条规定“农村和城市郊区的土地，除由法律规定属于国家所有的以外，属于集体所有；宅基地和自留地、自留山，也属于集体所有”，这意味着农村集体经济组织是农村土地的所有权主体。农村集体经济组织是依法代表村民对集体土地、集体企业各项资产行使经营管理权的经济组织，是地方政府征地政策的执行人，负有协助基层政府开展工作的义务[199]。农村集体经济组织往往作为农民集体的代表，负责管理和经营集体土地，代表农民集体与征收方进行协商和谈判。因此，农村集体经济组织是农村个体农户的“法人代表”，也是农民及其利益的代表，同时它的组成人员为当地农民。

农民作为土地的使用者，其土地承包经营权、宅基地使用权等权益在土地征收过程中会受到影响，因此农民也是土地征收过程中重要的利益主体。土地是农民的核心资产，土地被征收过程中，农民不仅失去了过去赖以生存的土地，而且将失去与土地相关的诸多权利与利益，除了附着在土地上的一切权益损失外，失地农民权益流失还包括经济权利的渐进性缺失、政治权利的剥夺性丧失和社会权利的弱化性消失等[200]。因此，在征地过程中，农民是利益的受损方。于是根据《中华人民共和国社会保险法》《中华人民共和国土地管理法》《中华人民共和国土地管理法实施条例》等法律法规，国家依法将农民集体所有的土地征收后，地方人民政府需将被征地农民作为社会保障对象纳入相应的社会保障体系，对失地农民进行补偿，以保障农民利益，维护社会稳定。

（3）其他利益主体

在土地征收过程中，用地单位与开发商属于其他利益主体。

用地单位，如企业、机构等，往往因为自身发展或项目建设的需要，对土地有着明确的需求。开发商则专门从事土地开发和房地产建设，他们通过购买土地使用权来进行项目开发，以实现盈利。

用地单位和开发商在土地征收过程中，往往为了获取更大的经济利益，通过支付土地出让金等费用获得土地使用权，并期望在未来的土地开发和利用中获得可观的投资回报。所以在涉及工业用地、住宅用地、商业用地等土地征收时，企业作为土地的潜在使用者或开发商，也会成为利益主体之一。

综上所述，土地征收过程中存在多方利益主体，因此各利益主体之间也存在着复杂的互动关系。而利益主体都追求自身利益的最大化，他们之间的博弈存在多个方面，其中政府利益客观存在，且存在与公共利益产生冲突的可能，这也使利益博弈过程更加复杂。土地征收中存在诸多利益冲突，最主要的冲突是被征收人的权利被其他利益主体漠视或无视，学者们在对这些主体进行分析时，研究对象主要集中于地方政府和农民[201]。

土地征收利益均衡分配的重点应该是地方政府和被征地农民这两个利益主体，因为中央政府主要是作为宏观制度建立和监管者的角色出现，很少参与土地征收过程；用地单位与开发商尽管是利益主体之一，但是对于他们而言，一旦无法保障其得到均衡的，甚至是令其满意的利益，那么用地单位与开发商根本就不会参与到土地征收过程中来，也就不会出现土地征收这一事件；农村集体经济组织恰如当前农村土地征收过程中呈现出“强政府、虚集体、弱个人”的特征一样，它相对是虚化的，其利益诉求并不明确，有时候和地方政府一致，有时候和开发商一致，有时候和村民一致，所以村集体无法成为和前述三个主体一样的利益主体。因此，这里在对这些利益主体进行分析时，研究对象集中于地方政府和被征地农民。

8.1.3　相互关系

地方政府与被征地农民作为土地征收利益主体，两者之间的关系复杂。

(1) 角色定位

在征地过程的各个环节中，地方政府往往具有不同的角色属性，扮演着不同的角色，归纳起来主要有以下四种。

一是土地征收的主要决策者。作为当地城市的规划者、建设者和经营者，地方政府是中央政府下达的各项命令的实施者和负责人，其代表国家行使征收权，执行土地征收相关政策。因为地方政府更接近地方社会经济发展的实际情况和需要，能更好地评估和平衡土地征收对当地经济、社会和环境的影响。基于地方发展规划、城市建设需要以及基础设施建设等考虑，在符合国家土地利用总体规划的前提下，地方政府根据地方经济社会发展需要，做出征地决策，包括确定征地的范围和面积，界定征地的性质，拟定征地计划、步骤，明确征地补偿的方式和补偿额度，确保土地征收过程合法、公正、有效地进行。

二是土地征收工作的组织者。征地是一项非常复杂的系统工程，既关系经济建设，也事关民生保障和社会稳定。从法律上讲，土地征收是以公益为目的的强制性法律行为，政府负有提供公共产品与服务的职责，因而有责任对土地征收进行全过程组织协调。具体来说，地方政府有责任做好土地征收前和征收中的宏观管理和组织协调工作，同时，也要承担征地后被征地农民社会保障的组织者角色。在土地征收全过程中，地方政府要发挥好对被征地农户、用地单位、相关机构的组织协调作用，尽可能保证征地过程有序顺利推进，并组织做好相关善后工作。

三是土地征收工作的执行者。由于地方政府是土地征收的实施主体，因此在土地征收过程中，地方政府一般都会组建一个专门的组织机构进行系统运作。征地前期阶段，地方政府一般会成立征地小组，负责对拟征收土地进行工作领导、实地调研评估，制定征地实施方案等，一旦条件成熟，地方政府就要提出征地申请，并对被征地农民进行公告，有义务保障被征地农民的知情权和公平参与的权利；征地过程中，地方政府应采取法律规定的程序实施土地征收，尽可能让农民参与到征地过程中，做到透明、公正、公开。同时，地方政府要严格按照征地补偿标准对失地农民给予合理补偿，按照法律规定妥善落实安置措施，根据实际需要，还可以适当提高土地征收补偿标准，为被征地农民提供住房、医疗、卫生、教育等社会保障；征地后期阶段，地方政府要做好跟踪检查的工作，对群众信访反映的或是有关部门检查发现的土地违法违规行为，必须依法严肃查办。对于失地农民生活无法保障的，可以根据实际需要进一步做好后期补偿或补充安置工作。总之，切实执行好征地工作的每一环节，是地方政府的基本职责。

四是土地征收中利益均衡分配的监督者。在土地征收政策实施过程中，地方政府享有其管辖范围内的土地征收和用途转换的决策权及其征地的增值收益分配权。土地征收涉及利益再分配问题，地方政府既是利益主体之一，同时又承担着维护社会公平正义的职责，因此，从某种程度上讲，地方政府理应对征地目的是否合规、征地范围是否合理、征地程序是否规范、征地补偿是否到位等问题进行依法监督和仲裁。对于滥用征地权、侵害失地农民利益的行为，地方政府应加强内部监督管理并组织外部监督，内部监督管理可以通过立法、司法和行政的方式来进行，规范地方政府的土地征收权和实施行为；外部监督则可通过组织新闻媒体或失地农民来进行，发挥社会舆论的作用，调动农民监督的积极性，确保征地行为合法合规。

从我国土地征收的实践来看，尽管对于上述四种角色，地方政府或多或少都有所担当，但往往并不均衡发力，由于各种制度性因素，地方政府的行为方式更多表现出某种经济趋利性，因而产生了土地征收中种种行为不当。

而在土地征收过程中，被征地的农民的角色定位也是复杂而多重的。

首先，农民是土地征收中的核心利益相关方。他们作为土地的直接使用者和所有者，土地被政府征收后，农民丧失了土地，也就意味着他们的土地处置权与土地收益权也一并丧失。他们需要接受政府的征收决定，并按照规定的程序进行相应的补偿和安置，其土地权益在征收过程中直接受到影响。因此，作为土地征收中的核心利益相关方，农民对于土地征收的决策、补偿标准、安置方案等都有着高度的关注和诉求。

其次，农民是土地征收的参与者和协商者。随着法治社会的建设和民主意识的增强，农民在土地征收过程中的参与权和协商权也日益受到重视。在征收过程中，政府和相关部门需要充分听取农民的意见和建议，确保征收方案的合理性和可行性。地方政府和征收单位通常会组织公开听证会、座谈会等形式，征求农民的意见和建议，以确保征收过程公开、公正和民主，为农民自身的权益争取更有利的条件。

最后，农民在土地征收过程中处于弱势方。失去了赖以生存的土地，农民的生活环境被改变，交通、谋生等生存成本随之提高，尽管《中华人民共和国土地管理法》规定政府征地需要给予农民包括土地补偿费、安置补助费、地上附着物和青苗补偿费等费用在内的征地补偿费，但农民的补偿、安置费有时被压低、挤占或者挪用，最终拿到的补偿与其失去土地之后所要面临的生活和重新创业的风险与支出相比不成比例。被征地农民的收益不可避免地降低到仅能维持生活的地步，其权益受到了无情的剥夺。在土地征收过程中，农民处于弱势地位，对于农民来说，土地征收是政府的一种强制性行为，征地补偿标准由政府制定，从法律的角度上剥夺了其讨价还价的权利。因此，在征地过程中，农民是利益的受损方，处于弱势地位。

(2) 利益诉求

政府利益主要包括三个方面：财政收入、政府政绩及其他。

首先，土地征收能够给政府带来财政收入。地方政府作为公共利益的维护者，为了公共利益而行使征地权。然而作为理性经济主体，地方政府会在征地过程中成为土地利益的竞争者。目前土地征收中的“公共利益”范畴界定模糊、土地权利排他性边界不清，这些法律制度的不合理性，给了地方政府侵占土地收益的操作空间[202]。土地征收使集体土地变为营利性的住宅、商业用地，在这个过程中，产生的土地增值收益在现实征地过程中主要归政府所有[203]。通常来说，政府出让征收土地价格一定的情况下，政府对征收土地补偿得越少，其获得的利益就越多。

其次，土地征收能够给政府带来政绩。土地征收之所以能给政府带来政绩，因为它能够促进城市建设和经济发展。通过征收土地，政府可以优化土地利用，推进基础设施建设，提升公共服务水平，从而带动相关产业的发展，增加就业机会，提高城市居民的生活品质。这些成果都是可以用数据衡量的，进而成为政府政绩的重要组成部分。许多政府官员推动土地征收既是在为当地的公共利益谋求福祉，同时也是在为其个人的政治前途铺路。他们通常会打着“为了公共利益”的旗帜，积极推动这些被认为是能够带来显著成果的“政绩工程”。这种以公众利益作为手段来追求个人政绩的行为，揭示了政府决策者在经济人理论下的一种行为模式：即政府决策者也是经济人，具有以权博利的“自身利益最大化”动机。

最后，官员“寻租”及后续的管理收益也是地方政府在土地征收过程中可以获得的利益。政府行为受此影响，“寻租”、腐败、权力滥用与政府行为共生。此外，公共建设项目一旦开发建成，无论其用于何种经营，都将置于政府管理之下，为政府带来长期的管理收益[204]。

在土地征收中，被征地农民的利益诉求是：在进行土地征收时，地方政府必须确保能够长期为被征地农民提供不低于甚至超越其当前务农收入的保障。鉴于土地所承载的社会保障功能及其潜在的未来增值潜力，农民往往会提出较高的补偿要求。就最直接的经济补偿而言，农民应获得的利益补偿涵盖土地补偿费、安置补助费、地上附着物和青苗补偿费以及土地增值收益部分等。

然而，现实情况中，被征地农民往往处于谈判的弱势地位，缺乏与地方政府有效议价的能力和正当程序。这导致他们不仅难以分享到土地征收所带来的长远增值红利，更难以确保自身未来的生活保障。因此，在这场利益博弈中，他们往往成为被动接受不公平结果的一方，承受了利益受损的后果。

(3) 利益冲突

当地方政府与农民两方在土地征收过程中无法达成协议时,争议与冲突就会发生。

首先,从土地权益方面来说,土地对农民的重要性不言而喻,土地承载着农民的经济利益、社会保障和文化情感等多重价值,失去了土地则意味着农民同时失去了土地财产权益、社会保障权益以及就业权益等,而地方政府为了财政收入与政绩等需求,需要征收土地来推动项目和投资,这些需求与农民对土地的依赖和保护意愿形成了直接的土地权益冲突。但是农民通常处于劣势地位,不能和政府进行有效的谈判,而且农民被排除在征地政策以及相关措施制定组织外,虽然有时农民可以分享土地增值带来的收益,但是不能抵制自己的利益受到侵害[205]。

其次,土地征收利益均衡分配机制的不完善也将导致两方出现利益冲突。我国法律对于征地中的“公共利益”这一概念并没有进行完整的定义,导致征地权及征地范围容易被地方政府扩大。这种模糊性使得政府在征地过程中拥有较大的自由裁量权。而在土地流转过程中将产生巨大收益,利益分配机制的不完善导致了处于弱势方的被征地农民从中往往只能得到有限的补偿,加剧了农民与政府之间的利益冲突。

最后,被征地农民保障制度的不完善也将导致利益冲突。农民通常希望获得更高的补偿以弥补失去土地带来的各类损失,而地方政府则需要在财政可承受范围内制定合理的补偿标准,补偿标准的制定往往成为双方争议的焦点。失去土地后,农民也面临着生计转型和再就业的挑战,如果地方政府无法建立合理的保障制度以避免被征地农民生活水平的下降,那么这将导致农民对征地工作的合法性和公正性产生怀疑和不满,采取一定的措施来抵触,如延迟搬迁、集体上访等,以求在博弈中获得自身利益最大化。

土地征收过程中地方政府与农民之间的利益冲突是多方面的、复杂的,因此需要从动态博弈的视角提出征地冲突的解决方案。

8.1.4 动态博弈

(1) 假设条件

根据博弈论的要求做出相应的前提:① 相关的决策者是追求利益最大化为目的的理性决策者;② 参与人按照先后顺序采取行动和策略选择,且先选择个体的行为选择和结果,后者均是清楚的;③ 每个参与者对自己决策环境和决策后果都有准确的认识。在此基础上,为实现自身利益最大化,会根据对方的选择,确定自己的行为策略,从而获得最大收益。

此处涉及的土地征收利益均衡分配博弈过程主要为地方政府与被征地农民的分配博弈[206]。根据演化博弈论对决策参与人有限理性的假设,地方政府与农民之间的博弈模型须建立在下列假设条件之上:① 地方政府在征地过程中可以利用公权力采取强制策略,此时成本很低;相反,农民如在征地过程中选择抵制策略时要付出高额成本。② 在选择协商策略和强制策略时,地方政府基于维稳等因素考虑会优先选择协商策略;农民在自身利益得不到充分补偿时则会选择抵制策略。

(2) 博弈矩阵

地方政府与农民之间围绕土地征收利益均衡分配之间的博弈,地方政府做出的决策选择为协商或强制,一是征地过程中地方政府与被征地农民积极协商,友好完成征地行为,二是在土地征收过程中地方政府与被征地农民产生利益冲突,无法达成协议,地方政府只好进行强制征地;被征地农民的决策选择为支持或抵制,一是征地的补偿制度合理,被征地农民生活可以得到有效保障,于是他们对征地行为持支持态度,二是征地补偿没有达到被征地农民的预期,农民利益受到侵害,对征地行为持抵制态度,可能会采取相应的对抗行为。

因此形成的博弈策略集为政府策略集{协商,强制}与农民策略集{支持,抵制},两种策略集形成地方政府与被征地农民围绕集体土地增值收益的博弈矩阵分析,见表 8-2。

表 8-2 地方政府和被征地农民博弈矩阵

农民		地方政府	
		协商	强制
农民	支持	(策略 1) 地方政府与农民共同努力、相互理解	(策略 2) 地方政府态度强硬,但补偿合理,获得农民理解
	抵制	(策略 3) 农民抵制,地方政府需要采取积极措施来化解矛盾	(策略 4) 农民不满,政府采取强制措施,易引发冲突和矛盾

(3) 动态分析

策略 1:策略 1 的决策组合即征地过程中地方政府选择协商,而农民选择支持。在这种情况下,地方政府往往建立了合理的利益均衡分配机制,健全了被征地农民保障制度,拥有良好的公信力。合理的补偿方案与公众参与机制将促使被征地农民主动支持政府征地行为。在征地过程中,地方政府选择协商、农民选择支持的情况,是双方共同努力、相互理解的结果。这种策略组合不仅有利于保障被征地农民的合法权益,减少了利益冲突与社会矛盾,也有利于社会经济的发展。这是土地征收博弈中最理想的策略组合。

策略 2:策略 2 的决策组合即征地过程中地方政府选择强制,而农民选择支持。在这种情况下,地方政府可能会因为一些紧急公共利益需求,或者面临上级政府或政策文件的要求,需要在规定时间内完成土地征收任务,因此导致地方政府在征地过程中采取较为强硬的态度。但因为地方政府提供的征地补偿标准合理,能够保障农民的基本生活和长远生计,因此获得了被征地农民的理解和支持。

策略 3:策略 3 的决策组合即征地过程中地方政府选择协商,而农民选择抵制。在这种情况下,往往存在征地过程中的权益分配不公、决策过程不透明等问题,地方政府需要采取积极措施来化解矛盾,需要通过加强沟通、理解彼此的需求、制定更加人性化的政策措施等行为获得被征地农民的理解,从而促进征地工作的顺利进行。

策略 4:策略 4 的决策组合即征地过程中地方政府选择强制,而农民选择抵制。当农民对地方政府给予的征地的补偿标准、安置方案或土地增值收益分配不满时,他们可能会选择抵制。这种抵制可能表现为拒绝签署征地协议、阻挠施工等行为。在这种情况下,如果地方政府采取强制措施,很容易引发冲突和矛盾,甚至可能导致恶性事件的发生。在这种情况下，地方政府需要加强与农民的沟通和协商，对于农民的合理要求，政府应积极予以满足；对于不合理的要价，政府也应耐心疏导，寻求双方都能接受的解决方案，缓解征地矛盾，确保征地工作的顺利进行和社会的和谐稳定。

根据对地方政府与被征地农民的相互关系的分析可以看出，静态博弈分析并不符合实际的征地过程，实际的征地过程更符合动态博弈。即在完全信息的基础上，地方政府与被征地农民所采取的行动有先后顺序，通常是地方政府根据中央政府的要求，选择按程序征地或者不按程序征地，被征地农民根据地方政府的选择判断自己是配合征地还是抵制征地，如果被征地农民选择配合征地则博弈结束，如果被征地农民选择抵制，维护自身权益，地方政府选择接受或者不接受。

进一步进行动态博弈分析，我们可以得出以下结论：

① 对于农民而言，选择抵制策略需付出较大成本。因此，当地方政府采取协商策略时，农民倾向于支持，即策略 1＞策略 3；而地方政府若采取强制策略，往往意味着压低土地征收价格，此时农民则更偏好抵制策略，即策略 4＞策略 2。

② 对于地方政府而言，当农民采取支持策略时，地方政府会采用协商策略，即策略 1＞策略 2；而当农民采取抵制策略时，根据假设前提，地方政府为了获取更大收益会采取强制策略，即策略 4＞策略 3。

综上所述，若地方政府采用协商策略，农民会选择支持策略；若地方政府采用强制策略，农民则更倾向于选择抵制策略。基于假设条件，地方政府和农民均会优先选择{协商，支持}，因此该博弈矩阵的均衡策略为策略 1，即{协商，支持}。

通过对相关征地策略选择的动态博弈分析，从土地有序开发的角度来看，地方政府和农民在基于自身利益的考虑下，最终会采取协议征地的方式。政府会严格按照法律规定实施土地征收，确保征地程序合法，并依法给予农民足额补偿，农民因为得到合理补偿也会选择支持征地行动。同时，地方政府也能顶住个别农民的博弈压力，保持征地规范有序，从而达到博弈均衡。总体来看，这样的策略选择使得土地征收利益总体没有损失，各方利益得到较好的兼顾，并具有较高的效率。

然而，实际的征地过程往往并不如预期：

一是该博弈矩阵中地方政府享有博弈规则制定者和利益博弈者双重身份，在博弈过程中握有绝对的主动权。出于自身利益最大化的考虑，在信息不对称的情况下，缺乏决策参与权的被征地农民处于极为不利的地位，最终只能被动接受博弈结果。

二是缺乏有效的土地征收利益均衡分配机制。土地征收利益的均衡受多种因素影响，而地方政府在土地出让时往往仅考虑自身利益，对失地农民的利益考虑不足，导致双方利益分配不合理，容易产生利益冲突。

三是被征地农民的保障制度不完善。征地顺利实施的前提是给予农民充分的补偿，但我国相关法律体系不健全，征地补偿存在补偿方式单一、补偿费用分配不公等问题，无法为被征地农民提供合理的社会保障。

因此，在现实的农地征收过程中，很难实现上述博弈矩阵中的均衡，必须构建土地征收利益均衡机制与被征地农民保障制度。

8.2 土地征收利益均衡分配机制构建

8.2.1 利益均衡影响因素

自然域、经济域、社会域和政治域是影响征地利益均衡的四个关键场域，四个域中具体变量会对征地利益分配产生不同的影响。因此，有必要先从理论上探讨四个域对宿迁市征地利益均衡的影响。

(1) 自然域

① 土地用途

不同类型的土地具有不同的价值，不同的土地用途也会影响征地补偿标准。从宿迁市有关规定来看，征收农民集体农用地的区片综合地价由土地补偿费和安置补助费组成；征收集体建设用地参照所在区片征收集体农用地的区片综合地价标准执行；征收集体未利用地参照所在区片征收集体农用地区片综合地价标准的 0.7 倍执行；涉及征收依法取得的集体经营性建设用地采用宗地地价评估的方式确定。不同用途的土地征收补偿标准不同，进而影响了征地的利益分配。

而对于同一类型的土地而言，其土地征收补偿也会因地上附着物的不同而有所差异。例如，征地的青苗补偿费按照一季的产值计算，经济林木、零星树木、木本花木、林木、其他附着物的补偿标准不一。而对于涉及水利、交通运输、电力、通信基础设施等其他地上附着物，一般按照等效替代的原则进行迁移、改建或者支付迁移费、改建费、补偿费等；房屋等建（构）筑物的拆迁补偿按照有关法律法规规定执行。

种种因素导致不同类型的土地在征收时的价值评估有所不同，合理的征地补偿标准是实现征地利益均衡的重要保障，不同的土地用途影响了补偿标准，也间接影响了征地的利益均衡是否可以实现。

② 区位

土地面积、数量、区位、稀缺性等物质条件对土地利用和管理有重要影响。根据区位理论，土地区位的优劣会直接影响级差地租，进而决定土地价格。土地征收补偿标准的确定往往以土地的市场价值为基础，而土地的市场价值又与土地的区位紧密相关，土地区位的好坏直接决定了被征收土地的补偿水平，进而影响土地征收利益的均衡分配。

地方政府在对一些区位优越的土地进行征收时，往往会遇到较大的阻力和困难。因为这些地区的被征地农民往往对土地具有较高的依赖性和期望值，对补偿标准和安置方式有着更高的要求，如果无法达到他们的预期，农民往往会产生抵抗情绪，导致征地行动无法进行，还可能引发社会矛盾和冲突。因此，在土地征收过程中需要充分考虑土地区位的影响，制定合理的征收方案和补偿标准以平衡各方利益。

③ 征地规模

规模会影响资源利用方式，是公共事务治理需要考虑的关键因素。同时，资源规模也是影响集体行动的一个重要因素，会激发或约束资源使用者的行为。研究发现，资源规模过小或过大都不利于促成资源使用者参与集体行动。对于农村土地而言，土地资源的规模越大，涉及的利益主体越多，相关主体之间协商谈判的交易成本也会相应增加[207]，进而影响相应的利益分配模式。

具体来说，征地规模的大小直接影响地方政府的土地财政收入。当征地规模较大时，地方政府可以通过土地出让获得较多的财政收入，用于基础设施建设、公共服务提升等方面。然而，如果征地规模无限制地扩大，可能会引发土地资源的过度开发和浪费，同时也可能增加地方政府的财政风险；征地规模也直接影响了农民的经济补偿。征地规模越大，涉及的农民数量越多，需要支付的补偿金额也越大。而征地规模过大而补偿标准不合理或执行不到位，又可能会引发农民的不满和抗议。

总而言之，征地规模对征地利益均衡具有重要影响。在征地过程中，需要控制征地规模，充分考虑多方利益，确保征地工作的顺利进行和各方利益的均衡分配。

（2）政治域

① 法规政策

利益分配的核心，实则是多方利益主体间矛盾交织与策略较量的产物。在土地征收利益分配过程中，地方政府往往占据主导地位，而农民作为被征地的一方，则处于相对弱势的地位，博弈中地位的失衡在很大程度上导致了农民利益的流失[208]。然而制度是社会的博弈规则，在土地征收过程中，农民利益得不到有效保障则有着更为深刻的体制和制度上的根源。

例如，我国征地条件过于笼统。《中华人民共和国宪法》第十条第3款规定："国家为了公共利益的需要，可以依照法律规定对土地实行征收或者征用并给予补偿"。《中华人民共和国物权法》第四十二条规定："为了公共利益的需要，依照法律规定的权限和程序可以征收集体所有的土地和单位、个人的房屋及其他不动产"。即政府征地权力的设立初衷，旨在满足公共利益的需要。然而，我国现行法律体系中，"公共利益"这一概念尚未形成统一而明确的界定，这无形中为地方政府留下了滥用征地权力的寻租空间。于是不少原本应属于营利性质的项目，也趁机搭乘便车被纳入征地范畴。政府依据对法律的解释权，借用征地手段的强制性、权属转移性的特点，导致农民在权益博弈中处于劣势地位，进而造成其利益的显著流失[208]。

而近年来法规政策不断完善，在明确征地范围与公共利益界定、规范土地征收程序、完善征地补偿机制等方面都做出了相应规定，法规政策在征地制度的设计、实施、补偿落实以及纠纷解决等各个环节都必须贯彻利益平衡原则，不断完善的法规政策有助于平衡政府与农民之间的利益关系，保障被征地农民的合法权益，促进社会的和谐稳定。

② 管理模式

管理模式关注的是管理系统的结构和组成方式，以及如何有效结合这些组织形式以实现管理任务和目标。在征地过程中，地方政府的管理模式直接关联到各利益主体的权责划分和利益分配机制。地方政府的行政管理水平和决策机制，决定了征地项目的实施效率和公正性。地方政府的控制程度，会对征地补偿分配效益产生不同的影响[209]。按照决策机制与权力分配方式将地方政府对征地行为的管理模式分为集权管理模式与民主管理模式。

在集权管理模式下，地方政府的决策权较为集中，具有很强的控制性，虽然有助于提升征地效率，但却可能导致征地政策的制定和执行过程中缺乏充分的公众参与和透明度，忽视了被征地农民财产权益的保障。相比之下，民主管理模式强调公众参与和决策过程的透明度。在这种模式下，地方政府在制定征地政策时更可能充分考虑被征地农民的意见和需求，从而有助于实现征地利益的均衡分配。通过公开听证、民意调查等方式，政府可以更加全面地了解各利益主体的诉求，从而制定出更加公正合理的征地补偿和安置方案。征地补偿的治理主体呈现多元化趋势，具有较强的激励性，有助于促成协商合作。

(3) 经济域

① 征地价格

土地作为征地活动的核心对象，其征地价格对于平衡土地征收中各利益方的权益具有至关重要的作用。征地价格，直观反映了各利益主体在土地上的权益纠葛，它不仅是衡量土地价值的关键尺度，也是调和不同权利主体间利益关系、收益合理分配的重要基石。通过科学管理征地价格，我们能够更有效地协调各方利益，确保土地所有者与使用者的经济权益得到真实体现。当前，无论是学术界对征地制度的批评，还是农民群体在实践中对征地行为的抵触，乃至频繁发生的征地相关上访事件，均深刻揭示了当前征地补偿标准存在显著的不合理性。

首先，按产值倍数制定的标准欠科学。《中华人民共和国土地管理法(2019 年修订)》取消了持续多年的“产值倍数法”，制定了“区片综合地价”的补偿标准，但其本质仍是一种政府定价，而非“市场价”[210]。近年来，由于征地导致的利益冲突和纠纷频繁发生，特别是在补偿安置方面，给予原土地使用者的补偿偏低，损害失地农民的可持续生计[211]。

另外，征地补偿未包含土地的增值部分。由于征地制度形成于计划经济时期，明显带有农民支援国家建设的色彩，农民集体的土地从来没有被作为商品看待。因此，征地补偿往往并非基于市场价格的谈判结果，而更多是为了保障农民基本生计的一次性支付。然而，随着被征收土地用途的转变，其市场价值往往经历显著的飞跃。这种从征地前的计划性配置到征地后市场化运作的转变，直接导致了利益分配的巨大鸿沟。一方面，农民获得的补偿未能反映出土地潜在的增值潜力；另一方面，土地的后续开发却带来了远超原值的收益，两者之间的不平衡日益凸显。

② 经济发展水平

地区经济发展水平对征地利益均衡的形成有很大影响。从农民接受度来看，经济发达地区的农民收入主要来源于非农收入，非农就业机会也相对较多，因此对土地的依赖性大大减弱，对征地的接受度更高；经济欠发达地区的农民对土地的依赖程度更高，如果征地后的就业机会和生活保障问题难以解决，那么农民在面临征地时往往持抵触态度，与地方政府产生利益冲突。

另外，经济较为发达的地区更遵循市场规律、反映市场需求，有条件采取市场化程度较高的利益分配模式[212]，从而影响征地利益分配的模式。而且经济发达地区由于财政收入较为充裕，往往能够制定较高的征地补偿标准，从而在一定程度上保障被征地农民的利益。经济不发达地区由于财政压力较大，征地补偿标准可能相对较低，难以充分保障被征地农民的利益。

(4) 社会域

① 文化

文化塑造了人们的价值观,包括对土地的认知和态度。在某些文化中,土地被视为家族传承、身份认同和生存保障的重要象征,这种观念可能导致农民对征地持有强烈的抵触情绪,从而影响征地利益均衡的形成。相反,在重视经济发展、城市化进程的文化背景下,人们可能更容易接受征地作为城市发展的必要手段。

文化通常还可以通过社会规范、习俗和习惯等方式影响征地过程中的行为。例如,某些地区可能存在征地过程中的“人情关系”,这些非正式制度往往与当地的文化背景密切相关,并可能影响征地补偿的公平性和透明度。

② 利益一致性

有共同利益诉求时,每个人都有大致相同的动机,很可能会选择共同治理来促成集体行动的产生;有多样化利益需求时,就需要某些个体组织协调,建立某种强制型的治理模式。当征地涉及的各方利益主体在利益上具有较高的一致性时,他们更容易在征地问题上达成共识,减少因利益分歧而产生的冲突和矛盾。

例如,不同类型的农民对补偿安置的方式会有不同的期待。对于“纯农户”而言,他们更希望获得一种长效机制的补偿。而对于“非农农户”而言,由于他们不再以农业为生,对土地依赖程度不高,因此更希望得到一次性的货币补偿。此时利益的不一致性就显现出来,需要采取具有一定强制性的补偿模式。

③ 社会参与

征地过程中的信息公开和透明度对于保障各方利益至关重要。如果征地信息不公开、不透明,容易导致信息不对称和误解,进而引发矛盾和冲突。因此,加强信息公开和透明度是实现征地利益均衡的重要手段。建立有效的社会参与机制可以让被征地农民和其他利益相关者能够充分参与征地决策和协商过程,有助于实现各方利益的平衡。通过社会参与机制,可以听取各方意见和建议,形成共识和妥协方案,减少矛盾和冲突的发生。

综上所述,在征地过程中,实现利益均衡的复杂性源于多重因素的综合作用,而非单一因素的简单叠加。这一过程更多地体现为不同领域间相互交织、动态影响的结果。实际操作中,土地确权难题、违章建筑清理的艰巨性等挑战,往往在未正式启动征收前便预设了重重阻碍。鉴于土地所承载的庞大经济利益,当不涉及重大利益变动时,矛盾或许尚能潜伏;然而,一旦利益冲突浮现,极有可能对征收进度构成显著拖延。

构建科学合理的土地征收利益分配机制,无疑是一项错综复杂的系统工程,它要求全面的规划与细致的内部协调。若未能对征收全流程进行通盘考量,则行政诉讼的风险将难以避免。为了更直观地阐述如何实现土地征收利益均衡分配,以下从地方政府与被征地农民利益分配两个角度切入,以期从中窥见构建利益均衡机制的关键所在。

8.2.2 地方政府利益分配

(1) 建立土地征收利益均衡分配的内部基础

在地方政府利益分配过程中，必须建立好内部基础，转变政府职能，弱化既定利益格局。政府应该是纯粹的博弈制度设计者、管理者、服务者与监督者，而不是作为参与方既设计游戏又参与游戏。

首先，要改革与民争利的“经济人”政府，提供公开、透明的土地征收协商谈判机制（或势均力敌议价机制）。有关部门应当与征收土地的所有权人、使用权人签订附生效条件的征地补偿安置协议，努力建立国家、集体、个人平等协商的机制平台，提高农民谈判地位和谈判能力，在明确政府的管理与服务职能的基础上，妥善处理集体与个人的利益分配。

其次，在以地区生产总值增长快慢来考量官员政绩的推动下，政府参与了土地征收利益竞争，强势的政府凭借着设计制度的优势将自己处于有利的地位，在博弈均衡上取得巨大利益，严重损害了农民利益，因此必须改革官员业绩衡量指标，转变政府职能，使之更多地倾向于管理社会和服务社会[213]。

（2）维护土地征收利益均衡分配的运行机制

地方政府维护土地征收利益均衡分配的运行机制的关键是明确土地征收过程中的利益共享主体、设定收益分配比例。国务院发展研究中心对征地增值收益分配的一项调查结果显示，在征地增值收益分配的各方主体中，投资者占到40%～50%，地方政府占到20%～30%，村级组织占到25%～30%，农民最终分到的款项仅占到整个土地增值收益的5%～10%[202]。为确保农民在征地收益分配中的合法权益得到充分保障，关键在于提升农民对土地增值收益的分配份额。建议适度上调农民收益比例，同时合理压缩地方政府与投资者的分配比例，而维持村级组织的分配比例稳定不变。总体原则是保证被征地农民的现有生活水平不降低，并有适当提高以及长远发展利益不受损[214]。

具体而言，在提升被征地农民土地增值收益分配比例的同时，需审慎考虑并适当减少政府的利益分配比例。需明确的是，政府的合理收益分配对于推动区域乃至城市范围内的公共基础设施、服务设施及其配套建设至关重要，这些正是土地增值的重要驱动力。因此，在调整分配比例的同时，必须加强对政府增值收益使用用途和支出领域的监管，确保其透明、合规。

政府在足额落实征地补偿预存款的基础上，应秉持公开透明的原则，详细披露增值收益的使用情况，包括资金去向、具体用途、实际支出及余额等，广泛接受社会公众的监督与审查。这不仅能消除公众对政府收益使用的质疑和猜测，还能强化阳光、诚信、法治、服务型的政府形象。此外，地方政府应善用增值收益中的适当比例，回馈于被征地农村的土地整治、耕地保护、基础设施建设及社会保障等领域，助力农村经济社会的全面发展，促进区域间的利益均衡与协同进步。

（3）构建土地征收利益均衡分配的制度环境

由县级以上政府对其征地范围划定及实施过程进行全面监督，严格限制土地征收范围，按照《中华人民共和国土地管理法（2019年修订）》中提出的“征地补偿应当保证被征收人原有生活水平不降低，长久生计有保障”的要求，对现行的土地征收补偿计算标准及方法进行改进，制定不仅包含土地权益的补偿制度，还包含对土地生态功能及社会保障功能补偿的实际征收补偿费用制度，丰富完善包括现金补偿、给予建设用地指标、分配相关经营股份、购买社会保险在内的多元化征收补偿手段[215]。

此外，制度环境的保障离不开健全的收益分配监督机制，唯有健全收益分配的监督机制，才能确保征地增值收益分配的公平性和合理性。地方政府在增值收益分配中，要建立健全长期可行的分配监督机制，首先必须强化内部监管，明确审批流程与权责，引入公开程序，设立专项监察部门，减少违规行为；其次应加大查处力度，利用举报平台，高效甄别并严厉查处事实清楚、证据确凿的案件，形成强大震慑力，确保征地及增值收益分配活动依法进行；最后可以利用新媒体平台，持续报道，促进透明，保障各方利益，形成多元化、多渠道的监督网络，这不仅能提升公众参与度，还能有效促进征地过程的透明化，保障各方利益。

8.2.3 被征地农民利益分配

(1) 改变体制观念

体制观念是约束一个社会最根本的底线，一个好的体制制度会促进社会的发展；相反，一个坏的体制制度会阻碍社会的进步。社会主义体制的本质要求是解放生产力，发展生产力，消灭剥削，最终达到共同富裕。因此，要进一步深化分配体制改革，打破原有的利益分配体制的不均衡性，使现代化改革成果更多惠及广大的人民群众，特别是让农民共享改革成果；要有勇于改革原有弊端体制的决心和毅力，使改革在思想上、观念上深入人心，让农民在土地征收中获得更多的收入，改善生活水平。

(2) 提高参与地位

在土地征收中，被征地农民较其他利益主体处在弱势地位，征地具有强制性，政府依法开展土地征收时，无论被征地农民是否愿意被征收土地，都要被动地接受，以保障公共利益的需要。而被征地农民在利益分配中存在明显的信息差，不能准确有效地了解到征地补偿的实际金额，这是由于农民受教育程度较低，对于法律法规的了解程度有限。被征地农民在土地征收过程中的弱势地位仍然将长期存在，虽然近年来政府加大信息公开的力度，要求做到政府工作透明化，但是由于农民群体的特殊性，对于网络信息的接受能力较差，无法在短时间改变这一局面。

在发布征地补偿安置方案后，政府通常组织有关部门与征收土地的所有权人、使用权人签订了附生效条件的征地补偿安置协议，并力争协议签订率达到100%，从政府的角度切实提高了被征地农民的参与地位。与此同时，被征地农民自身更应该积极转变观念，从被动接受到主动参与，成为土地征收与分配体制改革的积极推动者。被征地农民可以通过学习相关法律法规，增强自我保护意识；通过参与集体协商，争取更合理的补偿方案；通过提升自身技能与素质，拓宽就业渠道，实现收入的多元化增长。只有这样，被征地农民才能在土地征收的利益均衡中占据更有利的位置，共享改革发展的成果，进而推动整个社会分配体制的进一步完善与深化。

(3) 增强发展能力

被征地农民在征地过程中获取合理利益的同时，为了“长远生计有保障”，需要获得一定的就业扶持，增强自我发展能力。被征地农民要勇于面对失去土地的现实，积极调整心态，主动适应新的生活环境和工作方式，树立自我发展的观念，认识到提高自身素质和技能是实现就业和创业的关键。对于有创业意愿的被征地农民，要增强创业意识，了解创业政策，积极寻求创业机会，通过参加社区活动、加入社会组织等方式扩大社交圈子，获取更多就业和创业信息；关注国家和地方政府的就业创业政策动态，及时了解政策信息，争取政策支持和帮助。

综上所述，实现土地征收利益的均衡，关键在于构建一个能够全面考量地方政府与被征地农民等各方利益主体的合理分配机制。这一机制不仅关乎被征地农民的切身利益，更对农村的经济发展与社会稳定具有深远的影响。明确征地增值收益的归属与分享机制，适度调整政府分配比例，使之更加合理，并相应提高农民的分配比例，这不仅是土地征收制度改革迈出的重要一步，也是推动经济发展方式转型的重要环节[214]。

8.3　被征地农民保障制度建立

8.3.1　征地过程农民参与制度

我国征地程序在保障农民知情权、参与权、监督权和表达权方面存在不足，容易加剧征地过程中的矛盾。在正常的土地征收程序中，报批、审批等过程本就是一个由政府主宰的、封闭的决策过程，被征地农民通常参与度低。一些地方政府为节省时间和成本甚至将公告程序、听取意见程序都予以省略，导致被征地农民的权利受到侵害。征收工作不透明、被征地农民参与程度低、村民会议不事先公布、听证权不主动告知、调查确认台账不认真核实等问题，都使得被征地农民对征地工作产生抵触情绪。

《中华人民共和国土地管理法》修订后，土地征收程序进行了重大调整，由批后“两公告一登记”转变为“先征后批”，即土地征收程序在征地审批之前开始，并设置了“调查—评估—公告—听证—登记—协议”的新程序。同时，《中华人民共和国土地管理法实施条例》也进一步完善了土地预公告制度，征收土地预公告主要包括征收范围、征收目的、工作时序安排等内容，大大强化了被征地农民的参与制度。此外，新法还增加了征地批前补偿安置方案公告，与“征地批后公告”相结合，形成了系统化的征地公告程序。实行“批前公告”制度，意味着不再只是将土地征收决定告知公众，而是赋予土地征收利害关系人就征收补偿安置问题提出建议的权利。新法同时规定，在多数集体经济组织成员认为征地补偿方案不合法、不合理的情况下，应组织听证会，以保障利害关系人在土地征收中的话语权和自决权。

总体而言，新的征地程序设立了专门程序，以保障拟征地对象充分表达意见和诉求，这更有利于维护土地征收的公平公正。然而，其在实践中仍面临诸多新的困境与挑战。

一是农民的知情权得不到保障。在实践中，土地征收的公告程序往往流于形式，征收的具体信息和内容的公告方式及期限直接关系到农民获取信息的便捷度与政府公告的有效性，但现状是地方政府普遍依赖单一的书面公告形式，而公告内容往往笼统模糊，缺乏具体细节，尤其是征收期限的表述含糊不清。这种信息的不透明和不确定性，不仅让农民难以准确理解征地政策，也无法合理规划自身未来，更难以有效监督政府行为。因此，尽管有公告之举，却未能真正实现其应有的信息公开、透明和公众参与的目标，反而使公告本身成为了一种形式化的、缺乏实质意义的例行公事。农民作为土地的直接使用者与受益者，却未能在关键决策阶段获得应有的知情权，这无疑加剧了信息不对称，削弱了他们在征地过程中的谈判地位[216]。

二是农民的参与权受到限制。听证程序在实际执行中的不到位，严重削弱了土地征收过程中农民参与权的保障力度。听证作为保障农民参与权的核心环节，其重要性不言而喻。然而，在实践操作中，听证程序的实施却往往流于形式，未能充分发挥其应有的作用。有的地方政府在公告征地信息时含糊其词，未明确告知农民享有听证权利；有的即使组织了听证会，也往往存在时间仓促、准备不足、参与人员代表性不足等问题，导致听证会沦为发布会；更有甚者，直接以“提高效率”、“简化流程”为借口，完全省略了听证环节。这些行为不仅损害了农民的合法权益，剥夺了农民通过正规渠道表达自身合理诉求的权利，更使得他们在征地过程中处于被动地位，也严重影响了政府公信力，为征地工作的顺利进行埋下了隐患[216]。

三是农民监督权的虚位，土地征收补偿费的分配使用缺乏有效监管。补偿款项的分配和使用过程缺乏公开透明的信息披露，补偿款项在分配过程中可能会被延迟支付或被挪用至其他用途。缺乏合理的监督机制，农民无法得知具体的补偿金额和分配方式，不能及时获得应得的补偿，影响其生活和安置。此外，土地征收过程中对补偿款项的分配和使用缺乏独立的监督机构，导致资金使用不规范或腐败行为未被及时发现和纠正。现有的监管机制和法律法规对补偿费的管理和使用存在漏洞，难以有效防范和制止不规范行为。最后，农民可能因为法律意识淡薄、文化程度低等原因，在面对征地问题时往往选择被动接受，而非主动监督，导致征地过程中农民监督权的虚位。

四是农民的表达权受限，征地农民利益诉求表达机制缺失。在制度层面上，农民在各级人大代表中所占比例较低，导致农民在利益表达过程中缺乏足够的话语权。征地过程中农民的利益表达渠道不畅，信访制度虽然是一种重要的利益表达途径，但存在处理效率低下、反馈不及时等问题，导致农民对信访制度失去信心。从农民自身层面来说，缺乏能够全方位代表群体利益、为农民提供服务的合法性组织，农民利益表达大多以个人或小型集体的方式呈现，无法整合成集体的意愿进行表达，导致农民的表达权受到限制。从政府的层面来说，政府与农民之间缺乏有效的对话平台和沟通机制，导致农民的利益诉求难以被政府及时了解和回应，在土地征收中，与地方政府相比，农民处于弱势地位，表达权被弱化。正是因为我国被征地农民利益表达机制缺失、渠道不畅，才导致其选择集体上访、大规模群众集聚等非制度化方式表达利益诉求。

征地过程农民参与制度的不完善，利益受损最大的主体是农民本身。因各利益主体之间未能实现均衡博弈，农民因利益受损对政府的不满、怀疑和对立，则是对政府公信力的极大损害。此外，为了化解征地冲突所付出的人力物力成本，对政府和全社会而言也是一种利益损失和效率浪费，因此征地过程中必须建立合理有效的农民参与制度。

在征地过程中建立农民参与制度，是确保征地工作公正、透明，保障农民合法权益的重要措施。以下是几种实施措施：

(1) 保障农民各项权利

依法保障被征地农民的知情权、参与权、监督权和表达权是建立被征地农民参与制度的关键。

首先,明确并确立征地公告的基本原则,确保公告过程的公开、公正与透明,为农民知情权的实现奠定坚实基础。进一步细化征地公告的内容,涵盖征地范围、补偿标准、安置方案等关键信息,让农民能够全面了解征地事宜。同时,整合并优化征地公告的流程,确保公告发布及时、准确,减少信息不对称现象。在此基础上,可以创新征地公告的方式,利用现代科技手段如人工智能、大数据分析及区块链技术,构建多渠道、广覆盖的信息发布平台,使被征地农民及时、准确、高效地获取征地信息,以保障被征地农民的知情权[216]。

其次,应建立并完善征地听证制度。在听证之前,当地政府应当事先告知被征地农民享有相应的参与权,使被征地农民能够清晰了解自己所享有的参与权;在听证之中,听证代表应由相关利益者通过民意推选产生,或是由被授权的专业人士担任,而不能由当地政府直接指定,另外应对听证过程制作相关笔录并留存备案;在听证之后,听证的结果必须对政府决定的做出具有结果拘束力,如果相关决策主体不采纳听证的建议,必须公开说明理由并允许公众质询,通过听证程序在地方政府和被征地农民之间建立起互相沟通的平台,保障被征地农民的信息知情权和表达权。

最后,征地过程应全程公开透明,接受社会监督。政府应定期公布征地进展情况和补偿费用支付情况等信息,设立便捷的反馈渠道,让农民能够随时反映问题、提出建议。对于在征地过程中出现的违法违规行为,应依法追究相关责任人的责任,健全问责机制,确保征地工作依法依规进行,保障被征地农民的监督权。此外,要加强宣传教育,提升农民的法律意识与监督能力,使他们能够更有效地行使自己的监督权,共同守护自己的合法权益,进一步促进社会的和谐与稳定。

(2) 建立健全参与型征地程序

首先,在征地程序的初期,征地机关需要进行广泛公告与积极倾听群众建议。一旦接收到征地申请,机关应即刻将征地项目的详尽信息,包括其目的、具体范围、实施期限及占地面积等,通过多渠道向公众公示,特别是直接涉及的被征地农民群体。同时,积极搭建沟通平台,耐心倾听并收集农民的意见与建议,确保其诉求被充分纳入考量范畴,为后续的决策奠定坚实的民意基础。

其次,签订明确且具有法律效力的补偿协议是保障农民权益的关键一环。在经过充分协商并确定科学合理的补偿方案后,政府应与农民逐一签订详尽的补偿协议。这份协议不仅需明确列出补偿的具体标准,还应清晰界定补偿的支付方式、时间节点等细节,确保农民能够清晰了解自己的权益所在。对于在协商过程中出现的分歧与争议,应鼓励双方通过友好协商寻求共识;若协商未果,则应引导农民通过行政复议、司法诉讼等正规渠道维护自身权益,确保征地过程的合法性与公正性。

最后,足额且及时的补偿费用支付是征地程序顺利完成的必要条件。一旦补偿费用得以确定,政府应迅速行动,确保补偿款项能够足额、及时地发放到被征地农民手中。这一举措不仅是对农民失去土地这一重大损失的合理补偿,更是政府维护社会稳定、促进和谐发展的重要体现。通过这一系列参与型征地程序的实施，我们旨在构建一个更加公正、透明、高效的征地环境，让农民在城市化进程中分享到更多的发展红利。

(3) 构建合理的利益决策与协商制度

政府在筹划及颁布任何触及失地农民切身利益的政策时，务必在决策初期就纳入被征迁农民的声音，通过设立明确且具体的公众参与机制，确保政策内容能够广泛吸纳并体现大多数失地农民的意愿与诉求。在处理涉及农民利益的关键议题上，政府应秉持平等、尊重的原则，主动与农民或其推选的代表展开深入而真诚的对话与协商，确保农民的合理诉求得到充分的考虑与回应。

为从根本上强化农民在土地权益保障中的主体地位，需从产权制度层面入手[205]，明确界定并保障农民的土地产权，使他们能够作为独立的市场主体，拥有与政府和开发商平等对话、协商乃至谈判的法律地位。这一转变不仅是对农民权益的实质性提升，也是构建和谐社会、促进经济可持续发展的基石。

在此基础上，应将协商机制正式纳入法律与政策框架，明确其作为处理征地事务中不可或缺的环节和法定要求，确保每一项涉及农民利益的决策都经过充分的沟通与协商，从而在实践中赋予该机制以强有力的法律约束力。

8.3.2 被征地农民社会保障制度

宿迁市对被征地农民的社会保障措施随着经济社会的发展逐渐调整，努力确保被征地农民的基本生活及长远生计得到有效保障。根据《市政府关于重新公布宿迁市所辖各县(区)征地区片综合地价执行标准的通知》(宿政规发〔2023〕17 号)、《省政府关于印发江苏省被征地农民社会保障办法的通知》(苏政发〔2021〕87 号)、《市政府关于贯彻落实〈江苏省被征地农民社会保障办法〉的实施意见》(宿政规发〔2023〕4 号)、《宿迁市人民政府关于公布征地涉及地上附着物和青苗补偿标准的通知》(宿政规发〔2021〕2 号)等文件，宿迁市对土地征收过程中被征地农民的社会保障做出了详细的制度要求与执行标准。

如表 8-3 与表 8-4 所示，征地的社会保障制度是一个复杂且动态的系统，其标准并非固定不变，而是深刻植根于地区间多元化的社会经济背景之中，呈现出显著的区域差异性。这一现象的根源，正如前节利益均衡影响因素分析中所述，主要归因于地区经济发展水平的显著差异。因此，在制定被征地农民社会保障执行标准时，必须秉持“因地制宜、精准施策”的原则。这意味着地方在制定社会保障制度时必须充分考量各地区的自然地理条件、经济发展阶段、产业结构特点、人口分布状况以及未来发展规划等多方面因素，通过科学的评估与合理的调整，保障被征地农民的合法权益，并兼顾地方政府的财政承受能力和社会经济的可持续发展。

虽然目前对被征地农民的保障措施全面而细致，但在实践中，农民在征地利益的博弈中处于弱势地位，面对地方政府可能的不合理征收政策、违规操作，他们常常难以有效捍卫自己的合法权益。缺乏有效的政治参与平台和高效的维权途径，使得失地农民为求应有的社会保障的利益诉求之路变得异常狭窄。

表 8-3 宿迁市征收农民集体农用地区片综合地价执行标准

片区范围		片区分类	执行标准总费用/(元/亩)	土地补偿费/(元/亩)	安置补助费/(元/亩)
宿城区	含宿迁经济技术开发区、苏州宿迁工业园区、洋河新区	三类地区	47 000	23 500	23 500
宿豫区	含湖滨新区	四类地区	40 000	20 000	20 000
沭阳县	/	四类地区	40 000	20 000	20 000
泗阳县	/	四类地区	40 000	20 000	20 000
泗洪县	/	四类地区	40 000	20 000	20 000

表 8-4 社会保障费用的最低筹资标准

类别	地区	范围	社会保障费用的最低筹资标准
安置补助费全额抵缴	苏南地区	南京市、无锡市、常州市、苏州市、镇江市	上年度全省企业职工基本养老保险缴费工资基数下限×20%×180
	苏中地区	南通市、扬州市、泰州市	苏南地区最低筹资标准的 90%
	苏北地区	徐州市、连云港市、淮安市、盐城市、宿迁市	苏南地区最低筹资标准的 80%
安置补助费不抵缴的	/	/	社会保障费用最低筹资标准为上述标准减去安置补助费金额

正常的信访和上访渠道，对于农民而言，往往耗时冗长且成效不显著，难以迅速解决他们面临的紧迫问题。在利益受损时，农民却找不到畅通的维权之路，这迫使他们中的一些人不得不采取非常规，甚至是极端的方式来表达诉求，往往会发生抗议、示威、堵路等非法行为，甚至演变为暴力冲突，这无疑造成了社会秩序的混乱，是社会和谐稳定的一大隐忧。而那些选择沉默、被动接受不公平收益分配的农民，则面临着更为严峻的生存挑战。

因此，我们必须正视农民在征地利益博弈中的弱势地位，加快构建更加公正、透明、高效的被征地农民社会保障制度，确保农民的意愿得到充分尊重，维权渠道畅通无阻，让每一位失地农民都能获得应有的补偿和保障。

(1) 做好被征地农民社会保障对象认定工作

被征地农民社会保障对象，是指因政府统一征收农村集体土地而失地，并享有农村集体土地承包权、年满 16 周岁且为当地集体经济组织成员的人员。征地安置人员应当从征地前在拥有该土地的农村集体经济组织内享有土地承包经营权、承担农业义务的成员中产生，具体产生办法由地方人民政府制定。要按照“人地对应”的原则，切实做好新增被征地农民社会保障对象的身份认定工作，建立村(社区)初审、乡镇复审、县级人民政府审定和村(社区)公示、县公示的“三审两公示”工作机制，加强对被征地农民社会保障对象身份的审核管理，确保被征地农民社会保障对象身份的真实性、准确性。

相关职能部门应当就被征地农民人员基本情况、参保情况、补贴到位情况、待遇享受情况等建立详细台账。建立人力资源和社会保障、自然资源、财政、农业农村、公安、涉及土地房屋征收等部门的联管联控、信息共享的被征地农民社会保障信息系统，做好被征地农民社会保障对象认定工作。

(2) 强化社会保障费用筹集

首先，用地单位缴纳、从土地出让收入中计提以及从征地补偿费计提的被征地农民社会保障资金，都要确保足额筹集到位。政府应当从土地出让金等土地有偿使用收益中安排被征地农民社会保障费用，用于保障对象的养老保险缴费补贴。签订征地补偿安置协议时，保障对象经书面确认，可通过安置补助费全额抵缴的方式增加社会保障费用；经书面确认不抵缴的，应及时将安置补助费足额支付给保障对象本人。

其次，必须适当提高用地单位缴纳标准。从《江苏省被征地农民社会保障办法》(苏政发〔2021〕87 号)来看，江苏省各地根据苏南、苏中、苏北三类地区的划分，分别确定社会保障费用的最低筹资标准。安置补助费全额抵缴的，苏南地区社会保障费用最低筹资标准为上年度全省企业职工基本养老保险缴费工资基数下限×20%×180，苏中、苏北地区最低筹资标准分别为苏南地区最低筹资标准的 90%、80%。而安置补助费不抵缴的，其社会保障费用最低筹资标准为上述标准减去安置补助费金额。

此外，必须落实土地出让收入划拨资金。根据《国务院办公厅关于规范国有土地使用权出让收支管理的通知》(国办发〔2006〕100 号)要求，县级财政每年在国有土地使用权出让收入到达国库的次月前 5 个工作日内，从土地出让收入中提取 5%的被征地农民社会保障资金，用于被征地农民社会保障，划入被征地农民社会保障财政专户。

最后，要落实集体补助资金。征地拆迁补偿实施部门在划拨征地补偿费时，提前提取部分征地补偿费用于被征地农民社会保障，并在支付征地补偿款之日起一定时日内划拨至被征地农民社会保障财政专户，以保障集体补助资金落实到位。

(3) 加强社会保障费用管理和使用

必须按照法律规定加强社会保障费用的管理和使用。用地单位缴纳的、从土地出让收入中计提和从征地补偿费计提的被征地农民社会保障资金，都要纳入被征地农民社会保障财政专户，单独建账、单独核算、专款专用，严格实行收支两条线管理，严禁截留、挤占、挪用、转借或擅自将资金用于任何形式的直接投资。

保障对象参加职工基本养老保险并正常缴费的，人力资源和社会保障部门从个人分账户资金中按年度退返其个人缴费。保障对象参加城乡居民基本养老保险的，人力资源和社会保障部门按照城乡居民基本养老保险省定最高缴费档次的标准，用个人分账户资金为其逐期代缴保费。保障对象达到基本养老保险待遇领取条件前个人分账户已无余额的，由其本人按照规定继续缴费。保障对象达到待遇领取条件时其个人分账户有余额的，余额处理办法由设区的市人民政府制定，并报省人民政府备案。

(4) 切实履行被征地农民社会保障工作责任

首先必须压实主体责任。县级人民政府是被征地农民社会保障工作的责任主体，被征地农民社会保障工作实行政府“一把手”负责制。要严格落实“先保后征”“应保尽保”“谁征地、谁负责、谁处理”等工作要求，尽快将被征地农民纳入社会保障体系。对被征地农民社会保障工作开展不力的乡镇，县级人民政府将采取督导、通报、约谈等措施督促落实。

其次要强化部门协同。建立各司其职、密切配合的工作机制，共同推动被征地农民社会保障工作。村负责被征地农民社会保障对象的初步认定、初审和公示，形成被征地农民社会保障对象认定花名册，收集上报土地经营承包权证、征地面积证明、户籍证明、公示证明等资料；乡镇负责对辖区被征地农民社会保障对象进行复审；人力资源和社会保障部门负责被征地农民社会保障工作的政策制定和被征地农民参保登记、待遇核算、待遇发放和核算被征地农民参保缴费补贴等经办服务工作；自然资源部门负责指导用地单位严格按规定缴纳被征地农民社会保障费用，审核报批用地项目和上级批复面积；土地房屋征收管理部门负责落实房屋征收资金等；财政部门负责落实土地出让收入计提，按规定划拨和管理被征地农民社会保障资金，根据实际安排被征地农民社会保障必要经费等，强化各部门工作有效协同。

最后要加强宣传引导。各职能部门、乡镇要及时梳理被征地农民社会保障相关政策法规、业务经办流程，积极开展社会保险政策普及宣传，做好政策解读，引导被征地农民树立"谁缴费、谁受益"等理性参保意识，增进被征地农民对社会保险工作的理解和支持，积极营造良好的社会舆论氛围。

总而言之，建立健全失地农民社会保障制度过程中，对完全失地农民应鼓励加入城镇居民社会养老保险体系；对部分征地的农民，应加快建立包括生活最低保障、养老保障和医疗保障在内的失地农民的社会保障。各地政府必须因地制宜，采取货币补偿、搬迁安置、产权置换、就业培训、土地使用权入股等多元化的补偿方式，提升被征地农民技能，保障被征地农民原有生活水平不降低、长远生计有保障。

8.3.3 被征地农民技能提升路径

必须深入而全面地探寻被征地农民技能提升的多元路径，以确保被征地农民在失去传统土地依赖后，能够顺利转型，实现经济自立与社会融入。这一探索过程不仅关乎农民个人的生计与发展，也是推动城乡一体化发展、促进社会和谐稳定的重要一环。

（1）政策支持与政府主导

对有劳动能力和就业愿望的被征地农民，积极为其提供就业指导咨询、培训和职业介绍服务，落实相关就业扶持政策，加强培训，促进就业。在政策上予以扶持，提供创业扶持政策，如创业贷款、税收减免等，鼓励被征地农民自主创业。必须为被征地农民开辟就业渠道，有计划地组织劳务输出，建立城乡统一的劳动力就业市场，实现城乡统筹就业。

此外，地方政府应根据被征地农民的实际情况，制订专门的职业技能培训计划，明确培训目标、内容、方式和时间等。提供财政补贴，设立专项资金，用于支持被征地农民参加职业技能培训。对培训合格的农村学员给予生活补贴，减轻他们的经济负担。同时应鼓励社会资源办学，推动民办培训机构参与就业创业培训工作，补齐公办培训机构的短板。建立培训网络，依托乡镇人民政府、村委会等进行招生，劳动就业培训中心和职业技能培训学校进行培训，形成覆盖广泛的培训网络。

（2）技能培训方式多样

针对被征地农民文化偏低、技能单一、就业困难的实际，根据市场需求开办各种职业技能培训，技能培训内容应多样化，因人而异。设置农业种植技术、农业养殖技术、居家健康养护、互联网电商、家政服务等大类课程，为提升农民综合素质、全面推进乡村振兴、加快农业农村现代化步伐提供有力的技术支撑。

对于希望从事非农产业的被征地农民，可以为其开设与市场需求紧密相关的职业技能培训课程，如育婴师、烘焙、美容美甲、抖音短视频、家政服务员等。鼓励农民参加新型学徒制培训、新技师培训等，提升他们的技能水平。或者开设创业培训课程，帮助被征地农民了解创业政策、市场趋势和经营管理知识，提供创业指导和咨询服务，帮助他们制订创业计划，降低创业风险；对于仍愿意从事农业生产的农民，提供现代农业技术、农产品营销等培训，提升他们的农业生产能力。

技能培训形式应灵活多样。可以提供线上培训、线下培训或者线上与线下相结合的培训形式，广泛利用互联网和移动通信技术，让被征地农民的技能培训不局限于时间与空间，既加强了学员的实践能力和技能掌握，又方便他们随时随地学习与答疑。

（3）提升农民自我意识与能力

引导被征地农民树立终身学习的观念，培养他们的自主学习能力和兴趣。通过设立学习小组、开展学习竞赛等方式，激发他们的学习热情和动力。通过政府宣传、社区讲座、媒体宣传等多种形式，向被征地农民普及现代就业观念，宣传成功转型为城市就业者的被征地农民典型案例，通过他们的经历和经验，激励其他农民积极投身就业市场，政策引导降低他们就业的门槛和风险。

应增强被征地农民的市场意识，鼓励被征地农民关注市场动态和行业发展趋势，了解市场需求和就业机会。通过市场调研和数据分析，为他们提供科学的就业指导和建议。利用互联网和移动通信技术，为被征地农民提供便捷的信息获取渠道。通过微信公众号、App等平台，推送就业信息、政策解读等内容，帮助他们及时掌握市场动态。要鼓励被征地农民积极参与社会实践和实习工作，通过实践锻炼提高市场适应能力和竞争力，积累实际工作经验和人脉资源。

8.4 本章小结

本章内容详尽地探讨了土地征收中的利益均衡问题。首先，对土地征收过程中的主要利益主体及其相互关系进行了深入分析。随后，通过聚焦四个核心场域系统研究了影响利益均衡的关键因素。在此基础上，从地方政府与被征地农民两个维度出发构建了土地征收利益均衡分配的有效机制。最后，本章深刻剖析了构建和完善被征地农民保障制度的必要性与具体路径，以确保土地征收工作的公平、公正与可持续发展。具体结论如下：

（1）土地征收利益主体可以分为征收主体（中央政府与地方政府）、被征收主体（农民与农村集体经济组织）与其他利益主体（用地单位与开发商），但土地征收利益均衡分配的研究重点应该是地方政府和被征地农民这两个利益主体。

地方政府与被征地农民作为土地征收利益主体，两者之间的关系复杂。土地征收过程中地方政府与农民之间的利益冲突是多方面的、复杂的，因此需要从动态博弈的视角提出征地冲突的解决方案。

(2) 根据地方政府和被征地农民博弈矩阵，若地方政府采用协商策略，农民会选择支持策略；若地方政府采用强制策略，农民则更倾向于选择抵制策略。基于假设条件，地方政府和农民均会优先选择{协商，支持}，因此该博弈矩阵的均衡策略为{协商，支持}。

通过对相关征地策略选择动态博弈的分析，从土地有序开发的角度来看，地方政府和农民在基于自身利益的考虑下，最终会采取协议征地的方式。政府会严格按照法律规定实施土地征收，确保征地程序合法，并依法给予农民足额补偿，农民因为得到合理补偿也会选择支持征地行动。同时，地方政府也能顶住个别农民的博弈压力，保持征地规范有序，从而达到博弈均衡。总体来看，这样的策略选择使得土地征收利益总体没有损失，各方利益得到较好的兼顾，并具有较高的效率。

(3) 自然域、经济域、社会域和政治域是影响征地利益均衡的四个关键场域，四个域中具体变量会对征地利益分配产生不同的影响。实现土地征收利益的均衡，关键在于构建一个能够全面考量地方政府与被征地农民等各方利益主体的合理分配机制，这不仅是土地征收制度改革迈出的重要一步，也是推动经济发展方式转型的重要环节[214]。

(4) 当前征地程序在保障农民知情权、参与权、监督权和表达权方面存在不足，容易加剧征地过程中的矛盾，因此征地过程中必须建立合理有效的农民参与制度。

此外，我们必须正视农民在征地利益博弈中的弱势地位，加快构建更加公正、透明、高效的被征地农民社会保障制度，确保农民的意愿得到充分尊重，维权渠道畅通无阻，让每一位失地农民都能获得应有的补偿和保障。

最后，我们必须深入而全面地探寻被征地农民技能提升的多元路径，以确保被征地农民在失去传统土地依赖后，能够顺利转型，实现经济自立与社会融入。这一探索过程不仅关乎农民个人的生计与发展，也是推动城乡一体化发展、促进社会和谐稳定的重要一环。

9 研究结论与政策建议

9.1 研究结论

土地是满足人类生产、生活、生态需求的重要空间载体，是社会经济发展和生态文明建设的重要组成部分。开展基于土地利用演变分析与驱动因素识别的土地优化利用研究，从经济发展、生态保护等多元发展目标出发，设定多种情景假设，构建土地利用结构优化和空间模拟模型，形成可供参考的宿迁市不同土地利用优化模拟方案，以宿迁市土地征收管理变更历史剖析土地征收用途演变与征收利益均衡分配问题，为宿迁市提高土地资源利用效益、统筹城乡一体化发展提供科学依据和方法支撑，具有重要的理论和实践意义。宿迁市作为江苏省年轻的地级市，在快速城镇化发展进程中，面临着现状建设用地利用较为粗放、耕地比重高且后备资源少等问题。

基于此，本研究围绕“土地优化利用”和“征收管理”两个关键问题，构建了宿迁市土地利用驱动力及优化配置分析框架，以宿迁市1996—2021年土地利用数据为基础对宿迁市近25年土地利用演变进行了系统分析，并通过定量方法准确识别其关键驱动因素；运用多目标优化模型，对研究区2026年不同发展情景下的土地利用结构进行了优化；运用PLUS模型构建了针对宿迁市独特的土地利用现状与发展需求具有高度适应性和科学性的土地利用空间优化配置模拟模型；基于翔实的数据分析了土地征收制度的变迁、宿迁市土地征收制度的现状以及土地征收用途的变化，并借助博弈模型分析了土地征收利益分配情况及存在问题。得到的主要结论如下：

(1) 宿迁市土地利用类型以耕地为主，耕地的逐年减少与建设用地的逐年扩张关系密切；土地利用变化受城镇化影响较大，其中影响耕地与建设用地面积变化的主要影响因素有人口密度、人均地区生产总值、固定资产投资、财政支出和第二产业产值五个因素。

(2) 基于宿迁市经济发展与生态安全的要求与战略规划设置的自然演变、经济优先、生态优先三种情景下的土地优化方案均展现了较好的综合效益。粮食安全情景下实现了最高的经济效益，而生态安全与城镇发展情景下虽在经济效益方面略低，但生态效益仍然较高，表明模型在平衡经济发展与生态保护方面具有良好性能。在自然演变、经济优先、生态优先三种情景模拟下，主要土地利用类型(如耕地、建设用地、水域)的面积配比与宿迁市现行规划高度契合，且各情景下的优化结果偏差较小。

(3) 在宿迁市宿城区的土地征收中，工业和住宅建设用地占据了主导地位，反映出城市扩展和经济发展的强烈需求。其中，交通、水利、能源等基础设施建设用地在土地征收中占较大比重，这表明宿迁市高度重视城市基础设施的改善与建设，以支撑经济和社会的发展。此外，公共事业用地、保障性安居工程用地等在不同时期有所增加，反映出政府对改善居民生活条件和社会福祉的重视。土地征收用途的变化与政策调整、经济发展需求和市场需求息息相关，尤其是经济增长和城市化进程加速时，土地征收需求明显上升。

(4) 土地征收的利益主体包括土地征收的决策者——地方政府，和执行者——被征地农民，二者之间存在复杂的利益冲突。博弈分析表明，地方政府若采用协商策略，农民倾向于支持，最终双方会达成协议征地。但我国在保障农民知情权、参与权和监督权方面存在不足，导致农民利益受损，政府公信力降低，协商难以达成。因此，必须建立合理的农民参与制度，确保农民的合法权益应；加快构建更加公正的社会保障制度，确保农民的维权渠道畅通；探索提升农民技能的多元路径，帮助失地农民顺利转型，实现经济自立。

9.2 政策建议

(1) 加强耕地保护，以耕地保护为核心，实行最严格的耕地保护制度。

耕地是我国最宝贵的资源，是人类赖以生存的基本要素，在我国人多地少的国情下，保护耕地显得尤为重要，是我国的一项基本国策。党的二十大报告提出，逐步把永久基本农田全部建成高标准农田。抓好高标准农田建设，提高耕地质量，对农业稳产增产、保障国家粮食安全意义重大。

近年来，宿迁市把耕地保护作为保障粮食安全、站稳群众立场、维护群众权益的坚实举措，强化耕地多维度监管，耕地总量在监管保护中持续增加，耕地质量在整治激励中稳步提升。与此同时，宿迁市的耕地保护与持续利用也同样存在着问题：耕地供给不平衡不充分与整体高质量发展之间存在一定的矛盾，耕地破碎化的情况日趋严重，耕地保护的压力持续增加，给政府管理、使用者提出了新的要求。同时，随着新型工业化、信息化、城镇化、农业现代化同步发展，平衡发展与保护，确保稳定耕地总量不减、质量不降面临较大压力。因此，结合宿迁市土地利用演变特征分析结果与不同情景下各土地利用结构优化模拟分析，针对耕地数量及空间分布提出以下建议：

坚决落实耕地保护目标责任。将耕地保护纳入高质量考核体系，足额带位置逐级分解下达，层层签订耕地保护目标责任书，作为刚性指标实行党政同责、严格考核、一票否决、终身追责。通过建立“资金＋指标”奖励机制、落实耕地“三位一体”保护要求、积极拓宽用地渠道，以多种手段强化土地执法监管等举措，确保耕地数量、质量实现逐年稳步提升。建立县(区)、乡、村三级联动全覆盖的网格化监管机制，接受公众监督，确保耕地保护责任落实到村、到人、到地块。

严格永久基本农田特殊保护。永久基本农田一经划定，任何单位和个人不得擅自占用或者改变用途，确需占用的，应符合《中华人民共和国土地管理法》关于重大建设项目范围的规定,并按要求做好占用补划审查论证,补划的永久基本农田必须是可以长期稳定利用的耕地。严禁超出法律规定批准占用永久基本农田;严禁通过擅自调整国土空间规划等方式规避永久基本农田农用地转用或者土地征收审批。

从严控制非农建设占用耕地。强化国土空间规划对各类专项规划的指导约束作用,引导各类建设活动不占或少占耕地。未取得合法用地审批手续的项目,各级党委、政府和有关部门不得以任何方式征地或同意动工建设,擅自动工建设的,项目主管部门按照“打非治违”工作要求予以处置。

规范落实耕地占补平衡。坚持以补定占,根据补充耕地能力,统筹安排占用耕地项目建设时序。定期调整公布耕地开垦费标准和补充耕地指标调剂费指导价格。强化补充耕地项目全过程动态监管,实行验收和核查责任“终身制”,确保新增耕地长期稳定利用。

严格落实耕地进出平衡。严格控制耕地转为其他农用地,确需转用的严格落实年度耕地进出平衡,探索跨区域有偿落实耕地进出平衡。严格控制耕地“非粮化”。坚决制止破坏耕地耕作条件的行为,及时调整不符合耕地种植用途管控的农业扶持政策,重点向粮食种植主体倾斜。带位置带图斑落实造林绿化任务,有序引导林果业上山上坡,循序渐进恢复坝区、缓坡被占用的优质耕地,对违规占用耕地及永久基本农田植树造林的按规定限期恢复。稳妥有序恢复整改流出耕地。

加强耕地动态监测预警。健全耕地保护动态监测监管体系,充分运用卫星遥感监测、远程视频监控、无人机动态巡查等科技手段,建立耕地电子围栏,实行动态巡查,自动比对国土空间规划、耕地保护目标和质量落实、用地审批、耕地占补平衡和进出平衡、督察执法等情况和数据,织密织牢耕地保护网。

加强耕地保护专项督察。对督察中发现地方及有关部门不履行土地管理法律法规,落实国家和省有关耕地保护的重大决策不力的,下达督察意见书,采取函告、通报、约谈等措施督促整改,并将问题线索按程序移送纪检监察机关和组织部门。对整改推进不力、不按时限完成整改、屡教不改的,将问题线索按程序移送纪检监察机关严肃追责问责。

严肃查处违法乱占耕地行为。强化基层执法力量,将耕地保护纳入乡镇综合执法重要内容。健全早发现、早制止、严查处的执法监督快速反应处置机制,以“零容忍”的态度遏制新增违法,对顶风违法的依法依规予以处罚。

(2)加大土地整治力度,大力推进土地整理复垦,适度开发后备资源,充分挖掘土地利用空间。

土地整治是经济发展、民生幸福的要素保障。《自然资源部办公厅关于进一步做好全域土地综合整治试点有关准备工作的通知》(自然资办函〔2020〕1767号)批复江苏省内20个国家级全域土地综合整治试点地区。《江苏省“十四五”自然资源保护和利用规划》明确了稳妥推进国土空间全域综合整治在新时代空间治理中的战略地位。宿迁市作为江苏省最年轻的地级市之一,近年来全面开展土地综合整治,以增加高产稳产基本农田和改善农村生产生活条件为目标,按照有利生产、方便生活、改善环境的原则,开展“林、田、水、路、村”综合整治,提高土地利用率,扩大耕作面积,提高耕种质量,为农业适度规模经营、信息化管理创造了有利条件,同时带动周边农民就业。为进一步推进土地综合整治工作,充分发挥土地利用潜力，实现全市域生产、生活、生态空间布局优化，打造土地综合整治“宿迁样板”，还需要继续抓住以下几项工作：

优化用地空间布局。依据村级规划，按照控制总量、盘活存量、优用增量的要求，科学划定农业生产、村庄建设、产业发展和生态保护等功能分区，明确农村集体建设用地配置空间规模，合理安排存量与新增建设用地供给方向，有效保障美丽乡村建设、新产业新业态和一、二、三产业融合发展用地。

开展农用地综合整治。按照适度规模经营和现代农业生产需要，结合土地经营权流转和土地权属调整，根据规划对各类农用地开展土地综合整治。整合国家发展和改革委员会、财政部、自然资源部、水利部、农业农村部等各方资金，统筹推进高标准农田建设、宜耕后备资源开发、低效林草地和园地整理等，在增加耕地的同时，提高耕地连片程度和耕地质量，为促进耕地规模经营和发展现代农业创造条件。

推进建设用地整治。按照基本公共服务均等化和节约集约利用土地的要求，推进建设用地整治，要充分运用城乡建设用地增减挂钩政策，对规划确定的城镇、村庄建设和产业发展区以外的农村宅基地、建设用地以及工矿废弃地，有序实施农村建设用地复垦工作。

加强生态环境治理。按照“山水林田湖草沙”系统治理要求，优化调整林地、耕地、水域、草地等生态用地布局，保护水源涵养地、维护生物多样性，使山水与乡村融为一体、自然与文化相得益彰。对整治区域着力实施生态环境综合治理与修复，打造生态型全域土地综合整治工程。充分考虑城镇、村庄与自然的有机融合，突出特色文化传承，让村民望得见山、看得见水、记得住乡愁，建设有历史记忆、地域特色的美丽乡村，探索推进泗阳县、宿豫区全域土地综合整治试点建设，提高耕地等级和利用价值。

(3) 稳步提升林地、草地面积比重。科学实施生态修复，持续打造生态林、湿地等优美生态环境。

加大生态保护修复力度，提升生态系统质量和稳定性，对维护国家生态安全具有基础性、战略性作用。林地可以为人类提供丰富的木材资源和多种多样的林产品，还可以有效维持和保护生态安全，在调节气候方面起到一定作用，帮助缓解全球气候变化带来的威胁。宿迁市编制完成《江苏省宿迁市国家森林城市建设总体规划(2018—2027 年)》，确定“一核携三星、两湖拥多点、三网连三区”的国家森林城市建设空间布局，明确了总体目标、重点方向和工作任务。此后，每年制定下发《宿迁市创建国家森林城市督查工作方案》《宿迁市创建国家森林城市成员单位考核要点》，确保规划任务有力有序实施到位。

湿地是“地球之肾”和“物种基因库”，在维护生物多样性、固碳减排、涵养水源、调节气候、缓解和预防自然灾害等方面作用显著。宿迁市湿地资源丰富，拥有洪泽湖、骆马湖两大湖泊湿地，京杭大运河、古黄河等河流湿地遍布全域。市县(区)各级政府(管委会)高度重视湿地保护管理，自然湿地保护和修复力度持续加大，取得了显著成效。近年来，随着《中华人民共和国湿地保护法》《江苏省湿地保护条例》相继出台并深入落实，宿迁市愈加重视湿地保护工作，把建设好、维护好、保育好湿地作为践行习近平新时代生态文明思想的具体实践，作为打造“江苏生态大公园”的有力抓手，作为提升生物多样性的重要举措。

当前，宿迁正处于跨越赶超的加速期，必须更好统筹发展和保护；正处于环境容量的瓶颈期，必须全力破解生产生态矛盾；正处于环境改善的关口期，必须加快由量变向质变跨越；正处于生态治理的攻坚期，必须着力补短补软还清欠账，奋力书写好“环境美”的崭新篇章。为进一步加强示范创建，持续推进生态保护修复工作，宿迁市要继续深化改革，打好生态环境保护“组合拳”，继续落实以下几个方面工作：

以国土空间规划为引领，积极推进绿化造林空间适宜性评估，科学确定绿化造林空间。立足自然资源禀赋和城市发展方向，将绿化与水利、交通等工程建设有机衔接，注重绿化布局合理性，通过实施大运河文化带、黄河故道生态富民廊道等绿化工程，加强沿河沿湖沿路区域生态防护林网建设，实现“宜林则林”，提升绿化科学性、长效性。通过杨树更新改造、森林抚育等工程不断提升森林质量，营建更加优良的生态环境。统筹山水林田湖草沙生态系统建设，科学开展国土绿化。以国家森林城市创建为主线，造林绿化、绿美村庄、生态廊道、农田林网工程整体推进。

坚决落实湿地保护目标责任制。将湿地保护目标纳入政府高质量考核，落实了湿地保护修复责任县区和责任部门，湿地保护任务分解下达至各县区，明确责任主体和任务要求。将湿地保护工作纳入四化同步示范区建设考核、污染防治攻坚战考核、洪泽湖治理保护工作要点，强化责任传导，形成本部门主管监督、多部门配合实施的湿地保护体制。

强化湿地保护修复。明确湿地资源调查评价、湿地标准制定、湿地动态监测评估预警等重要制度，夯实湿地保护基础；发挥规划引领作用，通过规划落实湿地保护的目标任务、重点工作和保障措施等事项，保证湿地保护工作有序推进，分类施策，久久为功；科学推进湿地修复工作，明确自然恢复为主、自然恢复与人工修复相结合的湿地修复原则；区分不同情况，明确湿地修复责任主体，区分不同类型，明确湿地修复要求；建立健全湿地修复方案编制和审批以及湿地修复验收、后期管理、修复效果评估等制度，加强对湿地修复的全过程监督。

（4）控制建设用地规模，大力开发存量建设用地潜力，提高土地集约利用水平。

建设用地的持续增长是各地近些年来的主要发展趋势，并且在今后的一段时间内仍将以较快的速度持续增长。但是，建设用地的快速增长导致耕地迅速减少、整体生态环境的破坏加剧，因此需要根据市域整体的资源环境容量来限制其开发强度和扩张趋势，要严格控制建设用地的无序扩张现象。宿迁市 2022 年上半年供地 2.5 万亩，存量供地比42.65%，同比提高 8.43 个百分点。完成低效用地再开发 0.5 万亩；实施批而未供土地处置 1.6 万亩，超额完成年度目标任务①。接下来将进一步加强底线管控，合理集约划定城镇开发边界线，构建宿迁现代化空间格局；加快完善“1129＋N”城镇空间体系，引导农民集中居住，构建等级规模合理、空间分布有序、特色优势互补的城乡空间格局。为此，还需做以下努力：

强化土地利用计划管控约束。建设项目需要使用土地的，必须符合土地利用年度计划管理规定，严禁无计划、超计划批准用地。各地要结合项目建设需要，统筹做好土地利用年度计划安排，严格实施计划指标配置与处置存量土地挂钩机制，以当年存量土地处置规模为基础核算地方计划控制额度。

严控新增城镇建设用地。各地要充分发挥城镇开发边界对各类城镇集中建设活动的

① https://www.suqian.gov.cn/cnsq/bmdt/202308/a9cb6a7dd18944dfb9ed2e594b5641c9.shtml

空间引导和统筹调控作用。省市县各级国土空间规划实施中，要避免“寅吃卯粮”，在城镇开发边界内的增量空间使用上，为“十五五”、“十六五”期间至少留下35%、25%的增量空间。在年度增量空间使用规模上，至少为每年保留五年平均规模的80%，其余可以用于年度间调剂，但不得突破分阶段控制总量，以便为未来发展预留合理空间。坚决杜绝擅自突破年度计划指标、破坏自然和历史文化遗产资源等各类建设行为。

严格执行土地使用标准。各类建设项目要严格执行土地使用标准，超标准、无标准的项目用地要按规定做好项目用地节地评价，对于不符合标准的用地，在预审环节要坚决予以核减。推动新上项目节约集约用地达到国内同行业先进水平。

加大存量土地盘活处置力度。坚持以“存量”换“增量”，多措并举消化批而未供土地，盘活闲置土地和低效用地，充分挖掘存量土地潜力。对上一年度闲置土地新增量超过处置量的，以及未完成批而未供和闲置土地处置任务的，要采取相应的规范约束措施。各地要加大对园区批而未供、闲置土地清查摸底和处置力度，加快推进供而未用、用而未尽等低效用地再开发，通过用途合理转换、用地置换腾退等盘活利用，对长期占而不用的要复垦，提高园区土地节约集约利用水平。对于建成率明显偏低的园区，严格控制新增的产业类土地征收成片开发规模，要优先盘活利用自身存量用地。

(5) 提高征收补偿透明度与公平性，健全全过程追踪监督与问责机制。

土地征收过程中面临的补偿标准不透明、补偿金额不公平，以及监管不足等问题不仅会影响被征地农民的生活质量，还可能引发社会不稳定。因此，提升征收补偿的透明度与公平性，并完善全过程追踪监督与问责机制，是当前亟须解决的任务。

相关部门可以将现有材料与数据进行整合，并进行一定范围内的问卷调查，据此建立一套可调节系数的弹性补偿标准体系，明确不同类型土地的补偿标准及其计算方法。例如，可以依据土地的用途、位置、土壤质量等因素制定详细的补偿标准。同时，通过政府官网或相关平台发布补偿标准，让居民能够清晰了解自身的补偿权益。这样可以减少因信息不对称而导致的纠纷，提高补偿过程的公正性。

为确保补偿的公平性，政府应逐步完善独立第三方评估机构服务，对土地价值进行公正评估。评估机构除了具备最基本的合法资质外，应该由政府、农民、城市居民和专家评审团共同选定。完备而丰富的第三方评估服务有助于平衡各方利益，减少利益冲突。同时，对于第三方评估机构进行评估作业产生的费用，应该制定一套标准体系，并设立专款专用的资金渠道。

针对被征地农民的参与权，政府应该建立一个便捷的补偿咨询与申诉平台，让即将被征地的农民可以及时了解补偿政策，畅通对补偿结果提出异议的渠道。平台应提供在线咨询服务，并设立专门的工作人员负责处理被征地农民的申诉。例如，可以在市民服务中心设立专门的窗口，处理征地补偿相关问题，为农民提供快速解决方案。此外，还应建立征地全过程的信息公开制度，包括补偿标准的制定、土地评估过程、补偿金额的发放等信息都应定期公开。例如，可以在宿迁市政府官网上设立专门的征地信息栏目，定期更新相关信息，确保所有信息公开透明。这不仅可以提升政府工作的透明度，还能让公众及时掌握征地进展。

建立独立的监督机构对征地过程进行全程监督十分必要。该机构应具备独立性和权威性，能够对涉及的各方进行有效监督。可以借鉴其他城市的经验，设立征地监督委员会，成员由第三组织成员、法律专家、民间社团负责人、社区代表等组成，定期对征地情况进行审查，并向公众报告。同时健全举报机制，鼓励公众对征地过程中存在的不正当行为进行举报。举报机制应保护举报人的隐私，并设立专门的处理部门负责对举报内容进行调查。同时，应对发现的不正当行为进行严厉的处罚，以起到震慑作用。在实际操作中可以适当制定一些奖惩措施，以提高政府工作人员的廉洁自律意识。

提高土地征收补偿透明度和公平性，建立健全全过程追踪监督与问责机制，是促进土地征收管理公正、有效的重要举措。通过实施上述建议，可以有效减少征地过程中出现的争议和矛盾，保障农民的合法权益，推动城市和谐发展。

9.3 研究展望

土地优化利用和征收管理研究是一项基础性、交叉性，具有实际应用价值的经典研究课题。本研究从宿迁市近二十五年的土地利用演变特征出发，探究土地利用变化规律，识别土地利用变化的关键驱动因素，根据主要驱动因素和多元发展目标设定约束条件，进行土地利用结构空间优化配置，总结土地征收用途演变历程，剖析土地征收过程利益均衡分配问题，为宿迁市土地优化利用和征收管理相关研究充实了现实案例并得出了现实结论和政策建议。需要进一步完善和研究之处，主要包含以下几个方面：

（1）土地利用驱动因素的研究。土地利用变化驱动力是导致土地利用目的和方式发生变化的主要因素，包括内部驱动力和外部驱动力。本研究参考已有研究，主要围绕可以在短时间尺度内使土地利用发生剧烈变化的外部驱动力进行探讨，包括人口、经济、投资和产业等方面。在驱动因素选取方面较为简单，未来可以进一步将内部驱动因素纳入土地利用变化驱动力研究中。土地利用变化是一个自然、经济、社会等多方面综合作用的复杂过程，科学准确选择土地利用变化的驱动因素是未来需要进一步研究的方向。

（2）对于土地利用优化配置研究包括数量结构和空间布局两方面，本研究引入情景分析法确定多目标，采用 PLUS 模型作为核心工具，针对宿迁市独特的土地利用现状与发展需求，构建了具有高度适应性和科学性的土地利用空间优化配置模拟模型，对 2026 年宿迁市土地利用结构进行了优化模拟，未来研究可以对空间格局优化模拟的分辨率和模拟精度进一步深化，丰富模拟的约束限制条件，提升土地利用优化配置的科学性与综合性，进一步提升模拟结果的现实意义。

（3）征地过程中，地方政府和被征地农民之间的利益博弈不仅是单次、静态的互动，而是一个长期、动态的过程。未来研究可以进一步细化博弈模型，考虑博弈主体在不同时间点、不同政策环境下的策略选择如何变化。通过引入更多的动态变量，如经济增长水平、政策变动、社会舆论、农民权益保障程度等，建立更为复杂的博弈模型。动态博弈模型可以帮助预测各方利益主体在不同情境下的行为选择，并提供更具前瞻性的利益分配策略。未来的研究可以进一步利用仿真技术，通过模拟不同情境下的博弈过程，找到更优的博弈平衡点。

参考文献

[1] PACHECO QUEVEDO R,VELASTEGUI-MONTOYA A,MONTALVÁN-BURBANO N,et al. Land use and land cover as a conditioning factor in landslide susceptibility:a literature review[J]. Landslides,2023,20(5):967-982.

[2] 丁楠,李义博,陶福禄.过去30年气候和土地利用变化对海河流域径流、泥沙及氮磷流失的影响[J].自然资源学报,2024,39(7):1720-1734.

[3] DHANKAR S,SINGH G,KUMAR K. Impacts of urbanization on land use,air quality,and temperature dynamics in Dehradun district of Uttarakhand,India:a comprehensive analysis[J]. Frontiers in Environmental Science,2024,12:1324186.

[4] 胡振琪,张帆,张子璇,等.2023年土地科学研究重点进展评述及2024年展望:土地工程与信息技术分报告[J].中国土地科学,2024,38(3):116-126.

[5] 高林,赵中秋,宋东阳,等.景观生态风险演变及其对驱动因素的响应:以北京生态涵养区为例[J].中国环境科学,2024,44(7):4031-4041.

[6] 张来红,秦婷婷,泽仁卓格,等.基于GEE和多维特征集的锡林浩特露天矿区近30a土地利用分类[J].金属矿山,2023(3):234-241.

[7] 李月,刘静兰,李静静,等.基于生态廊道识别的喀斯特流域生态安全格局构建:以贵州南明河流域为例[J].环境科学,2024,49(7):1-23.

[8] BAGHEL S,KOTHARI M K,TRIPATHI M P,et al. Spatiotemporal LULC change detection and future prediction for the Mand catchment using MOLUSCE tool[J]. Environmental Earth Sciences,2024,83(2):66.

[9] HU S G,WANG L. Automated urban land-use classification with remote sensing[J]. International Journal of Remote Sensing,2013,34(3):790-803.

[10] 张志博,赵西宁,姜海晨,等.基于无人机影像和深度学习的渭北旱塬区土地利用精准分类[J].农业工程学报,2022,38(22):199-209.

[11] 高雨,胡召玲,樊茹.高分辨率影像融合算法对滨海湿地土地利用分类精度的影响[J].测绘通报,2022(1):116-120.

[12] 潘娇,李超,彭文忆,等.基于随机森林和支持向量机的云南省土地利用分类[J].科学技术与工程,2024,24(17):7043-7051.

[13] YANG T,HAN B H,HE X F,et al. Diagnosis of the accuracy of land cover classification using bootstrap resampling[J]. International Journal of Remote Sensing,2024,45(12):3897-3912.

[14] 张宇,陈龙乾,周天建,等. 基于决策树的土地利用覆盖分类及变化研究:以济宁市任城区为例[J]. 中国农业资源与区划,2014,35(6):115-123.

[15] GHAYOUR L,NESHAT A,PARYANI S,et al. Performance evaluation of sentinel-2 and landsat 8 OLI data for land cover/use classification using a comparison between machine learning algorithms[J]. Remote Sensing,2021,13(7):1349.

[16] TAN J B,ZUO J Q,XIE X Y,et al. MLAs land cover mapping performance across varying geomorphology with Landsat OLI-8 and minimum human intervention[J]. Ecological Informatics,2021,61:101227.

[17] 陈乐,卫伟. 多源土地利用产品在黄土丘陵沟壑区的精度评估[J]. 水土保持学报,2024,38(3):177-186.

[18] 李宛聪,李红,王士君,等. 东北地区收缩城市识别及其建设用地扩张时空演变[J]. 资源科学,2024,46(2):368-385.

[19] REINER F,BRANDT M,TONG X Y,et al. More than one quarter of Africa's tree cover is found outside areas previously classified as forest[J]. Nature Communications,2023,14:2258.

[20] 高峰,姜群鸥,辛智鸣,等. 荒漠绿洲区带状防护林遥感提取方法研究:以磴口为例[J]. 光谱学与光谱分析,2022,42(12):3896-3905.

[21] WANG Y L,WANG J S. Monitoring snow cover in typical forested areas using a multi-spectral feature fusion approach[J]. Atmosphere,2024,15(4):513.

[22] 马炜,周天元,蒋亚芳,等. 中国湿地保护状况和未来湿地保护的目标和重点[J]. 湿地科学,2021,19(4):435-441.

[23] 张艳红,白桂欣,郭宝华. 吉林省西部霍林河下游小微湿地的时空分布特征研究[J]. 湿地科学,2024,22(4):487-495.

[24] 黄冰鑫,徐佳,张晓同,等. 基于特征优选的 GF-6WFV 影像湿地信息提取[J]. 地理空间信息,2024,22(4):39-44.

[25] 潘宸,侯浩,唐伟,等. 基于 GEE 和 Sentinel-2 影像的杭州城市湿地精细化分类研究[J]. 北京师范大学学报(自然科学版),2024,60(3):447-458.

[26] 陈璐,李旺平,郝君明,等. 基于 Landsat 数据的高寒湿地信息提取方法研究[J]. 遥感技术与应用,2024,39(3):708-717.

[27] ASLAMI F,GHORBANI A. Object-based land-use/land-cover change detection using Landsat imagery:a case study of Ardabil,Namin,and Nir counties in northwest Iran[J]. Environmental Monitoring and Assessment,2018,190(7):376.

[28] 张百婷,李宗省,冯起,等. 基于土地利用变化的祁连山地区生态系统服务价值演化分析[J]. 生态学报,2024,44(10):4187-4202.

[29] 杨淮深，胡金龙，青果，等．基于地学信息图谱的漓江流域土地利用时空演变分析[J]．西北林学院学报，2024，39(4)：154-162.

[30] 石智宇，蒲万平，董霁红．中国北方农牧交错带土地利用变化及其对生态系统服务价值的影响[J]．环境科学，2024，49(7)：1-19.

[31] 杨凯，张翔，张致江．长江流域植树造林对地表温度的生物物理反馈[J]．生态学报，2024，44(18)：8349-8365.

[32] 帅艳民，霍燃，曲歌，等．基于LANDSAT的辽宁省朝阳市1985—2020年退耕还林工程动态监测[J]．水土保持通报，2023，43(3)：113-122.

[33] 王军，柴志福，马浩艳，等．基于支持向量机的蓄水工程土地利用分类与动态变化[J]．干旱区研究，2024，41(4)：581-589.

[34] FIDA G T，BAATUUWIE B N，ISSIFU H. Simulation of land use/cover dynamics in the Yayo coffee Forest biosphere reserve，southwestern Ethiopia[J]. Geocarto International，2023，38(1)：2256303.

[35] RAVAL S，SHAMSODDINI A. A monitoring framework for land use around Kaolin mining areas through Landsat TM images[J]. Earth Science Informatics，2014，7(3)：153-163.

[36] AHIRWAL J，PANDEY V C. Restoration of mine degraded land for sustainable environmental development[J]. Restoration Ecology，2021，29(4)：e13268.

[37] 王宏亮，杜越洋，吴健生，等．基于PLUS-InVEST模型的鄂尔多斯市土地利用模拟及碳储量评估[J]．内蒙古大学学报(自然科学版)，2024，66(4)：1-10.

[38] 何旭东，石强，王炜，等．雄安新区土地利用变化及其经济影响预测研究[J]．测绘与空间地理信息，2023，46(6)：140-143.

[39] 王冶，郭祖彬．基于生态系统服务供需关系和土地利用程度耦合的生态分区识别与管理：以滦河流域为例[J]．草业科学，2024，41(6)：1-19.

[40] BOUCHAGOURA L，MEDJANI F，ZAHI F，et al. Integrating remote sensing classification techniques for land use mapping in semi-arid regions：a case study of the Tamlouka basin，Algeria[J]. Environmental Monitoring and Assessment，2024，196(7)：604.

[41] HUANG H，ZHOU Y，QIAN M J，et al. Land use transition and driving forces in Chinese Loess Plateau：a case study from Pu county，Shanxi province[J]. Land，2021，10(1)：67.

[42] 魏蕾娜，傅玮佳，张敬伟，等．南昌市土地利用变化与高程的耦合分析[J]．地理空间信息，2014，12(5)：110-113.

[43] 谢臻，张茜茜，阿迪拉·艾尼瓦尔江，等．山区土地利用变化强度与稳定性诊断研究：以福建省德化县为例[J]．中国农业大学学报，2024，29(1)：186-198.

[44] 鲍文楷，杨园园，邹利林．快速城镇化地区土地利用变化强度及驱动力新特征：以京津冀地区为例[J]．西南大学学报(自然科学版)，2021，43(10)：124-134.

[45] 雷诚，张永福. 土地利用变化及驱动因素分析：以新疆乌苏市为例[J]. 新疆农业科学，2009，46(9)：403-409.

[46] 杨木秀. 基于 ARCGIS 和 IDRISI 的荆州市土地利用变化及其影响分析[J]. 安徽农业科学，2024，52(9)：55-62.

[47] 丁孝媛，叶长盛，胡海平，等. 环鄱阳湖城市群土地利用功能转型及其驱动机制[J]. 农业工程学报，2024，40(7)：298-308.

[48] NATHALANG S. A spatial analysis of factors influencing farmland conversion in the Bangkok metropolitan area, Thailand (land-use change, agricultural land loss, process)-all databases[D]. Oregon State University，1986.

[49] 王梓洋，石培基，李雪红，等. 河西走廊地区生境质量对土地利用变化的响应机制及提升路径[J]. 环境科学，2024，49(4)：1-20.

[50] BONGASIE A，DHAKAL T，AYALEW A，et al. Analysis of forest cover change and its driving factors in Senan district，Amhara Region，Ethiopia[J]. Environmental Monitoring and Assessment，2024，196(4)：339.

[51] BUFEBO B，ELIAS E. Land use/land cover change and its driving forces in shenkolla watershed, south central Ethiopia [J]. The Scientific World Journal, 2021, 2021：9470918.

[52] KUSIIMA S K，EGERU A，NAMAALWA J，et al. Anthropogenic induced land use/cover change dynamics of Budongo-Bugoma landscape in the Albertine region，Uganda[J]. The Egyptian Journal of Remote Sensing and Space Sciences，2022，25(3)：639-649.

[53] SHUI W，XU G W. Analysis of the influential factors for changes to land use in China's Xingwen Global Geopark against a tourism development background[J]. Geocarto International，2016，31(1)：22-41.

[54] 李志飞，朱永乐，喻珍，等. 乡村旅游发展对土地利用变化的影响：基于四个县域的多案例研究[J]. 华中师范大学学报(自然科学版)，2022，56(1)：168-179.

[55] 余中元，高紫婷. 海南岛旅游用地类型划分、格局演变及其影响因素[J]. 经济地理，2024，44(5)：230-238.

[56] 朱正斌，李瑞，殷红梅，等. 旅游驱动下传统民族村寨文化景观演化特征与机理研究：基于贵州西江苗寨的案例[J]. 资源开发与市场，2024，40(1)：152-160.

[57] 朱国梁，江波，刘雨菲. 基于 Landsat 影像的雄安新区 2013—2021 年土地利用变化检测和生态政策评估[J]. 北京师范大学学报(自然科学版)，2024，60(2)：250-259.

[58] 李熙伟，郑琳，申曦，等. 近 20 年大理州土地利用变化特征及驱动力研究[J]. 价值工程，2024，43(18)：152-155.

[59] SHAHBAZIAN Z，FARAMARZI M，ROSTAMI N，et al. Integrating logistic regression and cellular automata-Markov models with the experts' perceptions for detecting and simulating land use changes and their driving forces[J]. Environmental Monito-

ring and Assessment,2019,191(7):422.

[60] 巩杰,张金茜,钱彩云,等.1990—2014年甘肃省白龙江流域土地利用变化对人类活动响应[J].水土保持通报,2017,37(4):219-224.

[61] 吴佩佩,常献伟,张杨,等.黄河滩区河南段土地利用演变及驱动力研究[J].国土与自然资源研究,2024(4):18-23.

[62] HODEL L,LE POLAIN DE WAROUX Y,GARRETT R D. Characterizing culture's influence in land systems[J]. Nature Sustainability,2024,7:973-982.

[63] 万虹麟,王凤春,张薇,等.大运河文化带建设驱动土地利用变化及其生态效应分析:以沧州段为例[J].地球物理学进展,2022,37(5):1863-1874.

[64] 李亚娟,欧阳辰星,王娟,等.大城市特色街区土地利用空间格局演变及驱动机制研究:以武汉市楚河汉街为例[J].中国生态旅游,2023,13(1):62-77.

[65] 张梦晗,刘京一,史敏,等.农林复合土地利用模式与农业文化遗产景观可持续性的相关性[J].风景园林,2022,29(4):47-53.

[66] 乔伟峰,柴逸贝,王佳炜,等.大都市郊区旅游型乡村土地利用转型过程与机理分析:以南京市郊佘村为例[J].地理科学进展,2024,43(6):1060-1073.

[67] CHEN H J,SU K C,PENG L X,et al. Mixed land use levels in rural settlements and their influencing factors: a case study of Pingba Village in Chongqing, China[J]. International Journal of Environmental Research and Public Health, 2022, 19(10):5845.

[68] 杨新,陆汝成,庞彩萍,等.中国边境地区土地利用转型与城乡融合发展效率互动关系研究[J].世界地理研究,2024(33):1-19.

[69] ZHOU J H,GAO P,WU C X,et al. Analysis of land use change characteristics and its driving forces in the Loess Plateau:a case study in the Yan River Basin[J]. Land, 2023,12(9):1653.

[70] 刘芃凯,饶良懿.海河流域植被变化时空分异及影响因素探测[J].环境科学,2024,49(7):1-17.

[71] 李雅喆,王凌霞,聂小东,等.基于时空异质性特征的洞庭湖流域土地利用动态归因分析[J].湖南师范大学自然科学学报,2023,46(3):61-71.

[72] 王新宇,滕浩.黑龙江省土地利用时空格局演变及驱动因素分析[J].测绘与空间地理信息,2024,47(增刊):129-132.

[73] 刘一凡,王敏,刘淑敏.2000—2020年莱州湾海岸带"三生"空间演变及其影响因素[J].山东师范大学学报(自然科学版),2024,39(2):164-174.

[74] 刘冠志,甄江红,刘果厚,等.近20年元上都遗址周边土地利用变化及驱动力[J].草业科学,2015,32(8):1363-1371.

[75] 钱有飞.城市转型下产业结构和土地利用结构的耦合关系及用地结构优化方案研究[J].西南大学学报(自然科学版),2024,46(8):86-94.

[76] 唐乎媞,张斌,鞠登平,等.生态-经济权衡下国家中心城市土地利用优化配置:以武汉

市为例[J]. 水土保持研究,2022,29(6):416-424.

[77] VON GROSSV,SIBHATU K T,KNOHL A,et al. Transformation scenarios towards multifunctional landscapes:a multi-criteria land-use allocation model applied to Jambi Province,Indonesia[J]. Journal of Environmental Management,2024,356:120710.

[78] 刘化,潘玉君,林晓婉,等. 河南中原城市群多情景土地利用优化与碳储量评估[J]. 西北林学院学报,2024,39(3):221-230.

[79] 李晴,周兰,田莉,等. 权衡稳粮和经济效益的村庄土地资源配置优化探索:以江苏省溧阳市 H 村为例[J]. 上海城市规划,2023,2(2):87-92.

[80] 袁利,刘毅华,邱坚坚. 经济与生态效益不同情景下的广州市土地利用优化配置[J]. 生态经济,2021,37(4):103-109.

[81] 谢一茹,高培超,王翔宇,等. 经济发展预期下的粮食产量与生态效益权衡:黑龙江省土地利用优化配置[J]. 北京师范大学学报(自然科学版),2020,56(6):873-881.

[82] 林欢,谢晓玲. 张掖市地表景观格局演变与空间优化研究[J]. 环境保护与循环经济,2023,43(11):56-61.

[83] HANDAYANTO R,TRIPATHI N,KIM S,et al. Achieving a sustainable urban form through land use optimisation: insights from bekasi city's land-use plan (2010—2030)[J]. Sustainability,2017,9(2):221.

[84] RAHMAN M M,SZABÓ G. A geospatial approach to measure social benefits in urban land use optimization problem[J]. Land,2021,10(12):1398.

[85] 李秉仁. 试论城市规划在优化城市土地资源配置中的作用[J]. 城乡建设,1995,40(5):14-16.

[86] 卢为民,蒋琦珺. 以多规合一推进大都市土地资源的优化配置路径:以上海市的实践探索为例[J]. 中国土地,2017(1):34-36.

[87] 张珍. 以国土空间规划推进宁德市土地资源的优化配置路径[J]. 房地产世界,2022,30(19):41-43.

[88] 王海军,曾浩然,张文婷,等. 基于改进的 GPU 并行 NSGA-Ⅲ的土地利用优化配置[J]. 农业工程学报,2020,36(21):283-291.

[89] WANG W L,JIAO L M,JIA Q Q,et al. Land use optimization modelling with ecological priority perspective for large-scale spatial planning[J]. Sustainable Cities and Society,2021,65:102575.

[90] LUAN C X,LIU R Z,SUN J,et al. An improved future land-use simulation model with dynamically nested ecological spatial constraints[J]. Remote Sensing,2023,15(11):2921.

[91] 唐茂钢,吴柏钧,胡凤霞. 土地发展权交易与国土资源空间配置优化:内在机制与经验证据[J]. 统计研究,2023,40(9):62-75.

[92] 梁鑫源,金晓斌,孙瑞,等. 粮食安全视角下的土地资源优化配置及其关键问题[J]. 自然资源学报,2021,36(12):3031-3053.

[93] 王娇娇，尹小君，苟贞珍，等. 基于 NSGA-Ⅱ和 GeoSOS-FLUS 的喀什地区土地利用空间多目标优化[J]. 水土保持通报，2022，42(4)：179-187.

[94] LUAN C X，LIU R Z，ZHANG Q Y，et al. Multi-objective land use optimization based on integrated NSGA-II-PLUS model：Comprehensive consideration of economic development and ecosystem services value enhancement[J]. Journal of Cleaner Production，2024，434：140306.

[95] 刘欣，赵艳霞，冯晓淼，等. 基于 CLUE-S 模型的多目标土地利用格局模拟与优化：以河北省廊坊市北三县为例[J]. 地理与地理信息科学，2018，34(5)：92-98.

[96] 王世东，李立，张游游，等. 基于 DE-PSO 模型的土地资源优化配置研究[J]. 农业机械学报，2022，53(6)：226-236.

[97] WANG J，WANG J M，ZHANG M，et al. Optimization of land use structure based on an improved multi-objective genetic algorithm：a case study in a large-scale opencast coal mine area，China[EB/OL]. (2024-06-15)[2024-10-26]. ttps：//doi. org/10. 1007/s10668-024-05129-9.

[98] PAN T T，SU F Z，YAN F Q，et al. Optimization of multi-objective multi-functional landuse zoning using a vector-based genetic algorithm[J]. Cities，2023，137：104256.

[99] 王帝文，李飞雪，陈东. 基于 Pareto 最优和多目标粒子群的土地利用优化配置研究[J]. 长江流域资源与环境，2019，28(9)：2019-2029.

[100] 朱磊，刘雅轩. 基于 GIS 和元胞自动机的玛纳斯河流域典型绿洲景观格局优化[J]. 干旱区地理，2013，36(5)：946-954.

[101] 李娅，谭秋，王丽双，等. 县域农业土地利用适宜性评价与优化研究：以山西省原平市为例[J]. 中国农业资源与区划，2022，43(1)：91-99.

[102] 张理. 土地征收基本问题研究[M]. 北京：知识产权出版社，2013.

[103] 段文技，宋熳青. 土地征收中公共利益前置界定及争议裁决机制探讨[J]. 行政管理改革，2020(9)：92-99.

[104] 陈涛，王智勇，谢来荣. 公共利益导向下土地征收成片开发方案编制对策：兼析《土地征收成片开发标准(试行)》的运作逻辑及实践路径[J]. 规划师，2022，38(4)：12-20.

[105] 刘颖. 新型城镇化进程中农村土地征收利益博弈困局的破解[J]. 辽宁师范大学学报(社会科学版)，2024，47(2)：92-97.

[106] 程玉龙，柳瑞禹. 土地征收中农民与地方政府的利益博弈分析[J]. 资源开发与市场，2016，32(2)：196-202.

[107] 慕良泽，赵勇. 利益博弈：土地征收中多元主体的行为逻辑研究：基于文献梳理及其反思[J]. 地方治理研究，2020，22(1)：31-42.

[108] 孙小雨. 论农地征收中的利益兼顾：国家权力本位向被征收人权利本位让渡之限度[J]. 湖北社会科学，2024，38(1)：149-158.

[109] 马九杰，张象枢，顾海兵. 粮食安全衡量及预警指标体系研究[J]. 管理世界，2001(1)：154-162.

[110] 罗孝玲，张好，杨怀东. 我国粮食安全的界定与评估[J]. 山东农业大学学报(社会科学版)，2006，8(3)：14-18.

[111] 唐石，张继承，李林凤. 复合系统视角下的我国粮食安全问题识别及评价[J]. 统计与决策，2016，32(7)：42-46.

[112] 程漱兰，陈焱. 高度重视国家生态安全战略[J]. 生态经济，1999(5)：9-11.

[113] 吴豪，许刚，虞孝感. 关于建立长江流域生态安全体系的初步探讨[J]. 地域研究与开发，2001，20(2)：34-37.

[114] 邹长新，沈渭寿. 生态安全研究进展[J]. 农村生态环境，2003，19(1)：56-59.

[115] 欧阳志云，郑华. 生态安全战略[M]. 北京：学习出版社，2014.

[116] 刘黎明. 土地资源学[M]. 5 版. 北京：中国农业大学出版社，2010.

[117] 曾琨. 基于组合赋权 Topsis 模型的土地资源可持续利用评价：以广安市为例[D]. 南充：西华师范大学，2022.

[118] 孔琳. 市级土地资源资产负债表编制与应用研究：以杭州市为例[D]. 南京：南京林业大学，2023.

[119] 王恩泽. 长江经济带土地资源资产评估[D]. 上海：上海师范大学，2021.

[120] 朱岳年. 综合利用自然资源 保护人类生存环境[J]. 中国人口 · 资源与环境，1990(3)：77-79.

[121] 陈芳淼，田亦陈，袁超，等. 基于供给生态服务价值的云南土地资源承载力评估方法研究[J]. 中国生态农业学报，2015，23(12)：1605-1613.

[122] 张文忠，张军涛. 经济学和地理学对区位论发展轨迹的影响[J]. 地理科学进展，1999，18(1)：54-59.

[123] 党杨. 马克思地租地价理论评述[J]. 现代商业，2010(6)：54-55.

[124] 赵景柱. 社会-经济-自然复合生态系统持续发展评价指标的理论研究[J]. 生态学报，1995，(3)：327-330.

[125] 王如松，欧阳志云. 社会-经济-自然复合生态系统与可持续发展[J]. 中国科学院院刊，2012，27(3)：337-345.

[126] 逄锦聚. 一部系统研究新时代我国产业转型升级问题的力作：《新产业革命与经济高质量发展交汇下的中国产业转型升级研究》评介[J]. 经济与管理评论，2022，38(2)：159-160.

[127] 韩雷，钟静芙. 高质量发展的内涵解读、理论框架及实现路径[J]. 湘潭大学学报(哲学社会科学版)，2021，45(6)：39-45.

[128] 安淑新. 促进经济高质量发展的路径研究：一个文献综述[J]. 当代经济管理，2018，40(9)：11-17.

[129] 李涛，薛领，李国平. 产业集聚空间格局演变及其对经济高质量发展的影响：基于中国 278 个城市数据的实证分析[J]. 地理研究，2022，41(4)：1092-1106.

[130] 刘修岩. 产业集聚与经济增长：一个文献综述[J]. 产业经济研究，2009(3)：70-78.

[131] 张晶. 产业集聚对于城市经济效率的影响机制分析[J]. 商业经济研究，2020(9)：

176-180.
[132] 邢佳丽,史文娇,郭旭东,等. 2010—2017年中国典型城市群土地利用格局变化及其驱动力比较分析[J]. 生态科学,2024,43(1):46-54.
[133] 杨珺,李豪,马青,等. 汾河流域土地利用景观格局演变及其驱动因素探究[J]. 西北农林科技大学学报(自然科学版),2023,52(6):83-94.
[134] 宿迁市自然资源和规划局. 宿迁市第三次国土调查主要数据公报 [EB/OL]. (2022-03-10)[2024-09-08]. http://zrzy.jiangsu.gov.cn/gtapp/nrglIndex.action? type=2&messageID=ff8080817e66e047017f71b012fa4bad.
[135] 岳文泽,周秋实,李蒙蒙,等. 面向主体功能分区的建设用地强度研究:模式识别与时空演变[J]. 城市规划,2023,47(5):15-24.
[136] 刘卫林,何昊,朱圣男,等. 1980—2015年江西省土地利用迁移变化分析及驱动机制研究[J]. 水土保持研究,2023,30(2):361-368.
[137] 杨柳,冯畅,刘子怡,等. 基于重心模型的湘江流域水系与城镇化时空格局演变分析[J]. 亚热带资源与环境学报,2023,18(3):38-44.
[138] 李笑梅. 多指标综合评价方法综述[J]. 统计与管理,2022,37(2):45-48.
[139] 李晓钟,王欢. 互联网对我国经济发展影响的区域差异比较研究[J]. 中国软科学,2020(12):22-32.
[140] 张周逸林,申广荣,张婧颖,等. 2007—2017年夏冬季上海市内外圈层土地覆盖与地表温度的定量关系[J]. 水土保持通报,2021,41(1):88-96.
[141] 陈宁,辛存林,唐道斌,等. 中国西北地区多情景土地利用优化与碳储量评估[J]. 环境科学,2023,44(8):4655-4665.
[142] 陈恩. 基于多目标遗传算法的扬州市土地利用结构优化研究[D]. 南京:南京农业大学,2016.
[143] 刘菁华,李伟峰,周伟奇,等. 权衡城市扩张、耕地保护与生态效益的京津冀城市群土地利用优化配置情景分析[J]. 生态学报,2018,38(12):4341-4350.
[144] 谢高地,张彩霞,张昌顺,等. 中国生态系统服务的价值[J]. 资源科学,2015,37(9):1740-1746.
[145] 王万茂.《土地利用规划学》教材发展历程[J]. 中国土地科学,2020,34(11):113-114.
[146] 李锋. 多目标演化算法及在优化问题中的应用[D]. 武汉:武汉理工大学,2004.
[147] 谢涛,陈火旺. 多目标优化与决策问题的演化算法[J]. 中国工程科学,2002,4(2):59-68.
[148] 王昊煜,高培超,谢一茹,等. 基于改进型NSGA-Ⅱ算法的西宁市土地利用多目标优化[J]. 地理与地理信息科学,2020,36(6):84-89.
[149] 刘艳芳,李兴林,龚红波. 基于遗传算法的土地利用结构优化研究[J]. 武汉大学学报(信息科学版),2005,30(4):288-292.
[150] 于苏俊,张继. 遗传算法在多目标土地利用规划中的应用[J]. 中国人口·资源与环境,2006,16(5):62-66.

[151] 王娇娇，尹小君，苟贞珍，等. 基于 NSGA-Ⅱ 和 GeoSOS-FLUS 的喀什地区土地利用空间多目标优化[J]. 水土保持通报，2022，42(4)：179-187.

[152] 王世忠，刘卫东，曹振宇. 基于 NSGA-Ⅱ 的土地利用数量结构优化研究：以舟山市定海区为例[J]. 地理科学，2010，30(2)：290-294.

[153] 胡西武，廉恩慧，才仁卓玛. 三江源国家公园土地利用结构与空间布局优化研究[J]. 青海民族研究，2022，33(2)：190-199.

[154] CAO S，JIN X B，YANG X H，et al. Coupled MOP and GeoSOS-FLUS models research on optimization of land use structure and layout in Jintan district[J]. Journal of Natural Resources，2019，34(6)：1171.

[155] 徐爽，朱永明. 基于土地利用功能最大化的多情景土地利用优化研究[J]. 中国农业资源与区划，2022，43(11)：90-100.

[156] 马瑞，范燕敏，武红旗，等. 耦合 GMOP 与 PLUS 模型的干旱区土地利用格局模拟[J]. 农业资源与环境学报，2023，40(1)：143-153.

[157] 周伟，石吉金，范振林. 基于粮食安全和生态安全的耕地生态保护研究[J]. 中国土地科学，2023，37(7)：125-134.

[158] 孔祥斌，陈文广，温良友. 以耕地资源三个安全构筑大国粮食安全根基[J]. 农业经济与管理，2022(3)：1-12.

[159] WANG Z Y，SHI P J，ZHANG X B，et al. Grid-scale-based ecological security assessment and ecological restoration：a case study of Suzhou district，Jiuquan[J]. Journal of Natural Resources，2022，37(10)：2736.

[160] 王万茂. 市场经济条件下土地资源配置的目标、原则和评价标准[J]. 自然资源，1996(1)：24-28.

[161] 王秉义. 巢湖流域土地利用演变的生态响应与优化模拟研究[D]. 徐州：中国矿业大学，2019.

[162] 梁扬. 基于耦合 MOP-FLUS 模型的县域土地利用结构与布局优化研究：以江西省芦溪县为例[D]. 南昌：江西财经大学，2023.

[163] 郭玉琬. 合肥都市圈土地生态系统服务价值与城镇化耦合关系研究[D]. 徐州：中国矿业大学，2018.

[164] 李保杰，褚帅，顾和和. 淮海经济区生态系统服务价值时空分异特征研究[J]. 地域研究与开发，2023，42(2)：167-172.

[165] 解文艳，付永虎，杨殿闯，等. 基于土地利用变化的江苏省生态系统服务价值时空演变与模拟预测[J]. 地域研究与开发，2022，41(5)：126-132.

[166] 秦文俊，王亮. 宿迁市生态系统服务价值动态研究[J]. 安徽农业科学，2009，37(20)：9578-9580.

[167] 谢高地，鲁春霞，甄霖，等. 区域空间功能分区的目标、进展与方法[J]. 地理研究，2009，28(3)：561-570.

[168] 徐磊. 基于遗传算法的多目标优化问题的研究与应用[D]. 长沙：中南大学，2007.

[169] LIANG X,GUAN Q F,CLARKE K C,et al. Understanding the drivers of sustainable land expansion using a patch-generating land use simulation (PLUS) model:a case study in Wuhan,China[J]. Computers,Environment and Urban Systems,2021,85:101569.

[170] 杨济达,欧晓昆,呙靖雯,等. 基于 CA-Markov 和 Geomod 模型橡胶林变化预测比较[J]. 山地学报,2014,32(3):267-276.

[171] ETEMADI H,SMOAK J M,KARAMI J. Land use change assessment in coastal mangrove forests of Iran utilizing satellite imagery and CA-Markov algorithms to monitor and predict future change[J]. Environmental Earth Sciences,2018,77(5):208.

[172] 余洲,李明玉,钱雨扬,等. 基于 CA_Markov 模型多情景模拟的三峡库区土地利用变化及其生态环境效应[J]. 水土保持研究,2024,31(3):363-372.

[173] 周俊鑫,蔡梅芳,黄志强,等. 江西省生境质量时空演化特征及预测[J]. 生态学报,2023,43(18):7623-7636.

[174] 杜洲,牛健植,樊登星,等. 基于 PLUS 模型的黄河中游多沙粗沙区土地利用变化模拟及驱动力分析[J]. 水土保持研究,2024,31(6):309-318.

[175] 张顺鑫,吴子豪,闫庆武,等. 基于 PLUS-InVEST 模型的天山北坡生态系统碳储量时空变化与预测[J]. 干旱区研究,2024,41(7):1228-1237.

[176] 操婷婷. 基于 PLUS-SCS 模型的长沙市土地利用内涝风险预测及优化管控[D]. 长沙:湖南大学,2023.

[177] 雷馨,海新权. 耦合 PLUS-InVEST 模型的兰州市土地利用变化及碳储量经济价值估算[J]. 地理科学,2024,45(2):339-348.

[178] 陈超,梁锦涛,杨刚,等. 面向土地覆盖精准分类的遥感特征参数优选方法[J]. 测绘学报,2024,53(7):1401-1416.

[179] 曹雪,罗平,李满春,等. 基于扩展 CA 模型的土地利用变化时空模拟研究:以深圳市为例[J]. 资源科学,2011,33(1):127-133.

[180] 陈理庭,蔡海生,张婷,等. 基于 Markov-FLUS 模型的饶河流域土地利用多情景模拟分析[J]. 生态学报,2022,42(10):3947-3958.

[181] 王南,仲涛,郑江华,等. 基于土地利用/覆盖预测模型的昆仑山冰湖分布预测[J]. 人民长江,2023,54(11):83-90.

[182] 顾彤,张青峰,游政,等. 基于"双评价"约束和 PLUS 模型的三重城镇开发边界划定[J]. 农业工程学报,2024,40(14):210-220.

[183] 肖建英,戴津津,方昕然,等. 基于 PLUS 模型的徐州市生态系统服务价值多情景模拟研究[J]. 中国土地科学,2024,38(4):125-134.

[184] 王秉义. 巢湖流域土地利用演变的生态响应与优化模拟研究[D]. 徐州:中国矿业大学,2018.

[185] 张艳,李骏南,潘博华. 基于 PLUS 模型的黄河流域生态系统服务评价及多情景预测:

以陕西段为例[J]. 干旱区地理,2024,1-13.
[186] 牛统莉,熊立华,陈杰,等. 基于PLUS模型的长江流域土地利用变化模拟与多情景预测[J]. 武汉大学学报(工学版),2024,57(2):129-141.
[187] 梁毅东,张述清,朱大明,等. 主体功能视角下耦合马尔可夫链和PLUS模型的城镇开发边界划定研究[J]. 地球信息科学学报,2024,26(7):1702-1716.
[188] 刘炜. Z市循环经济产业园土地征收补偿安置问题与对策研究[D]. 重庆:西南大学,2024.
[189] 于凤瑞.《土地管理法》成片开发征收标准的体系阐释[J]. 中国土地科学,2020,34(8):18-25.
[190] 肖黎明. 集体土地征收法律制度研究[D]. 武汉:中南财经政法大学,2018.
[191] 熊雅倩. 土地征收制度研究:基于新修正《土地管理法》的规定[D]. 杨凌:西北农林科技大学,2022.
[192] 张清勇. 改革开放四十年征地制度的演进与展望[J]. 财经智库,2018,3(6):44-63.
[193] 郭哲. 中国征地制度的结构性和历史性变迁:基于历史制度主义的分析[J]. 求索,2020(2):151-159.
[194] 黄婷婷. 新《土地管理法》下的上海市房地征收路径研究[J]. 上海房地,2021 (4):35-37.
[195] 马骁骏. 完善土地征收制度 切实维护农民利益:新《土地管理法实施条例》系列解读之三[J]. 资源与人居环境,2021(12):16-17.
[196] 刘冰洁. 公益性:土地征收成片开发方案对国土空间规划的传导[J]. 城市建筑,2024,21(14):144-147.
[197] 赵谦,李林孖. 土地征收成片开发方案羁束效力的规范构造[J]. 华中农业大学学报(社会科学版),2023(2):182-191.
[198] 米旭明. 工业用地制度改革与产业结构调整:兼论新发展阶段土地要素市场化改革的理论逻辑[J]. 经济学动态,2022(11):107-125.
[199] 崔艺红. 农地征收活动中利益主体博弈的法律调控[J]. 农村经济,2009(9):31-34.
[200] 张丽. 农地城市流转中的农民权益保护研究[D]. 武汉:华中科技大学,2011.
[201] 程晓波. 土地征收中的利益失衡与均衡:一个分析框架[J]. 学术月刊,2016,48(11):84-94.
[202] 洪开荣,朱明元. 博弈视域下农村土地征收利益分配研究[J]. 农业经济,2020(3):98-100.
[203] 狄春雷. 土地征收过程中主体利益分析研究[J]. 农村经济与科技,2012,23(6):30-32.
[204] 李长健,徐海萍,辛晨. 权力、权利和利益的博弈:我国当前土地征收问题的法律与经济分析[J]. 经济体制改革,2008(2):81-86.
[205] 查琴. 基于经济利益链视角浅析征地冲突的管理途径[J]. 经济研究导刊,2018(4):121-123.

[206] 陈林.我国集体土地增值收益分配研究[D].福州:福建师范大学,2023.

[207] 王荣宇,谭荣.德国土地税收制度及其改革探索的启示:基于土地收益共享的视角[J].中国土地科学,2015,29(12):81-87.

[208] 罗淼,赵俊.我国农村集体土地征收中的利益博弈及其法律规制[J].科学·经济·社会,2012,30(2):161-165.

[209] 郭圣莉,徐新明,董玉倩.中国土地征收补偿分配效益及其影响因素:21个土地征收案例的比较分析[J].上海行政学院学报,2022,23(5):79-91.

[210] 方涧.集体土地征收增值收益分配制度研究:现状与未来[J].学习论坛,2020,36(9):52-60.

[211] 徐琬儿,潘永强,李长春.我国集体土地征收增值收益分配研究进展[J].中国集体经济,2022(12):7-10.

[212] 唐健.从经济政策到社会政策:征地制度变迁解释[J].中国土地科学,2021,35(5):1-7.

[213] 李柱.农地征用中利益分配均衡博弈机制的构建[J].新丝路(下旬),2016,(12):82-84.

[214] 史卫民,杨晶.征地增值收益分配的利益主体及其关系重构[J].西北大学学报(哲学社会科学版),2016,46(4):100-105.

[215] 朱利.集体经营性建设用地增值收益共享机制构建研究[D].雅安:四川农业大学,2021.

[216] 刘颖.新型城镇化进程中农村土地征收利益博弈困局的破解[J].辽宁师范大学学报(社会科学版),2024,47(2):92-97.